**Fliege ich, so lebe ich
Lebe ich, so fliege ich**

Michael Kimmerle

Fliege ich, so lebe ich
Lebe ich, so fliege ich

60 Jahre Fliegergeschichten

Bibliografische Information der Deutschen Nationalbibliothek:
Die Deutsche Nationalbibliothek verzeichnet diese Publikation in der Deutschen Nationalbibliografie; detaillierte bibliografische Daten sind im Internet über http://dnb.dnb.de abrufbar.

© 2017 Kimmerle, Michael

Herstellung und Verlag: BoD – Books on Demand, Norderstedt

ISBN: 978-3-7431-5910-5

LEBE ICH, SO FLIEGE ICH — FLIEGE ICH, SO LEBE ICH

Mein Vater, Michael Kimmerle, war während des 2. Weltkrieges bei den Fliegern eingesetzt. Er war als Organisator für Ersatzteile und Reparaturen für das Stukageschwader 77 bei allen Einsatzorten in Frankreich und Russland dabei. Als einziger Überlebender des Geschwaders, das zum Anfang des Krieges in Schweinfurt stationiert war, ist er zusammen mit einem Monteur auf abenteuerlichsten Wegen aus der Ukraine über die Tschechoslowakei zurückgekommen.
Zum Glück war er nicht in der NSDAP und wurde in Schweinfurt aus dem Militär entlassen. Andere wurden von den Amerikanern gefangen genommen und nach Amerika deportiert, so auch mein Onkel Richard Hoffmann, er war technischer Spezialist für Radareinsätze und war als Jägerleitoffizier bei dieser Truppe im Einsatz. Er war von 1945 bis Herbst 1947 dort und wurde danach erst wieder nach Hause geschickt.
In der Zwischenzeit hat mein Vater den Hoffmann'schen Landwirtschaftsbetrieb aufrecht erhalten. Als Organisator war er für diese Zeit der richtige Mann vor Ort und stellte die ganze Landwirtschaft auf Gemüsebetrieb um, denn in der zerbombten Stadt Schweinfurt war die Versorgungsnot riesengroß und Salat und Spinat fanden reißenden Absatz. Ich kann mich noch deutlich, obwohl erst drei Jahre alt, an die Käuferschlangen erinnern, die anstanden, um den Spinat, der in einer Strecke von ca. 5 m Länge in der Scheune aufgehäuft lag, einzukaufen.

Natürlich hat mein Vater auch etwas „Reserve-Vieh" gehalten. Das war unter Androhung von strenger Strafe verboten. Eines Tages, ich war inzwischen vier Jahre alt, überraschte ich ihn in der Küche mit dem Spruch: "Gel Papa, mit diesem Messer hast Du das Moggele geschlachtet!?" Der Schreck war groß, wie konnte das Kind davon wissen, dass gestern Abend das Kalb in der Scheune hinter einer Wand aus Strohballen geschlachtet worden war?
Die Angst in der Familie und die Gefahr, entdeckt zu werden, wenn der Bub nur irgendwo ein Wort darüber fallen ließ, waren so groß, dass Vater mich am nächsten Tag auf die Reise nach Höchstädt an der Donau mitnahm.
Ich weiß noch, wie wir in einem mit Möbeln beladenen LKW hinten auf dem Anhänger ganz im Dunkeln auf einem alten Sofa saßen. Als ich mal pinkeln musste, lief es an der Bordwand hinunter durch den etwas helleren Schlitz am unteren Scharnier nach draußen. Über welche Umwege wir nach Höchstädt zur Großmutter Kimmerle kamen, die dort im Elternhaus von Vater eine kleine Landwirtschaft betrieb, weiß ich nicht mehr ganz genau. Einfach weit weg musste es sein. Ich blieb dort und so wurde ich zwei Jahre von der Großmutter

betreut und erzogen. Sie war sehr christlich-katholisch, was auch ein Problem für die Rückkehr meiner Mutter nach Höchstädt darstellte, denn sie war evangelisch.

Aufgewachsen ist sie in Schweinfurt-Niederwerrn. Sie arbeitete in der Wäscherei der Familie Hoffmann, der Schwester von Richard, die auch die Soldaten auf dem Fliegerhorst von Schweinfurt als Kunden hatte. Da hatte sie meinen Vater, der als ganz pingeliger Kunde bekannt war, kennengelernt und noch bevor der Krieg losging, geheiratet.

Als Richard Hoffmann aus Amerika zurückkam, war kein Platz mehr für zwei Landwirte in Niederwerrn und mein Vater bekam das Angebot von seinen drei Tanten, alle unverheiratet und Schwestern seiner Mutter, den landwirtschaftlichen Betrieb und die Kohlenhandlung mit Korbwarenhandel, auf Rentenbasis für die Tanten, zu übernehmen. So kam er 1947 mit meiner Mutter nach Höchstädt in die Weite Gasse und übernahm dort die Geschäfte. Wegen der Unnachgiebigkeit von Oma Kimmerle war Mutter bereit, sich umtaufen zu lassen und wurde „katholisch gemacht", wie sie immer sagte. Alles für den Familienfrieden!

Ich erinnere mich noch, war nun ja schon fünf Jahre alt, dass immer irgendwelche Kriegskameraden auftauchten und manchmal über Nacht blieben. An einen erinnere ich mich noch sehr genau, der hatte nur einen Arm. Ich sehe ihn noch vor mir, wie geschickt er sich mit dem einen Arm rasieren und waschen konnte. Er war im Krieg Stukapilot und mit Vater in Russland im Einsatz gewesen. Mit Spannung lauschte ich ihren Erinnerungen, die sie manchmal stundenlang austauschten. Ich schlich mich aus dem Bett und saß auf der Treppe zum Schlafzimmer, bis ich einschlief. Da hörte ich Fliegergeschichten, die mir heute noch in den Ohren klingen.

Zum Beispiel die, wie sie mit der letzten Stuka mit fünf Personen und ausgeräumten Sitzen aus der Tschechoslowakei ausflogen, bis das Benzin gar war, die Maschine auf einem Acker landeten und sich im nächsten Wald versteckten und zu Fuß bis nach Schweinfurt marschierten. Dort lagen sie drei Tage im Wald. Vater schlug sich von da aus nach Niederwerrn durch und versorgte alle mit Verpflegung. Mutter musste herausfinden, was die Amerikaner mit den Wehrmachtssoldaten machten. Wer wird gefangen genommen, wo werden sie hingeschickt? Sie war für sie die "Spionin" und fand nur heraus, dass manche auf der Stelle entlassen und andere abtransportiert wurden.

"Es hilft nichts, wir können nicht ewig im Wald hausen, bis uns doch noch jemand findet und uns womöglich für Partisanen hält und erschießt", sagte mein Vater. Also marschierten die fünf zur Entlassungsstelle in Schweinfurt und stellten sich vor mit ihren Wehrmachtspässen. Vater hatte, wie schon gesagt, keine Parteimitgliedschaft und wurde nach kurzer Befragung nach Hause ins Zivile entlassen. Zwei weiteren Kameraden erging es ebenso, aber zwei wurden nach Amerika als Gefangene verfrachtet. So war das eben mit den besiegten Kriegern.

Also die Geschichten über das Fliegen faszinierten mich immer mehr und ließen mich nicht mehr los. Als ich neun oder zehn Jahre alt war, genau weiß ich das nicht mehr, fuhren wir einmal nach Schweinfurt, um die Verwandtschaft zu besuchen. Da ich keine Ruhe mehr gab und ständig quengelte, ich wolle endlich auch einmal fliegen, fuhr die Familie in die Rhön nach Poppenhausen auf die Wasserkuppe, den Fliegerberg, auf dem einst der Segelflug so richtig begann. Nach dem Zweiten Weltkrieg war das Fliegen dort nicht mehr erlaubt, erst ab 27. April 1951 wurde es für die Deutschen wieder möglich.

Es wurde dort mit einem Doppelsitzer geflogen, ich glaube es war eine Mü 13 oder ein Bergfalke, an der Winde geschleppt, und ich durfte im vorderen Sitz mitfliegen. Meine Eltern dachten wohl, es würde mir hoffentlich schlecht werden und ich würde genug haben vom Fliegen. Es war nur ein kurzer fünf- bis zehnminütiger Platzrundenflug. Ich glaube, mein Grinsen ging bis hinter die Ohren. Von jetzt an war mein Fliegerwunsch noch drängender geworden, auch weil mein Vater immer mehr Fliegergeschichten zum Besten gab, die er von 1938 bis 1945 erlebt hatte. Da waren wirklich tolle Geschichten dabei. Aber auch sehr traurige, wenn er von Kameraden erzählte, mit welchen man am Abend noch zusammensaß und am anderen Tag kamen sie nicht vom Einsatz zurück. Andere, wie sein Freund, der ihn nach dem Krieg besuchen kam, hatten oft starken Beschuss am Zielort und die Bleche auf den Tragflächen wurden durchschossen, die Kabine durchlöchert, das Leitwerk halb abgetrennt. In solchem Zustand kamen die Stukas oft am Feldflughafen an. Die Bilder davon waren damals noch da, sind aber heute leider nicht mehr von mir aufzufinden. Auf einem dieser Flüge hatte der Freund seinen Arm verloren. Vielleicht hat er deswegen auch den Krieg überlebt.

Hubschrauberflug

Im Jahr 1956 waren von den Amerikanern ständig Manöver in der Umgebung von Höchstädt abgehalten worden.
Die Soldaten gingen mit ihrem Kriegsmaterial sehr nachlässig um. Wir Jungen waren da immer hinterher und fanden es überaus interessant, was da vor sich ging. Den Krieg hatten wir ja nur als Dreijährige noch erlebt, jedoch sehr wenig davon mitbekommen.
Die Amis waren für uns Leute von einem anderen Stern. Wir erlebten sie als ganz freundliche Leute. An den Straßenrändern fanden wir jede Menge Patronen aus ihren Waffen auf den Panzer- und Maschinengewehrfahrzeugen. Von der Karabinermunition bis zur 3-cm-Granate war da alles zu finden. Die Soldaten haben die Reste der Gurte mit oft 10 oder 20 Restpatronen einfach weggeworfen. Mit Handwagen voller Munition, allerdings waren das alles Platzpatronen, sind wir nach Hause gefahren. Den Kartondeckel an den Patronenspitzen konnte man leicht herausnehmen und das Pulver herausschütten. So hatten wir jede Menge Sprengmaterial. Wenn man das heute so hört, dann ahnt man, wie gefährlich es gewesen war und unsere Eltern hatten meist keine Ahnung davon.
Die entleerten Patronen haben wir dann „entschärft". Sie wurden in der Werkstatt in einen Schraubstock eingespannt. Einer hielt mit der Zange einen Nagel an die Zündkapsel und der andere haute mit dem Hammer drauf. Es gab einen fürchterlichen Knall und einen Feuerschweif aus der Patrone, als die Zünder taten, wofür sie ja erfunden worden waren. Wir fanden das ganz toll. Von den Experimenten mit dem Pulver möchte ich heute lieber nicht mehr berichten. Es war äußerst gefährlich, was wir damals alles anstellten.

Bei einem dieser Manöver der Amerikaner wurde zwischen Höchstädt und Oberglauheim, einem Dorf in drei Kilometer Entfernung, ein großes Lazarett eingerichtet. Eine ausgedehnte Zeltstadt entstand samt einem Hubschrauberlandeplatz.
Fasziniert standen wir alle Tage mit unseren Fahrrädern am Rande und schauten den an- und abfliegenden Hubschraubern zu. An manchen Tagen standen bis zu zehn dieser Sikorsky S58 in einer Reihe auf der Wiese.

Sikorsky S58

Sie brachten die "Verwundeten" von den umliegenden "Kampfplätzen".
Auf Tragbahren wurden diese zu den Sanitätszelten gebracht. Viele von ihnen grinsten und hatten ihren Spaß an dieser Art von Kriegsspiel.
Ich wollte unbedingt auch mal in so einem Hubschrauber mitfliegen. Ganz gleich, wohin der auch fliegen sollte.
In meiner jugendlichen Unbedarftheit sah ich da überhaupt kein Problem, egal wo der Sikorsky-Hubschrauber hinfliegen würde. Ich komme schon irgendwie wieder nach Hause. Ich musste nur erst einmal in so einen Hubschrauber hineinkommen. Das war gar nicht so einfach, denn jede Menge Wachpersonal lief da hin und her. Meine Schulkameraden wollten mich davon abbringen. "Wie willst Du denn da in einen hineinkommen?"
Die meisten Sikorskys waren an diesem Spätnachmittag bereits abgeflogen und es standen nur noch drei auf dem Platz. Ich verfolgte Rhythmus und Laufweg der Wachmannschaft und als sie in die Gegenrichtung marschierten, rannte ich los und sprang in die offen stehende Seitentüre der Sikorsky S58. Der Hubschrauber war leer und hatte im hinteren Teil ein schmales Brett, ein Steg zwischen den Spanten des immer schmäler werdenden Rumpfes. Ich setzte mich dort hin und machte mich ganz klein, als der Hubschrauber nebenan gestartet wurde und abflog. Jetzt war nur noch meiner auf dem Feldflughafen. Jetzt musste es gleich losgehen. Kurz darauf kam auch die Besatzung und stieg ein. Die Türen wurden geschlossen. Ich war mehr als nur aufgeregt. Jetzt ist die Sache nicht mehr aufzuhalten, war mein Gedanke. Der Motor wurde gestartet.
Es machte einen fürchterlichen Lärm in diesem metallenen Rumpf ohne jegliche Isolierung. Der große Sternmotor war bei der Sikorsky 58 vorne unter dem Cockpit eingebaut. Der Motor lief hoch und der Hubschrauber wurde leicht angehoben, wurde nur etwas leichter, ohne dass er wirklich in der Luft war. Jetzt hebt er ab, dachte ich. Ich war mit Adrenalin, der Begriff war damals noch nicht in unserem Sprachgebrauch, vollgepumpt. Jetzt werde ich gleich mit einem Hubschrauber mitfliegen. Da verstummte plötzlich wieder das Motorengeräusch. Was jetzt? Die Piloten stiegen wieder zurück in die Kabine. Die Türe wurde aufgeschoben, es war inzwischen dämmrig geworden. Ich saß bereits seit annähernd einer Stunde ganz verkrampft auf diesem kleinen Steg. Soldaten kamen und lärmten um den Hubschrauber herum. Ich verstand kein

Wort. Englisch wurde in unserer Volksschule damals noch nicht gelehrt. Es war immer noch die Sprache der Feinde!

Dann hörte ich Metallgeräusche am hinteren Teil. Es wurde geschraubt. Offensichtlich war irgendetwas nicht in Ordnung. Es öffnete sich der hintere Teil. Der Rotorträger für die Steuerung wurde weggeklappt und jemand fuchtelte mit einer Taschenlampe herum und untersuchte offensichtlich die Technik, um den Schaden zu finden. Ich war gefangen. Konnte nicht einfach aussteigen. Was nun? Da leuchtete mich eine Taschenlampe an. Es folgte ein Schrei: „Out, out". Das verstand ich und ein paar Soldaten enterten die Kabine. Sie packten mich wie einen Schwerverbrecher. Ein Hauptmann kam und fragte in Deutsch, was ich in dem Hubschrauber wolle? "Nur mal mitfliegen", war meine Antwort.

"Du wirst gleich sehen, wie Du fliegen kannst", drohte der Hauptmann zurück. Ich wurde in ein Zelt geschleppt zu einem noch höheren Dienstrang und da gab mir dieser Hauptmann einen Tritt in den Hintern, dass ich gleich zwei oder drei Meter in das Zelt geflogen bin. "Das war Dein Flug", sagte er noch spöttisch dazu. Sie fragten mich noch dies und jenes und hatten am Ende ihren Spaß mit mir. "Wir wären nach Ludwigsburg geflogen", sagte er, "wie wärst Du da wieder zurückgekommen?" "Irgendwie wäre das schon gegangen" antwortete ich.

Mehr war dann nicht mehr und zum Abschied gab er mir noch einen Tritt, nicht ganz so hart wie der erste, mit dem Kommentar: "Das war Dein zweiter Hubschrauberflug."

Meine Schulkameraden standen immer noch am Rand des Feldes und hatten gesehen, wie ich in hohem Bogen ins Zelt geflogen bin. Sie befürchteten das Schlimmste.

Mein Hubschrauberausflug war damit beendet. Es war wieder nichts draus geworden, einmal im Hubschrauber mitzufliegen. Am anderen Tag war die Story "Hubschrauberflug" das Stadtgespräch.

Mit vierzehn Jahren kam ich in die Handelsschule nach Donauwörth und da Vater mit seiner Kohlenhandlung und der Landwirtschaft zu beschäftigt war, um sich noch um uns, meinen zwei Jahre jüngeren Bruder und mich, zu kümmern, kam ich zu einer Familie nach Donauwörth und hatte dort ein Zimmer zum Lernen.

Einige Kameraden waren auch flugbegeistert und wir bastelten in der Freizeit jede Menge Segelflugmodelle vom kleinen UHU bis zum 2-m-Spannweiten-Condor. Dazu bauten wir aus den damals bekannten Wilhelmshavener Modellbaubogen Papiermodelle von allen möglichen Flugzeugen nach Originalvorlagen. Natürlich Stuka87, Me109, JU52, Me262 und auch Mustangs und die ersten Jets. Die ganze Decke in meinem Zimmer war voll von diesen Flugmodellen. Mutter nannte sie immer ‚Staubfänger'

Jedes Wochenende durfte ich nach Hause fahren und sogar bei den Segelfliegern in Gundelfingen Mitglied werden. Segelfluglehrer Uhl aus Tapfheim war mein erster Lehrer und ein bis zwei Mal an einem Wochenende wurde man für die ersten Flüge eingeteilt. Pflicht war, dass man am Sonntag Morgen spätestens um 9:00 Uhr auf dem Platz oder der Werkstatt antrat. War schlechtes Wetter, dann gab es genügend Arbeit in der Werkstatt.

Schon mit 15 Jahren durfte ich zum ersten Alleinflug starten. Mit der Mü13. Welch ein Hochgefühl! Dann kamen viele Flüge mit dem Grunau Baby, mit dem ich schon "Überlandflüge" bis nach Holzheim, fünf Kilometer vor den Misthaufen, vollführte, sehr zum Missfallen von Fluglehrer Uhl. Man musste ja jedes Mal den Vogel abbauen und zurück zum Flugplatz transportieren.

Das Grunau Baby hatte einen Gleitweg von nur 1:15 und da ging's sehr schnell nach unten, wenn man den Aufwind verloren hatte. Schön war es trotzdem.

Offiziell fliegen durfte ich jetzt, nur noch nicht Motorrad- oder Autofahren.

Zum Flugplatz fuhren wir, mein Bruder Rudolf und ich, öfter mit einem alten Motorrad, einer ARDIE-250, die natürlich keine Zulassung hatte und wir keinen Führerschein. Wir kannten aber alle Feldwege von Höchstädt nach Lauingen durchs Donauried. Vater hatte davon keine Ahnung. Das Motorrad war bei einem Bauern vor der Stadt geparkt!

Nach Abschluss der dreijährigen Handelsschule musste ich wieder nach Hause und wurde in der elterlichen Kohlenhandlung beschäftigt. Harte Arbeit im Alter von siebzehn Jahren. Jeden Tag Kohlen aus den Waggons laden. Abfüllen in Säcke und bei den Kunden in die hintersten Winkel schleppen. Manchmal sogar bis in den verlassenen Taubenschlag!

Zum Kohleverkauf über die Großhändler kam in regelmäßigen Abständen ein Vertreter der Firma Klein und Küchle. Er hieß Klaus Elling. Er hatte zu dieser Zeit ein eigenes Segelflugzeug, einen Doppel-Raab, und erzählte immer von seinem Hobby, in den Bergen zu fliegen.

Für mich war der Besuch von Elling immer ein Erlebnis. Eines Tages machte er den Vorschlag, mich für eine Woche nach Unterwössen im Chiemgau mitzunehmen. Dass meine Eltern das erlaubten, war fast nicht zu glauben, aber mein Drängeln hatte Erfolg. Einige Zeit später war es dann so weit. Elling kam abends nach Höchstädt und am Morgen des folgenden Tages, sehr früh, ging es ab nach Unterwössen. Schon mittags waren wir dort und Ellings Segelflieger wurde aus der Halle gezogen. Gleich der erste Flug am Unterwössener Hang dauerte mehr als eine Stunde. Was für eine Freude. Ich dachte, das ist das beste Segelflugzeug, das es gibt. In Wirklichkeit war es aber nur eine alte billige "Krähe".

In Unterwössen, unter all den gleichgesinnten Fliegern, wurde man noch mehr befallen von dem Fliegervirus. Es ergab sich so sehr schnell, dass ich dort flotter zum Flugschein kommen würde als in Gundelfingen. Nur war der Weg von Höchstädt nach Unterwössen sehr viel weiter und ohne Führerschein nur mit der Bahn zu erreichen. Das dauerte aber fast einen ganzen Tag und überstieg mein Taschengeld, das ich von zu Hause erhielt. Ich wollte aber so schnell wie möglich mit dem Fliegen weiterkommen. So fuhr ich jeweils am Freitag spät am Nachmittag, wenn es von zuhause erlaubt war, per Autostopp nach Unterwössen. Ich hatte ein Geschick dafür entwickelt, wo und wie man sich da anstellen musste, damit das immer in ca. drei bis vier Stunden geklappt hat.

In Unterwössen hatte ich Unterkunft bei der Familie Auracher, die selbst mehrere Kinder hatte und jeden Pfennig brauchen konnte, für 5,00 DM per Nacht unter dem Dach (ohne Isolierung) ein Bett mit Frühstück.

Bald war mir klar, dass das richtige Fliegen ohne eigenen Flieger mir nicht genügte. Zu dieser Zeit war einmal Segelflug-Weltmeister Heinz Hug in der Post in Unterwössen und erzählte von seinen Flügen mit der K 6, das damals beste Flugzeug, das man bekommen konnte. Er erzählte von Alpenflügen von acht bis neun Stunden. Es war einfach fantastisch und reizte natürlich immer mehr, ein solches Flugzeug zu besitzen.

Wie stellt man das aber an? Es sollte noch einige Zeit vergehen. Zwei Jahre später, den Segelflugschein hatte ich längst in der Tasche, hatte mehr als hundert Stunden Segelflug in den Alpen hinter mir und kam mir schon wie ein Profi vor, ergab sich eine Möglichkeit, ein eigenes Segelflugzeug zu bekommen.

Der Bau der K6

Im Alter von siebzehn Jahren hatte ich ein Mädchen im Auge, die hieß Helma und war im Sägewerk Bschor in Höchstädt zuhause. Wir waren unzertrennlich und im Alter von neunzehn Jahren war klar, dass wir heiraten würden. Schwiegervater Wilhelm Bschor war sich sicher, dass seine Helma das Sägewerk weiterbetreiben sollte und dafür einen ausgebildeten Holzfachmann brauchte und keinen Kohlenhändler. Was haben daraufhin meine alten Herren ausgehandelt? Sie waren seit jeher befreundet Wir schicken den Michael zur Lehre in ein Sägewerk nach Kaufbeuren. Das Sägewerk Sturm, auch ein Bekannter von Wilhelm, hatte ihnen bereits zugesagt, ohne dass ich davon wusste. An einem Sonntag wurde mir das Programm vorgestellt. "Wir fahren heute nach Kaufbeuren, da schaust Du dir das Sägewerk an und kannst dann gleich dort die Lehre beginnen." Ich war wie vom Blitz getroffen. Wie soll das denn gehen? Zu dieser Zeit wurden Lehrlinge, heute heißen sie Auszubildende, mit ca. 150,00 DM "Monatsverdienst" ausgestattet.

Ich besaß einen alten Mercedes 170 D. Natürlich auch weitere Verpflichtungen, die ich mit dem beim Kohletragen reichlich erhaltenen Trinkgeld locker bezahlen konnte. Alles fällt nun flach, dachte ich. Vater sagte: "Da muss man durch, da wird der Mercedes verkauft. In Kaufbeuren bekommst du ein bezahltes Zimmer und dazu Verpflegungsgeld und mehr braucht man nicht auf Lehre. Und das Fliegen kannst du auch zurückstellen, bis die Lehre fertig ist und du wieder Geld verdienen kannst." Wir fuhren nach Kaufbeuren und besichtigten meine Lehrstelle. Es waren alles sehr freundliche Leute und mir blieb ja sowieso nichts anderes übrig, als nachzugeben und mich meinem Schicksal zu ergeben. So zog ich wohl oder übel nach Kaufbeuren.

In Höchstädt gab es zu dieser Zeit einen Honigabfüllbetrieb, den wir auch immer mit Kohle belieferten. Da hatte ich schon gelegentlich gesehen, wie verschiedene Leute aus Höchstädt Honig in großen Mengen abholten. Was machten die damit? Sie verkauften ihn an der Haustüre landauf, landab. Könnte ich das auch machen? "Natürlich kannst Du das!", war die Antwort.
"Wie geht das?" "Geh aufs Rathaus in Höchstädt und besorge dir einen Wandergewerbeschein. Da musst du einen geringen Betrag an Steuern bezahlen und dann kannst du hausieren gehen."
"Was verdient man denn dabei?" war die nächste Frage "Circa 1,00 DM per Pfund Honig." Es gab kleine Eimer mit 1, 3 und 5 Pfund.

Ich hatte ja keine Ahnung, wie viel man da an den Mann bringen kann. Reden konnte ich aber und Scheu vor Leuten hatte ich auch nicht, das haben wir schon beim Kohleverkaufen auf dem Land gelernt. Wenn Vater sagte, geht mal voraus und fragt im nächsten Haus, ob sie Kohlen brauchen, dann kam manchmal die Antwort: "Heute nicht". Da wurden wir belehrt, dass man nicht fragt, ob sie Kohlen brauchen, sondern wie viel!! Das klappte dann meistens besser.
Also habe ich auch 100 kg Honig mit nach Kaufbeuren genommen. Damit bin ich nach Feierabend von 17 Uhr bis 19 Uhr, denn nur solange durfte man mit dem Gewerbeschein bei den Kunden klingeln, Honig verkaufen gegangen. Es klappte hervorragend. Den jungen Studenten, der sich durchschlagen muss, habe ich gespielt und auch manchmal etwas gejammert. Die ersten 100 kg waren schon in der ersten Woche weg. Ich wurde immer vifer und forscher im Verkauf und in der nächsten Woche hatte ich schon 200 kg dabei und auch diese verkauft. Da kam mir ein Zufall zu Hilfe. Ein Fahrer der Holzhandlung erschien an einem Montagmorgen nicht zur Arbeit. Er war Fußballer und hatte bei einem Foul seinen Fuß gebrochen. Als einziger im Betrieb hatte ich einen 2er-Führerschein, den ich ja für die Kohlenhandlung für unseren LKW gebraucht hatte, und diesen hatte ich schon mit 18 Jahren als Sonderregelung machen dürfen.
Der LKW war auch ein MAN, wie unserer zuhause, und war bis unters Dach mit Holzartikeln beladen. So ging die Tour Richtung Marktoberdorf von einem

Schreiner zum anderen. Einer bekam Türrohlinge, ein anderer Fichtenblockware oder Fensterholz aus Oregon-Pine oder Spanplatten. Es machte mir mehr Spaß, als das Sägen am Gatter, das ich bis dahin schon zur Genüge erlernt hatte.

Manche Kunden gaben auch dem Fahrer etwas Trinkgeld. Da habe ich das dann etwas mit dem Honig angeschoben und bei Übergabe des Lieferscheines an die Kunden gesagt: "Trinkgeld brauchen Sie mir nicht zu geben, aber wenn Sie mir einen Eimer Honig abnehmen, wäre das eine tolle Sache." So kam es, dass fast jeder Schreinerkunde im Allgäu meinen Honig auf dem Frühstückstisch hatte. Ja, es kam sogar so weit, dass bei Holzbestellungen angegeben wurde: "und der Fahrer soll auch wieder fünf Pfund Honig mitbringen"!

Es war eine wunderbare Zeit und Geld hatte ich mehr als genug. So ca.1.000,00- DM zu meinem Lehrlingsgehalt verdiente ich locker dazu und das hieß: der Mercedes musste nicht verkauft und mit dem Fliegen nicht aufgehört werden.

Auf meinen wöchentlichen Fahrten zurück nach Höchstädt machte ich mal aus reiner Neugierde Halt in Haunstetten bei der Firma Bitz–Flugzeugbau. Von dieser wusste ich, dass sie in Lizenz verschiedene Flugzeuge wie Bücker oder Klemm nachbauten und auch für Filmeinsätze solche Flugzeuge als Attrappen sowie auch flugfähige herstellten.

Als ich die Werkstatt in Haunstetten an einem Freitagnachmittag besuchte, da war ich erstaunt, in der Werkstatt eine Reihe von Rohbauten einer K6 zu sehen. Bitz hatte also auch eine Lizenz für die K6, die ich schon seit langem für mich im Auge hatte. Herr Bitz sagte, er könne mir keine verkaufen, weil die ganze Jahresproduktion schon ausgebucht sei und außerdem wahrscheinlich sowieso viel zu teuer für mich.

Er sagte Büble zu mir. Da musst Du noch kräftig sparen. Ich ließ nicht locker und kam in der folgenden Woche schon wieder in die Werkstatt, um ihn zu löchern, ob es eine Möglichkeit gäbe, einen Rohbau zu kaufen, nur den Rumpf und die Flügel, den Rest würde ich selber machen. "Kannst Du denn das überhaupt?", war seine Frage. Ich habe bei den Segelfliegern in Gundelfingen viele Stunden mit Rippenbauen verbracht und weiß, wie das geht. Um es kurz zu machen: Nach drei Wochen hatte ich ihn so weit, dass er dem Büble einen Rohbau für 10.000,00 DM verkauft hat mit der Auflage, ihm zusätzlich 3 Leitwerke für die K6 zu bauen. Natürlich hat auch er meinen Honig zum Frühstück nehmen müssen.

Etwas Geld habe ich von Onkel Richard aus Niederwerrn und Oma aus Schweinfurt bekommen und den größeren Rest von meinem Ersparten zusammengekratzt und nach drei Monaten konnte ich die Rohbauteile in Haunstetten bei Fa. Bitz-Flugzeugbau abholen.

Mein Fliegerfreund und Zimmerermeister Fertl Vollmayer aus Lauingen hatte eine leere Werkstatt übrig und dort konnte ich die K6 weiterbauen. Er half mit und auch ein weiterer Fliegerfreund und Werkstattleiter von den Gundelfingern, Heinz Putz, war mit von der Partie. Das hieß dann allerdings, dass ein ganzes Jahr in jeder freien Minute die Arbeiten am Flieger Vorrang hatten. Ich ging ein ganzes Jahr nicht zum Fliegen. Jeden Samstag und Sonntag von morgens bis abends waren wir in der Werkstatt und bauten unser Leitwerk und die drei Leitwerke für die Teilzahlung an Bitz. Wir haben den Rumpf geschliffen und gespachtelt, die Schleppkupplungen eingebaut und das Instrumentenbrett und die Sitze gefertigt, die Sitzhalterungen dafür eingebaut.

Es war schon ein Flugzeug, noch roh zwar, das da in der kleinen Halle stand. Bis dann der Rumpf fertig grundiert und die Flächen und das Leitwerk bespannt und grundiert waren, da war ein volles Jahr vergangen.

Auch einen Flugzeug-Transportwagen haben wir in der Zwischenzeit gebaut und diesen beim TÜV ohne Mängel genehmigt bekommen! Die alte VW-Achse dazu haben wir auf dem Autoschrottplatz geholt.

Wer sollte das Flugzeug nun fertig lackieren und einfliegen, die Zulassung betreiben etc.? Mich ganz auf mein Glück verlassend, habe ich den Hänger an den Mercedes 170D gehängt, die rohe K6 draufgepackt und bin nach Unterwössen gefahren, habe vor der Werkstatt der Segelflugschule geparkt und bin grinsend in die Werkstatt marschiert. Der Werkstattleiter, den ich sehr gut kannte von meinen vielen Besuchen in der Schule, schaute ganz komisch aus der Wäsche, als er die K6 erblickte.

Beim Lackieren in Unterwössen

"Willst Du damit fliegen? Die ist doch nicht fertig." "Das weiß ich ja auch, aber ich dachte, Du könntest doch die Kiste lackieren und einfliegen, das machst Du doch mit den Schulflugzeugen auch, wie ich weiß, oder?" "Da musst Du zum Schulleiter, Herrn Heinzel, gehen und fragen, ob er das erlaubt. Das kann ich sicher nur in der Freizeit machen." Auch Heinzel war überrascht von so einem dreisten Angriff. Aber er hat sich breitschlagen lassen.

Die Plexiglashaube der K6 wird auf den Holzrahmen gezogen.

Ich wusste, dass er spontane Frechheiten schätzte und so etwas akzeptierte. Er war noch aus altem Fliegerholz geschnitzt, war im Krieg eine Me 109 geflogen und wir hatten von ihm auch viele Geschichten am Lagerfeuer im Kreise der Segelflieger zu hören bekommen. Also hat er erlaubt, dass der Werkstattleiter in seiner Freizeit meine K6 fertig lackieren und auch die Zulassung betreiben durfte.

Rainer Karch, der Sohn von Ludwig Karch, dem Konstrukteur der Mü17, hat mir die Plexiglashaube aufgezogen. Das war ein ganz komplizierter Akt. Aber er hat das super hingekriegt, ohne dass Schlieren im Cockpitglas aufgetreten sind. Das Ganze hat dann ca. drei Wochen gedauert. Dafür habe ich von meiner Lehrfirma Urlaub genommen. Am Ende war die K6, überall später mit dem Beinamen „Honigbomber" bezeichnet, mit dem zugeteilten Kennzeichen D 1484 fertig am Start gestanden.

Der Erstflug der K6 stand bevor. Start mit der Winde in Unterwössen. Besitzerstolz ist das wenigste, was man dabei fühlt.

Die Facharbeit wird begutachtet. Links Ludwig Karch, in der Mitte bin ich, rechts ein Werkstattmitarbeiter.

Als das Seil straff und die Winde angezogen hatte, war schon auch ein ängstliches Gefühl dabei, ob alles wirklich gut verlaufen würde und ob alle Vorflugkontrollen genau genug durchgeführt worden waren. Stimmt die

Wägung? Wie gut ist die Steuerung eingestellt? Er war schon sehr aufregend, dieser Erstflug.

Schulleiter Heinzel mit Hut und links Fluglehrer Klaus zur Nieden

Aber alles hat funktioniert. Am Hang in Unterwössen schraubte sich der Werkstattleiter mit der K6 immer höher. Der Erstflug hat dann mehr als eine Stunde gedauert.

Ich konnte es kaum erwarten, bis die Maschine wieder gelandet war. Wir waren ja auch nicht alleine dort. Viele meiner Segelflugkameraden waren auch dabei und fieberten mit. Es war ja nicht ein Allerweltsflugzeug zu dieser Zeit.

Es war die Weltmeistermaschine von Heinz Huth, 1960/63, und nur wenigen war es vergönnt, eine K6 zu fliegen oder gar zu besitzen. Nicht einmal die Alpensegelflugschule in Unterwössen hatte damals so ein Stück. Es gab nur einige Spatzen, eine K7, den Doppelsitzer, eine K8, drei oder vier Bergfalken und eine Mü 13 E. Das hatte wohl auch den Ausschlag gegeben, dass vom Schulleiter bis zum Werkstattleiter mir alle geholfen haben.

Da ich bis zu diesem Zeitpunkt keine Instrumente hatte, lediglich einen alten Kompass und einen Höhenmesser, die ich irgendwo aufgetrieben hatte, musste zum Einfliegen noch Variometer und Fahrtmesser als Mindestinstrumentierung eingebaut werden. Die hatte mir Heinzel aus der Werkstatt dafür ausgeliehen.

Am anderen Tag war es dann soweit. Ich konnte zum ersten Mal mit meiner eigenen K6 an den Start gehen. Das war ein ganz anderes Fliegen als mit den Spatzen und der K8. Die K6 war viel schnittiger und der Gleitweg war um Welten besser. Damals war ein Gleitweg von ca. 1:30 eine kleine Sensation.

Die Spatzen oder K8 hatten einen Gleitweg von ca. 1:22/25. Heute liegt dieser mit den Kunststoffffliegern bei über 1:50, also aus 1.000 m Höhe kommt man in ruhiger Luft ca. 50 km weit im Gleitflug. Damals hingegen dachte man bescheidener und war mit weniger zufrieden. Gleich am ersten Tag war ich mehr als vier Stunden in der Luft. Am Unterwössener Hang in die Höhe, dann zum Zahmen und weiter zum Wilden Kaiser geflogen, ganz frech durchs „Elmauer Törl" hindurch und auf der Südseite in bester Thermik bis auf 3.500 m Höhe aufgestiegen.

Es war wie in einem Traum. Weiter ging's bis zu den Loferer Steinbergen und in großem Bogen über die Winkelmoosalm zurück nach Unterwössen. Besser konnte es gar nicht laufen. Das hat natürlich angespornt für weitere größere Flüge.

Am Morgen des nächsten Tages war Ludwig Karch am Platz mit seiner Mü 17. Dazu die folgenden Zeilen:

Die Mü-17 D-1717
Ludwig Karch, dessen Geisteskind die Mü-17 war und der sie am 23.12.1938 eingeflogen hatte, war in den 60er Jahren Vereinsvorstand der DASSU. Als die AKAFLIEG-München 1960 beschloß, dieses für die Olympischen Spiele 1940 konstruierte Flugzeug wieder aufzubauen, zeigte die DASSU Interesse daran.
Im Sommer 1960 wurde bei der AKAFLIEG-München mit dem Bau von 2 Mü-17 begonnen.
Das für die DASSU bestimmte Flugzeug mit dem Kennzeichen D-1717 war im Mai 1961 fertiggestellt und wurde im Rohbau ausgeliefert. Ludwig Karch flog die größte Strecke (357 km FAI-Dreieck: Unterwössen - Lienz - Aigen - Unterwössen).
Am eindrucksvollsten waren seine Landungen. Noch im extremen Slip setzte er die Maschine zuerst mit dem Sporn auf und nahm sie dann erst aus den Slip, um eine saubere, kurze Landung hinzulegen. Für dieses Flugmanöver war die Mü-17 mit einem schwenkbaren Sporn ausgerüstet.
Von 1969 bis 1973 war die SGSM im Besitz der Mü-17 D-1717, die anschließend in das Eigentum ihres Mitglieds, Rainer Karch (Sohn von Ludwig Karch) überging.
H. Limmer

"Was willst Du denn heute fliegen?" war seine Frage. "Ich möchte heute bis Aigen im Ennstal und zurück fliegen und die 300 Km machen." "Oh! Weißt Du, wo heute die „Bärte" stehen?" Natürlich wusste ich das nicht. "Also höre zu: heute haben wir Ostwind und da stehen die Aufwinde immer an diesen Stellen." Dazu malte er mir auf meine Landkarte Ringe ein. "Flieg immer sofort zu diesen Ecken und dann wirst sehen, es geht meist sicher nach oben."
Also wartete ich bis der Chiemsee-Wind einsetzte, das war meist so zwischen 9:00 Uhr und 10:00 Uhr, um im Hangaufwind Höhe zu gewinnen. Dann ging's wieder Richtung Steinplatte, Loferer Steinberge, weiter zu den Leoganger Steinbergen und weiter, weil es so gut lief, bis nach Aigen im Ennstal. Dort umgedreht und weil wirklich die „Bärte" standen, wie von Karch eingezeichnet, verlief der Flug wie am Schnürchen. Den weiteren Rückweg dann über Grimming, entlang der Gebirgskette Ramsau am Dachstein, dort wie angewiesen: "Wenn Du am Dachsteinhochhaus noch darüber bist, dann ganz scharf rein in das Kar und da geht's dann wie im Fahrstuhl nach oben."
So war ich im Anflug auf das Haus, es hängt wie auf einem Felsvorsprung an einem steilen Grat. Ich war nur etwa 50 m höher. Angespannt flog ich drauf zu und drehte genau über der Hütte wieder um und da rüttelte es wie verrückt am Flieger und mit voll ausgeschlagenem Seiten- und Querruder drückte ich gegen den Aufwind. Es schleuderte mich regelrecht nach oben. Nach der ersten Kurve über dem Dachsteinhaus sah ich, wie einige Leute auf die Terrasse stürmten.

Sie hatten offensichtlich das Pfeifen gehört, als ich im Tiefflug über die Hütte brauste. Nach einigen weiteren Kurven war die Höhe wieder über 4.000 m, ca. 1.000 m über dem Dachstein und der Bischofsmütze.

Voller Übermut und mit einer Superhöhe dachte ich, jetzt nehme ich den direkten Weg nach Unterwössen zurück und schau mir noch den Königssee an und kann dann stolz berichten, wie der Tag verlaufen war. Da hat mich wahrscheinlich der Teufel geritten. Als ich den sonnigen Grat des Tennengebirges überflogen hatte, ging's mit rasanter Fahrt abwärts.

Anmeldung zum 300 km Streckenflug

Mit Schrecken gewahrte ich den Fehler, aber zurück ging es nicht mehr. Nur noch nach vorne, das Tal von Salzburg Richtung Sankt Johann im Auge. Fast im gleichen Winkel wie die Berge abfielen folgte ich dem Profil nach unten. Am Lueg-Pass dann dem engen Tal folgend über Tenneck, nur noch Fluss, eine enge Straße und nichts als Wald unter mir, erreichte ich Bischofshofen, das in der Sonne lag und Aufwind versprach in ca. 200 m Höhe über den Häusern. Ein schwacher Lift war zu spüren, den ich mit feinsten Ausschlägen am Ruder ausnützen konnte und so wieder ca. 500 m Höhe erreichte über der Stadt. Der Aufwind ging gegen Null und keine Möglichkeit, von dort wegzufliegen, ohne das Risiko einer Bruchlandung.

Auf der gegenüberliegenden Seite, am Fuß des Hochkönigs mit seinen über 3.000 m Höhe, war eine Alm und der Bauer mit der Heuernte am Werkeln. Eine kleine Wiese schräg am Hang, mitten drin der kleine Schlepper mit dem Heuwagen und links und rechts die Heumaden. Sollte das schon das

Später geglückt mit 300 km Zielflug nach Linz

Ende der K6 sein, auf dem dritten Flug?
Die Landung könnte vielleicht klappen, dachte ich, wenn der Bauer mit seinem Traktor noch 10 m weiter fährt. Dann reicht es, neben ihm aufzusetzen, eine scharfe Kurve hinter dem Heuwagen zu fabrizieren und mit viel Glück könnte das vielleicht hinhauen!

Der 0-Schieber reichte noch ein paar Minuten aus und die Landung hat wie vorgesehen geklappt. Das Heu flog über die Kabine und mit aller Kraft zog ich die Bremse an. Die scharfe Kurve mit dem Flügel rechts am Boden funktionierte, das Rad oder die Felge riss eine 5 m lange Spur aus dem Gras, aber ich stand auf der anderen Seite des Heuwagens. Die Knie zitterten, als die Bauersleute zu mir gerannt kamen, ganz erschrocken über das, was da soeben passiert war. "Hast den Propeller verloren?" fragte der Bauer. Ich konnte da doch schon wieder lachen.

Sehr freundlich waren die Leute von der Alm. Sie halfen mir, die Flügel abzubauen und brachten die Flugzeugteile zur Sicherheit in die Scheune, denn ein Gewitter war aufgezogen.
Wegen der immer latenten Möglichkeit der Außenlandung im Irgendwo war meine Mannschaft darauf vorbereitet und vor dem Abflug schon mit dem Autoschlüssel vom DB 170D ausgestattet worden. Jetzt musste sie unverzüglich benachrichtigt werden. Auf der Alm gab es aber kein Telefon. "Da hilft nichts", sagte der Bauer, "da muß't runterlaufen ins Dorf, brauchst aber mehr als eine Stunde." Zum Glück kam der Postbote gerade rauf zur Alm gefahren. Es war mittlerweile Abend, so gegen 17:00 Uhr.
Der Postbote versprach, gleich bei der ihm übergebenen Telefonnummer anzurufen. Dass die Rückholung heute nichts mehr werden würde, war mir klar, nicht jedoch die Umstände des Transportes.
Nach guter Bergbauernmahlzeit auf der Alm bot man mir das Sofa in der Küche zum Schlafen an.
Am andern Morgen, so gegen 4:00 Uhr in der Früh, klopfte es am Fenster zur Küche. Meine Abholer waren da. Rainer Karch mit zwei Freunden hatte es geschafft, auf die Alm zu kommen. Es waren mindestens fünf oder sechs Spitzkehren auf dem schmalen Weg, da kam man mit dem Hänger nicht herum. Man musste an jeder Kurve abhängen, den Hänger herum manövrieren und wieder anhängen. Ob wir das mit dem aufgeladenen Flieger auch schaffen würden, wusste ich nicht. Wir waren aber jetzt zu viert.
Nach dem Abschied von meinen Bauern fuhren wir los und es hat geklappt mit Ab- und Anhängen an den scharfen Kurven. Die Fahrt war lang, um alle Berge herum, es dauerte weitere vier Stunden, bis wir wieder zurück in Unterwössen waren. Der Flieger hatte außer ein paar Grasbüscheln zwischen Gummirad und

Felge keinen Schaden erlitten. Meine Rückholer habe ich reichlich belohnt mit einer Supermahlzeit und jeder bekam dazu einen Eimer Honig.
Wobei ich wieder beim Thema Honig wäre. Nach wie vor war ich ja Lehrling in Ausbildung zum Sägewerker. Jedoch mit eigenem Mercedes und eigener K6. Und das musste alles unterhalten werden. Auch Übernachtungen und Startgelder waren nicht zu unterschätzen. So kam ich auf den Gedanken, bei meiner Familie Auracher, wo ich unterm Dach Unterschlupf hatte, eine Filiale für Honig einzurichten. Herr Auracher war Postbote und beliebt in der ganzen Gegend. Also ließ ich mir Visitenkarten drucken bei der Druckerei Roch in Höchstädt. Darauf stand, dass Auracher meinen Honig im Depot hat. Alle Pensionen und Privathäuser rund um Unterwössen hatte ich schon abgeklappert und gute Geschäfte gemacht. So war mein Honig schon überall bekannt. Wenn die anderen Fliegerfreunde bei Regen oder Schlechtwetter in der Fliegerkneipe saßen, marschierte ich los von Haus zu Haus und verkaufte meinen Honig.
So nahm ich auch für meinen dreiwöchigen Urlaub kein Geld, sondern 300 kg Honig mit und musste sogar mitten drin nochmal nach Hause fahren zum Auffüllen des Lagers. Mit Frau Auracher machte ich halbe-halbe und das Geschäft lief wunderbar.
Die Nachlieferung war auch einfach, weil ich während meiner Ausbildung immer wieder Spezialkurse auf der Holzfachschule in Rosenheim belegte, um erweiterte Kenntnisse in Holzkunde, Holztrocknen, Sägen schärfen oder Hobeln zu erwerben. Das waren meist Kurse von einer Woche Dauer und jedes Mal am Wochenende fuhr ich natürlich nach Unterwössen, um das Lager bei Auracher aufzufüllen, Geld zu kassieren und fliegen zu gehen.
Da fuhr ich eines Tages wieder mal hin und parkte mein Auto vor der Fliegerkneipe, um über den Platz zum Startpunkt zu gehen, wo ich schon von weitem Gerd Riedel, einen Österreicher und Klaus zur Nieden, einen Holländer, beide Fluglehrer der Schule, bei einem Bergfalken stehen sah. Im Cockpit saß ein Mädchen, das meiner Helma ganz ähnlich sah.
Nichtsahnend kam ich näher und traute meinen Augen nicht, sie war es wirklich und tatsächlich. Ich war von den Socken. Dass Helma heimlich ihre Eltern überzeugen konnte und mir nichts aufgefallen war, machte mich perplex. Sie war erst siebzehn zu dieser Zeit und musste zur Fliegerausbildung die Zustimmung von zuhause haben.
Sie hatte schon ein paar Tage geschult und hat es mir unbedingt nachmachen wollen, auch zu fliegen. Schon ein paar Tage später machte sie ihren Alleinflug. Ich war ganz stolz auf sie.
Es war Anfang 1961, da fuhr ich mit meiner K6 auf dem Hänger zu meinem Club nach Gundelfingen. Er war in der Zwischenzeit vom Schachenhof südlich von Lauingen nach Gundelfingen auf den neuen Flugplatz umgezogen.

Es war das erste Mal, dass ich die K6 dort vorführte. Ich baute den Flieger auf, Heinz und Ferdl halfen mir dabei, und wartete, dass mich Herr Uhl, damals Hauptfluglehrer in Gundelfingen, mit in die Startfolge einreihen würde. Aber jedes Mal, wenn ich dachte, jetzt lässt er mich ans Seil, dann wurde der Doppelsitzer wieder bevorzugt mit dem Hinweis: "Du kommst schon noch dran. Erst sind die Schüler dran." Als das ganze Spiel allerdings bis Mittag ging und ich merkte, dass das Hinhalten eine Geste des Unwillens war, um mir zu zeigen, dass man nicht einfach mit einer K6 daherkommt und meint, fliegen zu können. Da gehöre eben mehr dazu. Es war der reine Neid, der da unausgesprochen in der Luft hing.

Da schob ich mit Heinz' Hilfe die K6 wieder zum Transportwagen und baute ab, trotz des Hinweises von Herrn Bucher, dem Vorstand, ich solle doch warten, ich käme schon noch dran. Er konnte sich gegen den übermächtigen Herrn Fluglehrer nicht durchsetzen.

Ich erinnerte mich, dass ein alter Freund aus Höchstädt, Hubert Stahl, der mittlerweile als Ingenieur bei Bosch in Giengen arbeitete, auch geflogen ist und bei der Fliegergruppe in Giengen seinen Platz gefunden hatte. Also fuhren Heinz und ich mittags nach Giengen auf die Irpfel, so heißt das dortige Fluggelände. Dort angekommen, gab es ein Riesenhallo von Hubert und auch von anderen Fliegerkameraden. Auf meine Frage, ob ich aufbauen und starten könne, kam die Antwort: "Warum denn nicht, kannst sofort fliegen!" Aber der Blick auf mein mageres Instrumentenbrett ließ die Euphorie wieder sinken. Vorstand Schmitt schaute sich das ganze an und sein Kommentar, wie von einem Feldwebel, war: "So nicht, ohne Instrumente, ohne Fahrtmesser, ohne Variometer (die hatte ich ja in Unterwössen wieder abgeben müssen bei meiner Abreise) geht das nicht, das ist auch gegen die Vorschriften!" Auch meine Antwort: "Die brauche ich nicht, ich fliege mit dem Hintern", brachte nur ein allgemeines Gelächter unter den Kameraden hervor.

Aber ein kurzer Blick vom Vorstand zum Werkstattleiter Hubert genügte und sie organisierten innerhalb von 30 Minuten für mich die notwendigen Instrumente. Die waren auch blitzartig eingebaut, weil ja alle Schläuche und Anschlüsse vorhanden waren. Schon um 14 Uhr war ich am Haken und die Winde zog mich auf 300 Meter Höhe zum Ausklinken.

Es herrschte nur schwache Thermik an diesem Tag. Ich zog meine Kreise und konnte mich so recht und schlecht auf Höhe halten. Vor lauter Begeisterung verlor ich komplett die Orientierung und fand den Platz nicht mehr.

Die einfachen Bezugspunkte, die ich im Gebirge hatte, waren auf dem flachen Land einfach nicht da. Blamieren wollte ich mich nicht beim ersten Start hier mit einer Außenlandung, womöglich gleich neben dem Flugplatz, ohne ihn gesehen zu haben. Da entdeckte ich das bekannte Kloster Neresheim. Da kannte ich mich wieder aus und schlich mich ganz vorsichtig, um ja keine Höhe zu verlieren, von einem kleinen Aufwind zum nächsten und erreichte so wieder Giengen nach fast 2 Stunden Flug.

Als ich ankam war das Erstaunen groß, wo ich denn gewesen sei, alle anderen Flugzeuge waren seit einer Stunde schon am Boden. Es erschien allen unwahrscheinlich, dass ich noch in der Luft gewesen wäre bei dieser schwachen Thermik.

Großspurig habe ich dann von dem schönen Flug erzählt, wo ich überall war, ohne natürlich von dem Orientierungsverlust zu sprechen. Die fliegerische Leistung hat den Bann schon an dem ersten Tag gebrochen und ich war im Fliegerclub Giengen aufgenommen worden. Auch mein Flugzeug durfte ich in der Halle unterstellen. So begann mein weiterer Fliegerweg in Giengen auf der Irpfel.

An einem Freitagnachmittag, es war tiefster Winter, erhielt ich in Kaufbeuren einen Anruf von Helma mit der Meldung, dass sie schwanger sei.

Aufgeregt wie ich war, wollte ich sofort nach Hause fahren, es war eh schon Feierabend angesagt. Ich informierte meinen Chef, Herrn Sturm, von dem Ereignis. Der war gar nicht so davon angetan.

War halt auch ein Katholischer und vor der Hochzeit war das seinerzeit nicht so erwünscht! "Erst musst Du noch eine Fuhre zum Kloster hoch machen, die brauchen noch Kisten zum Glas verpacken". Also rein in die Karre, es war ein 3-t-Hanomag, und die Kisten abgeliefert. Auf dem Rückweg passierte es dann. Auf der verschneiten engen Straße kam mir ein Bus entgegen. Links und rechts waren Schneehaufen entlang der Straße und ich mit dem Hanomag viel zu schnell, um noch zum Halten zu kommen. Also rechts rein auf den Schneehaufen und vorbei. Aber es funktionierte nicht wie gedacht. Die vorderen Räder gingen noch über den Schneewall, aber die hinteren Zwillingsreifen nicht mehr und schräg schlitterte der Wagen weiter. Der hintere Bordwandverschlusshaken riss den Bus von vorne bis hinten wie mit einem Dosenöffner auf.

Meine K6CR mit Heinz vor der Werkstatt-Halle in Unterwössen

Das war's dann mit dem schnellen nach Hause kommen. Natürlich Polizeiauflauf, Passanten, viele schlaue Leute, alle wussten es besser wie man das macht und so weiter. Ich war der Trottel! Nach mehr als 2 Stunden war ich dann entlassen und bin nach Höchstädt gefahren mit meinem alten Daimler 170D. Mit Schuldgefühlen in der Brust wegen dieses blöden Unfalls.

Ich freute mich aber, als ich wieder bei Helma war, über die Schwangerschaft. Es war nämlich so, dass ihr so ein schlauer Arzt gesagt hatte, dass sie keine Kinder bekommen könne und sie war darüber immer sehr bedrückt gewesen.

So war das in jeder Hinsicht für alle am Ende eine positive Überraschung.

Natürlich auch eine Überraschung für unsere Eltern.

Was da die Leute wohl sagen werden…. etc.?

Also wurde die Hochzeit vorbereitet und am 6. März 1965 fand die Hochzeit statt. In der Krone in Höchstädt wurde gefeiert. Auch alle Onkel und Tanten aus Schweinfurt waren da und auch mein Chef, Herr Sturm, aus Kaufbeuren. Es war ein Fest mit mehr als 70 Leuten und sogar abends haben sie es fertig gebracht, dass man uns das Schlafzimmer bei meinen Eltern komplett auseinander gebaut hatte und die Teile im ganzen Haus versteckt waren. Wie das nach altem Brauch halt so gemacht werden musste.

Am nächsten Tag fuhren wir dann in die Flitterwochen nach Füssen, wo meine Schwiegereltern ein kleines Ferienhaus am Weissensee hatten. Wir waren zufrieden, es war schön und Helma schrieb mir da sogar mein Berichtsheft für die Sägerprüfung nach. Auf der Rückfahrt kehrten wir noch in das damals bekannte Schlemmerlokal ‚Post' in Bissenhofen ein und leisteten uns ein Chateaubriand für zwei Personen mit allem Drum und Dran für sage und schreibe 25,00 DM. Wir fühlten uns wie die Verschwender.

Samstags und sonntags war ich beim Fliegen auf der Irpfel. Da waren ein paar Fliegerfreunde auch am Platz mit ihren Maschinen, alles K6 E mit Pendelruder, noch etwas weiterentwickelt, als meine K6 CR. Bauunternehmer Eckle aus Langenau, Bässler aus Göppingen und Schäffner Otto aus Ulm waren die Kapazitäten. Sie starteten meist nur, wenn Streckenflugwetter war, um Punkte zu sammeln für den nationalen Wettbewerb.

Viel lernen konnte ich von ihnen über das Verhalten im Streckenflug und sie animierten mich, auch mitzufliegen und so kam ich zu größeren Streckenflügen bis in den Schwarzwald und zurück oder bis zum Main und auch zur Strecke für das Gold–C bis nach Linz in Österreich. Sogar zum Föhnfliegen für die 3.000 m Höhengewinn nach Innsbruck sind wir gefahren.

Gestärkt von so viel Erfahrung habe ich mich auch mal bei den schwäbischen Segelflug-Meisterschaften in Augsburg angemeldet. Ich hatte gleich am ersten Tag ein Riesenglück. Wir flogen von Augsburg-Haunstetten (dem alten Messerschmitt-Flugplatz) nach Bad Wörishofen, mussten dort bei der Wende den Flugplatz fotografieren und wieder zurück nach Augsburg. Natürlich in bester Zeit.

Auf dem Rückweg stand allerdings eine schwarze Gewitterwand und es schien, dass da kein Durchkommen sei. Vor der Wand war guter Aufwind und mehr als zwanzig Maschinen kreisten da herum und wussten nicht, was sie machen sollten. Da sah ich einen Zugvogel, das war Freund Dumberger aus Augsburg, wie er auf die schwarze Wand zuflog. Ich gleich hinterher, denn er hatte in meinen Augen mehr Erfahrung. Ihn nur nicht aus den Augen verlieren und dran bleiben, denn was der kann, das geht auch mit meiner Maschine. Es wurde immer dichter nach unten, fast nichts mehr zu sehen und prasselnder Regen setzte ein, der durch die undichte Haube in Strömen hereinlief. Mit meiner foliierten Landkarte deckte ich mich notdürftig ab. Nach einigen Minuten wurde es wieder heller und wir waren durch. Immer noch Dumberger folgend, ging es hinter der Gewitterwolke nur noch abwärts, keine Thermik war mehr zu spüren. In ruhiger Luft glitten wir hintereinander her. Es ging tiefer und tiefer, ich wollte schon lange landen, aber Dumberger flog noch in 100 m Höhe geradeaus weiter. Immer das Lechtal entlang mit seinen ebenen Wiesen links und rechts vom Ufer. Es war also gleichsam ein „Flugplatz" nach dem anderen.

Erst als er ca. 1 km vor mir einkurvte und die Klappen zog, tat ich dasselbe und war in Sekunden am Boden. Kein weiterer Segler tauchte über uns auf und da war ich mir sicher, dass mir heute der zweite Platz gehörte.

Abends waren dann alle Teilnehmer mit ihren Rückholmannschaften wieder zurück und wollten, da die meisten auf dem Flugplatz in Wörishofen gelandet waren, den Tag neutralisiert wissen. Aber Dumberger und auch ich protestierten natürlich und sagten, dass es ganz einfach gewesen sei, da weiterzufliegen. Sie sollten doch vor ein paar dunklen Wolken nicht gleich das Handtuch werfen und aufgeben.

So entschied die Wettbewerbsleitung, dass, wenn schon zwei Flugzeuge den Rückflug fast bis zum Flugplatz geschafft hätten, der Tag gewertet werden müsse. Am Abend bei der Siegerehrung wurde ich aufgerufen und nahm den ersten Preis für den Tagessieg entgegen. Ich war etwas verdutzt, warum der erste und nicht der zweite Platz? War doch Dumberger mit seinem Zugvogel einen Kilometer weiter geflogen. Es war dann so, dass der Zugvogel einen etwas besseren Gleitweg hatte und deshalb mit einem Handicap belegt war und damit einige Punkte hinter mir lag. Er war aber dennoch froh, dass ich ihm gefolgt bin, hatte das doch den Ausschlag gegeben, dass der Tag gewertet wurde.

Der Wettbewerb hatte noch ein paar tolle Flüge gebracht, so gleich am zweiten Tag mit einem Flug nach Eichstätt und zurück, an dem ich sehr spät abends erst zurück kam, schon tief vor Augsburg und musste ja noch die ganze Stadt bis Haunstetten überqueren, nahm allen Mut zusammen und hatte wieder Glück, weil über der Stadt die warme Luft noch getragen hat und so kam ich zwar als letzter in Haunstetten an, wurde aber noch siebter, weil die meisten Freunde wieder vorher außengelandet waren.

Nach Abschluss war ich trotzdem stolz, den zwölften Platz von vierzig errungen zu haben. Es waren ja viele Superprofis dabei, die auch bei Deutschen Meisterschaften schon mitgeflogen waren.

Auch in Rosenheim, bei meinen vielen Extra-Kursen und den Besuchen des Berufsschulunterrichtes im sechswöchigen Abstand, nahm ich alles Wissen mit, was zu einer soliden Holzausbildung nötig war. Sehr viel hat mir dabei das Ausliefern der Holzwaren an die Schreiner und Zimmerleute in der Umgebung von Kaufbeuren gebracht. Da hatte ich sehr schnell raus, was gut und nicht so gut war am angelieferten Material. Ich fragte die Meister auch aus, wenn sie meckerten und von ihnen erfuhr ich oft mehr als ich in der Schule hätte lernen können.

Mit dem DB 170D beim Fliegen in Zell am See mit Bruder Rudolf am Doppelraab

Was ich allerdings sehr schnell für mich bemerkte: das Sitzen auf dem Sägegatterwagen oder am Doppelsäumer war nicht das, was ich später tun wollte. Das Handeln mit Holz war mehr eine Sache, die mir lag. Der Schwiegersohn von Herrn Sturm, Herr Höbel, erzählte mir, wie er, als er in die Firma kam, auch den Handel mit allen möglichen Holzwaren angezettelt hatte. Manchmal nicht so sehr zur Freude seines Schwiegervaters, Herrn Sturm. Aber als der Umsatz mit Exotenholz, Furnieren und Türen in die Höhe ging, hat auch Herr Sturm voller Stolz von dem Aufschwung des Geschäftes erzählt.

Sie gaben mir auch Hinweise über Einkauf und Vertriebstaktiken, was nicht zu einer Sägewerksausbildung gehörte, die ich aber später sofort in Höchstädt umsetzte und dann so ähnlich den heimischen Markt bearbeitete. Aber davon später noch mehr.

Auf diesen Rosenheim-Schultagen war auch der Unterricht meistens gegen 16 Uhr beendet und ich hatte ja bis 19 Uhr Verkaufserlaubnis mit meinem Wandergewerbeschein. So klapperte ich die Wohnungen in den Straßen von Rosenheim rauf und runter ab. Mit dem Lehrlingsargument und dem Hinweis auf die überall bekannte Holzfachschule war sehr schnell Vertrauen aufgebaut und der Absatz florierte bestens. Im Schnitt kam ich damals auf einen Stundenlohn von ca.20,00 DM. Das war zu dieser Zeit sensationell viel.

Damals verdiente ein Arbeiter im Sägewerk maximal 4,00 DM in der Stunde.

Das heißt, in ca. drei Stunden hatte ich den Verdienst von zwei Tagen eines Arbeiters "erlaufen".

Während der zwei Jahre, die ich in Ausbildung war, besuchte ich die Kunden mehrmals und so ging es immer besser. Ein richtiger Batzen war ja auch nötig für meine K6, die in dieser Zeit bezahlt werden musste. Jahre später war diese Kenntnis nochmals von Vorteil, als ich schon längst im Betrieb zuhause fest eingebunden war und keinen Honig mehr verkaufen musste. Aber diese Geschichte etwas später.

Nachdem die Lehrzeit zu Ende war und ich im Sägewerk Bschor gebraucht wurde, war das Fliegen auf das Wochenende beschränkt. Meistens nur am Sonntag. Am Samstag startete ich den Handel mit Gartenzäunen. Da klapperte ich die Dörfer im Landkreis ab und brachte die Zimmermann-Latten-und Scherenzäune an den Mann. Macht heute noch Spaß, wenn ich durch die Gegend fahre und die vielen Tausend Meter Zäune sehe, die immer noch gut erhalten sind. Die 25 Jahre Garantie, die ich immer angeboten hatte, waren wirklich drin. Diese Qualitätszäune sind heute mehr als fünfzig Jahre montiert und sehen immer noch gut aus.

Die Sonntage in Giengen waren immer eine Erholung für mich, nicht jedoch so sehr für Helma, die schon bald mit unserer Tochter Christine beschäftigt war.

Da tauchte eines Tages Ernst Mattern aus Heidenheim auf dem Flugplatz auf und wurde Mitglied im Fliegerclub Giengen. Er hatte seine Ausbildung zum PPL auf dem Flugplatz von Aalen-Elchingen gemacht und auch gleich anschließend die Fluglehrerausbildung für die Privatpilotenlizenz. Kurz darauf wurde in Giengen eine Vereinsflugschule gegründet.

Zur Erstausbildung eines Fluglehrers mussten drei Flugschüler unter Aufsicht eines Lehrers mit viel Erfahrung durch die Prüfungen geführt werden.

Der Erste, der sich dafür meldete, war natürlich ich. Dazu noch Magyar Laszlo, bereits Segelfluglehrer und Hubert Stahl, mein Freund, der mir den Weg in den Club so super geebnet hatte.

Als Ausbildungsflugzeug wurde dafür in Giengen eine Piper J3C mit 95 PS angeschafft. Da wir alle 3 ja bereits sehr viel Erfahrung im Fliegen selbst hatten, ging die praktische Ausbildung sehr schnell voran. Es musste ja nur der Motor ins Gefühl mit eingebunden werden. Im Übrigen flog die Piper ohnehin fast wie ein Segelflugzeug.

Nach wenigen Wochenenden waren wir freigeflogen, durften also alleine unter Bodenaufsicht von Ernst und mit Flugauftrag durch die Gegend fliegen.

Die theoretische Prüfung war schon etwas aufwendiger als die für den Segelflug. Da tauchte allerdings wieder ein Problem auf, das ich schon seit den ersten fliegerärztlichen Untersuchungen hatte. Ich habe eine Rot-Grün-Farbschwäche, im Volksmund: ich bin farbenblind. Ich konnte die Buchstaben und Zahlen, versteckt in den Farbpunkten in dem Farbenbuch, nicht erkennen. Nicht eine einzige.

Der Fliegerarzt musste seiner Amtspflicht folgen und konnte deshalb kein Tauglichkeitszeugnis ausstellen. Das traf mich wie ein Hammer. Mitten in die ganze Euphorie so ein Tiefschlag. Nach Verhandlungen, wie man diese Vorschrift auslegen könnte, kam der Arzt mit dem Hinweis, dass er einverstanden wäre mit einer Zulassung, wenn ich die Lichtzeichen (die damals vom Tower aus gegeben wurden für Flugzeuge ohne Funk und für Notfälle) eindeutig erkennen und unterscheiden könnte. Also flog mein Fluglehrer Ernst Mattern mit mir nach Aalen und parkten die Piper ca. 200 m vom Tower entfernt. Herr Wayermüller, der „Vater Fluglehrer" von Ernst, saß neben mir und Ernst im Tower und gab Lichtzeichen: weiß, grün, rot in variablen Abständen. Alle konnte ich erkennen. So bestätigte Herr Wayermüller: "Lichtzeichen

einwandfrei erkannt!" Was war ich erleichtert, dass dieser Kelch an mir vorübergegangen war.
So stand der Ausstellung meines Luftfahrerscheines nichts mehr im Wege. Das Leben war wieder schön!
Viele Ausflüge machte ich mit der Piper, landete auf fast allen bekannten Flugplätzen in Württemberg und Bayern.
Eines Tages kam eine Ausschreibung von der Sportfliegergruppe Laupheim, dem militärischen Fliegerhorst, für einen Sternflug mit Wettbewerb.

Da wollte ich mitmachen und brauchte noch einen guten Navigator dazu. Dieser war mit dem Segelflieger Otto Schäffner sehr schnell gefunden. Es war ein tolles Erlebnis. Ziellandungen mit und ohne Motorhilfe waren angesagt. Aus Bildbogen und Streckenangaben die richtigen Bodenziele erkennen, theoretische Aufgaben lösen usw. Wir meisterten die Aufgaben bravourös und belegten bei 23 Teilnehmern den zweiten Platz. Wir fühlten uns wie die Gladiatoren von Rom nach dem Sieg.
Die Euphorie war irre und das Fliegen unter Wettbewerbsbedingungen war eine ganz neue Herausforderung. Das hat auch Ernst Mattern inspiriert und wir sind enge Freunde geworden und flogen im Laufe der Jahre mehr als fünfzig Rallyes zusammen im In- und Ausland. Aber eins nach dem andern.

Auf dem Fluggelände auf der Irpfel wurden mehrere Motorflugzeuge zu den vielen Segelfliegern angeschafft. So auch eine Saulnier Morane mit 145 PS zum Schleppen der Segelflugzeuge. Die Winde wurde mehr oder weniger eingemottet. Mit dem Schleppflugzeug kam man sicherer in die Thermik und die vielen Spezialisten am Platz wollten ja nicht lange am Morgen herumeiern, sondern für die Streckenflüge schnell an Höhe gewinnen. Dazu kamen im Laufe der Zeit ein Bölkow Junior, eine Klemm 207 und später eine größere Morane Commodore mit 180 PS.

Mit der Morane 145 D-EMFA machte ich auch die Schleppberechtigung und konnte so meine Flugstunden ganz schnell vermehren. Manchen Sonntag saß ich drei bis vier Stunden am Stück im Schleppflugzeug, um einen Segler nach dem anderen in die Thermik zu ziehen. Immer rauf auf ca. 500 bis 1.000 m, dann mit einem Abschwung nach unten, Seilabwurf und mit einer kurzen Kurve zurück zum Anflug. Das alles musste mit geringstem Zeitaufwand ablaufen, denn man war schnell als Schlepper aus dem Flieger gedrängt, wenn man da rumtrödelte und zu große Biegen machte. Die Flugzeit musste ja von den Segelfliegern bezahlt werden.

Wenn die Segler alle in der Luft waren, meist so gegen Mittag, da füllte sich bei schönem Wetter sehr schnell die Terrasse vor der Fliegergaststätte mit Spaziergängern oder Fliegerinteressierten. Viele meldeten sich, um einen Rundflug zu machen und so kam man zusätzlich zu Flugstunden. Wenn sich niemand von selbst meldete, ich war ja ein Verkäufertyp, ging ich auf die Terrasse, klatschte mal in die Hände und sagte z. B.: "Wenn jemand Lust hat, einen Flug zur Zugspitze zu machen, da sind noch Plätze frei, es kostet 100,00 DM und es kann sofort mitgeflogen werden. Es ist ein einmaliges Angebot."

Es waren immer ein paar Leute dabei, die das Angebot annahmen. So kam ich zu wunderschönen Ausflügen, ganz ohne eigene Kosten. Öfter mal zur Zugspitze oder rund um Ammersee und Starnberger See oder bis zum Bodensee. Mein Vater und mein Bruder betrieben ja noch die Kohlenhandlung mit mittlerweile Heizölhandel und da waren größere Kunden wie die Brauerei, die Molkerei oder das Krankenhaus mit den Hausmeistern, die immer zu Weihnachten mit kleinen Geschenken bedacht wurden. Da gab dann Vater Gutscheine für Rundflüge aus, die dann im Laufe des Jahres von mir mit den Kunden abgeflogen wurden. Es kam ganz gut an und war ja zwei Mal ein Geschenk. Zum ersten Mal, als sie die Gutscheine erhielten und zum zweiten Mal, als der Flug stattfand mit dem besonderen Erlebnis.

Mit der Morane war das Fliegen, als ob mir die Flügel angewachsen wären. Den Vogel beherrschte ich wie kaum ein anderer auf der Irpfel. Kurzstart und Landungen mit slippen machte mir richtig Spaß, wenn ich mir Punkte vornahm, an welchen aufzusetzen war und das dann auf den Meter genau passte. Ich hatte ja an normalen Segelflugtagen oft mehr als 20 Starts und Landungen zu machen.

In der D-ECAS mit Ernst zum Wettbewerbsstart

Mit Ernst als Navigator bestritten wir viele Rallyes im Laufe der Zeit. Zugspitzflug, Käserallye in Kempten oder 3-Länderflug in Mengen und andere. In der Fliegergaststätte Irpfel hängen heute noch an die 50 Teilnehmerplaketten, dazu auch einige Siegestrophäen. Wir waren bei den anderen Teilnehmern gefürchtet, wenn wir auftauchten. Kommen die schon wieder und wollen absahnen, waren oft die Sprüche.

Das einzige Problem war oft, dass wir die Morane nicht haben konnten, weil sie fürs samstag- und sonntägliche Schleppen gebraucht wurde und immer mit der kleinen Piper mitmachen wollten wir auch nicht. Das sollte sich dann in nächster Zeit ändern.

An die Schleppprüfung hängte ich noch die für Bannerschlepp an und so flog ich für unsere Firma und den kleinen Baumarkt, den wir hatten, Werbung. Das hat die Konkurrenz geärgert, aber es brachte viele Kunden auch von weiter her zu uns.

Erste Geschäftsreise 1970

Es war im Jahr 1970. Eine Reise nach Österreich war vorgesehen, um mit einem Maschinenlieferanten vor Ort einige Referenzanlagen zur Rundholzaufbereitung zu besuchen. Mein Schwiegervater, Wilhelm Bschor, sollte natürlich auch mit dabei sein, um seine Meinung zu dem neuen Vorhaben abzugeben.

Wir wollten eine automatische Rundholzablängstation mit Sortierung in Boxen, inclusive Entrindung des Rundholzes, einrichten.

Ich wollte fliegen. Es waren Stationen in der Nähe von Freistadt, St. Georgen, Leoben, Timmersdorf und Friesach, dort war der Sitz des Herstellers der Einrichtungen. Überall war ein kleiner Flugplatz.

Also überredete ich mit viel Mühe meinen mit allen Bedenken geladenen Schwiegervater, doch mitzufliegen. Am Ende hatte ich ihn soweit und wir flogen an einem Montag früh los.

Kein Problem, der erste Besuch war schon gegen 10 Uhr in Freistadt. Das hätten wir mit dem Auto nie geschafft. Wir hätten da schon um 4 Uhr in der Früh losfahren müssen.

Der Verkäufer war vor Ort und wir zwei flogen zum nächsten Termin nach St. Georgen. In Amstetten war der Besuch angesagt und der Sägewerker holte uns sogar vom Platz Ybbsfeld ab. Zwei Stunden später erst kam der Vertreter mit seinem Auto und wir fuhren wieder zum Platz. Da entschied sich Wilhelm, mit dem Vertreter im Auto mitzufahren.

Es war nun schon sehr spät und ich machte, dass ich loskam, um nach Leoben, Timmersdorf zu fliegen, um dort vor Sonnenuntergang anzukommen.

Ich flog über die Berge von einem Tal zum anderen und war plötzlich nicht mehr sicher, ob ich mit der Navigation richtig lag. Dachte schon, ich bin im Tal von Timmersdorf, flog Eisenbahn und Fluss entlang, aber der Platz kam nicht. Nun sah ich, dass es sich nur um eine eingleisige Bahn handelte anstelle der zweigleisigen, die vor Timmersdorf sein sollte. Jetzt war schon zu viel Zeit vertrödelt worden mit Suchen und es wurde langsam dunkel. Eine Wiese mit Traktorspuren war kurz hinter einem Ort zu sehen. Diese nahm ich an und bin gelandet.

Sofort kam das halbe Dorf angerannt mitsamt dem Ortsgendarmen. Dieser fragte natürlich kraft seines Amtes, wieso ich gelandet sei. Das war schnell erledigt. Er bat mich in seine Amtsstube gleich neben der Kirche von Eisenerz. Ich war in ein Tal vor Timmersdorf eingeflogen.

Dort holte er seine Vorschriftenmappe aus dem Regal und suchte, was er in einem solchen Fall zu tun hatte. Er fand es auch und wir mussten, wie angegeben, in Wien beim Luftamt anrufen und die Sachlage mitteilen. Er fing umständlich zu reden an und ich drängte ihn, mir doch den Hörer zu geben. Sehr schnell war ich mit dem Mann vom Luftamt auf gleicher Wellenlänge.

Es ist nichts passiert, ich bin zur Vorsicht gelandet und kann dort auch wieder starten. Alles kein Problem. Die Wiese ist mindestens 400 m lang. Er konnte es fast nicht glauben, dass solch' eine lange Wiese dort sei. Zum Start sollte ich die Feuerwehr holen zur Sicherheit. Ich bestätigte ihm das und da hörte der

Gendarm nebenan etwas von „Feuer". Ich legte auf und sagte zum Gendarmen auf seine ängstliche Frage, dass er ja nichts Falsches mache, wir sollen jemand mit einem Feuerlöscher bereitstellen. Das Problem war für den nächsten Tag gelöst. Er wollte am anderen Tag noch die Wiese abschreiten wegen der Länge. Das wollte der Herr vom Luftamt auch noch von ihm bestätigt wissen. Ich rief im Hotel in Leoben an, um meinen Schwiegervater zu verständigen, dass er sich keine Sorgen zu machen habe, ich würde erst morgen früh kommen.

Nach Übernachtung in Eisenerz ging ich gegen 8:00 Uhr zu meinem Flugzeug und da standen schon einige Leute rum. Auch der Gendarm war schon vor Ort und wollte die Strecke mit mir abschreiten. Da kamen wir nach knapp 200 Metern an eine Senke, die ca. zwei Meter abfiel. "Und jetzt?", fragte der Herr Gendarm, "wie geht's jetzt weiter?"

"Das Flugzeug fliegt da ja schon und wenn nicht, kann ich unten weiter machen." Er guckte ganz ungläubig, aber meine Sicherheit ließ ihn nicht weiter nachfragen.

In Friesach/Kärnten, Schwiegervater prüft die Wetterlage!

Zurück am Flugzeug sprach mich einer an und sagte, dass er auch Flieger sei und extra von Timmersdorf herübergekommen sei, als er hörte, dass hier ein Flieger gelandet sei. "Hier ist schon mal einer gelandet", sagte er "und da musste das Flugzeug abgebaut werden." Er war wenigstens so verständig, dass er das ganz leise zu mir sagte.

Da meldete sich der Gendarm wieder und meinte, wie das mit dem Wind sei, der kommt doch von hinten. Ja, meinte ich, das mache nichts, der schiebe mich noch an. Der andere Pilot drehte sich um, er konnte sein Lachen nicht ganz zurückhalten. Zu ihm sagte ich, er solle etwas von dem Heu in die Hand nehmen und wenn der Wind etwas nachließe (er kam immer in Wellen, mal mehr mal weniger), dann solle er das Heu hinter dem Gendarmen fallen lassen und ich starte dann sofort.

Es klappte, das Heu fiel auf den Boden, der Rückenwind war schwächer und ich legte los. An der Kante zog ich die Klappe und der Vogel war in der Luft. Mit meiner 145 PS Morane, mit der ich ja ständig in Giengen Schleppflüge durchführte, hatte ich genug Übung und 200 m waren da immer reichlich, wenn man alleine drin saß.

Der kurze Flug nach Timmersdorf dauerte nur 5 Minuten. Wir besuchten, wie vorgesehen, die Referenzanlage und machten uns nach ein paar Stunden nach Friesach auf. Dort besichtigten wir noch das Werk des Herstellers und flogen am Abend nach Klagenfurt. Es war schon ganz heftiger Wind aufgekommen. Ein richtiger Nordwind. Er blies uns in wenigen Minuten nach Klagenfurt.

Dort angekommen, war an eine Landung unmöglich auf der quer zum Wind gelegenen Bahn.

Mit dem Tower verhandelte ich, was zu machen sei. Er meinte, ich solle es in Feldkirchen versuchen, da sei die Bahn auf Nord ausgerichtet. Also flog ich das Stück nach Westen. Dort angekommen, schleuderte es uns so herum, dass auch hier eine Landung auf dem kleinen Platz nicht ratsam erschien. Ich flog wieder zurück nach Klagenfurt und sagte, ich werde auf dem Taxiway quer zur Bahn landen. Das könne er nicht erlauben. Ich kann doch nicht ewig hier herumturnen, war meine Antwort. Sie können das auf eigene Verantwortung machen. Dazu bestätigen sie mir, dass sie auf eigene Verantwortung landen möchten. So bin ich auf dem B-Taxiway, der direkt auf das Vorfeld führt, gelandet. Das heißt, ich habe wie ein Hubschrauber fast senkrecht die Morane aufgesetzt. Hätte ich Gas gegeben und am Ruder gezogen, ich wäre sofort wieder in der Luft gewesen.

Klagenfurt, Wilhelm Bschor

Es kamen gleich mehrere Leute angelaufen, die mein Flugzeug an den Flächen führten und ich rollte bis vor die große Halle. Dort stellte ich ab und wir schoben den Flieger hinein. Es stürmte die ganze Nacht wie wild. Ein richtiger Nordföhn war da am Heulen! Am anderen Tag schon war der Spuk vorbei. Wir flogen in schönstem Wetter nach Hause. Es war die erste richtige Geschäftsreise.

Die 100er-Morane Rallye, D-EFWS

Für unser Geschäft, die Holzhandlung, führte ich den Handel mit Exotenhölzern ein. Kaufte dafür das Schnittholz aus Mahagoni in Bremen, Hamm oder Antwerpen bei den dortigen Importeuren. Manchmal auch Rundholz, das auf Exportlagern in Mannheim lag und dann in Mannheim und Umgebung bei Exotensägewerken nach Wunsch geschnitten wurde. Oft nahm ich da Kunden mit ins Flugzeug, um die Hölzer mit ihnen auszusuchen. Das minderte das Kaufrisiko für mich und ebenso für die Kunden. Diesen hat das Reisen im Flugzeug sichtlich immer Vergnügen bereitet.

Dafür stand in Giengen der Bölkow-Junior fast immer für mich bereit. Unter der Woche war dort kaum Flugbetrieb und so konnte ich frei über diesen Flieger verfügen. Es waren sehr oft Trips nach Mannheim, fast jede Woche einmal oder auch nach Hamm zur Fa. Reschop. Dort war der Flugplatz gleich gegenüber dem Sägewerk. Die Lieferanten suchte ich nach der Verfügbarkeit von Flugplätzen in der Nähe aus. Für manche war das unverständlich.

Selbst zur Hannover-Messe, die jährlich stattfindet, bin ich immer mit dem Flieger gereist. Oft natürlich auch bei miesestem Wetter.

1970 dann besuchte mich ein Freund aus Mühldorf am Inn, den ich über einen Geschäftskollegen aus der Holzhandelsbranche kennen gelernt hatte, mit seiner Piper Arrow. Das war damals von mir ein Wunschflugzeug für die Zukunft. Er war erfolgreicher Bauunternehmer und konnte sich diese leisten. Damals kostete so eine Arrow ca. 80.000,00 DM. Ein ganz großer Batzen Geld in dieser Zeit.

Freund Riegam zu Besuch in Donauwörth mit seiner Piper Arrow

Er hatte aber dazu noch eine kleine Morane Rallye mit 100 PS, die er verkaufen wollte. Ich war da im Prinzip noch gar nicht drauf vorbereitet, aber er machte mir das schmackhaft und ich sollte mir den Flieger doch mal ansehen, er wollte dafür „nur" 20.000,00 DM. Ich wusste auch gar nicht, wohin ich den Flieger stellen konnte. In Giengen ging das auf keinen Fall. Die Vereinssatzungen ließen das nicht zu. Es wurden nur Vereinsflugzeuge als Motorflugzeuge untergestellt und nur Segelflugzeuge von Privateignern.

Ernst und ich flogen hin mit der Piper J3C und landeten erst mal in Donauwörth/ Genderkingen auf dem Grasplatz. Der Vorstand, Herr Helmut Ordemann, der Konstrukteur und Erbauer der FLAMINGO bei der Donauwörther Flugzeugfirma Bölkow Blohm, war glücklicherweise anwesend und konnte mir zusagen, dass ich die Morane in der Halle abstellen könnte für 50,00 DM monatlich. Es sei genügend Platz da.

Das gab mehr oder weniger schon den Ausschlag für den Kauf. Jetzt musste mir nur das Flugzeug gefallen. Dieses stand schön herausgeputzt in der Halle in Mühldorf. Ich durfte einen Probeflug machen und auch die Leistung war mir ausreichend. Nach ein wenig Verhandeln waren wir uns für 18.000,00 DM einig geworden und ich flog mit meinem ersten Motorflugzeug zurück nach Donauwörth. Da wurde ich dann auch noch Mitglied, um den Vereinssatzungen zu entsprechen.

Von jetzt an stand für die Rallye-Fliegerei immer ein Flugzeug zur Verfügung. Jede Menge Reisen mit meiner jungen Familie führten uns durch die Lande. Das Flugzeug hatte das Kennzeichen D-EFWS. Wir tauften es Whisky-Soda.

Das Flugzeug brachte ich auch als Geschäftsflugzeug in die Firma ein (wurde sogar vom Finanzamt abgenickt.) Die Besuche in Mannheim oder Hamm machte ich dann meistens mit meiner Maschine. Allerdings war diese nicht so schnell wie die Junior, dafür aber viel geräumiger.

1965 wurde unsere Tochter Christine geboren und 1967 Sohn Andreas. Das machte die sonntäglichen Besuche auf dem Flugplatz in Giengen für Helma immer zu einem Auszug wie aus Ägypten. Die kleinen Kinder hatten ja Bedarf an allem Möglichen, ob es kalt oder warm war. Verschiedenes zum Anziehen musste dabei sein, dazu etwas zum Spielen und und und.

Sie wuchsen im Prinzip unter den Flugzeugen auf. Christine hatte nicht so die Lust mitzufliegen, aber Andreas war mit drei Jahren schon hinter mir in der Piper und hat seinen Spaß gehabt. Selbst mit dem Junior hat er Kunstflugrollen und Loopings mitgemacht, ohne dass ihm dabei schlecht geworden wäre.

Faschingsausflug

Faschingsdienstag 1970. Ein Faschingsball mit Anfassen war am Flugplatz in Genderkingen im Gange. Alle waren in bester Stimmung. Ich noch nicht ganz so drauf, wirklich ohne einen Tropfen Alkohol, fühlte mich eher etwas gelangweilt schaute nach draußen auf die Graspiste. Es war so Halbmondstimmung, nicht dunkel und nicht hell, es war 21:00 Uhr, da sagte ich zu Heiner Gropper, unserem Vorstand, jetzt könnten wir unsere Fliegerfreunde in Giengen überraschen und mal rüber fliegen. Die halten auch einen Faschingsball ab. Er war mehr erstaunt als überrascht. Nur ein ganz leichter Schnee lag auf den Wiesen und der Flugpiste, wie fein gezuckert. Ich sagte: "Im Ernst, das gibt doch eine Gaudi."

Wir zogen die Whisky-Soda aus der Halle. Die einzige Beleuchtung an unserem Flugfeld damals war die Eingangslampe zur Gaststätte und die Lampe am Hallentor. Dazu hatte meine Morane einen sehr starken Scheinwerfer als „Extra" eingebaut. Ehe es von den anderen jemand merkte, sind wir gestartet.

Ein schöner Nachtflug war das. Die Städte Donauwörth und Höchstädt überfliegend, reihte sich ein beleuchtetes Dorf nach dem anderen bis Giengen aneinander. Ganz dunkel war der Flugplatz auf der Irpfel. Auch hier nur die beleuchteten Fenster der Gaststätte und die Lampe vor dem Eingang.

Den Platz kannte ich ja im Schlaf und der Anflug ging mit reduzierter Motorleistung neben der Gaststätte auf die superbreite Grasbahn. -

Wir rollten zurück, niemand war zu sehen, stellten unsere Morane gleich neben den ca. 30 Autos ab, die auf dem Hallenvorfeld geparkt waren.

Beim Eintreten in die Gaststube war Erstaunen. "Hallo, Ihr zwei, schön dass Ihr auch noch so spät kommt." "Wir wollten nur einen Besuch abstatten und fliegen dann wieder zurück nach Donauwörth. Wollten nur sehen, ob bei Euch alles gut läuft." "Fliegen, fliegen? Wer's glaubt!" Keiner dachte auch nur im Traum dran, dass es Wirklichkeit wäre.

Nach einer halben Stunde mit den Freunden verabschiedeten wir uns wieder und sagten: "Jetzt fliegen wir wieder heim." Ein allgemeines Grinsen und Hubert, mein Freund aus Höchstädt, begleitete uns nach draußen. Als er die Morane auf dem Parkplatz sah, rannte er zurück in die Wirtschaft und sagte: "Die sind wirklich mit dem Flieger da, Ihr glaubt es nicht."

Da stürmte die halbe Mannschaft nach draußen, um sich selbst zu vergewissern. Wir starteten unseren Flieger, rollten in die Nähe der Lampe am Startbahnanfang und schoben das Gas rein. Nach 25 Minuten Flug waren wir wieder in Donauwörth. Der Scheinwerfer tat seine Pflicht und leuchtete vor dem Aufsetzen ca. 100 m gut aus. War eine Butterlandung. Als wir wieder in die Gaststätte kamen, wurde nur gefragt, wo wir so lang gewesen wären. Niemand hatte es mitgekriegt.

"Wir waren in Giengen mit dem Flieger auf Besuch!" Ungläubige Gesichter sahen uns an und die ließen wir ihnen.

Das war natürlich nicht ganz nach den Vorschriften, aber probieren hat Spaß gemacht und ich denke noch heute amüsiert an diesen Ausflug. Glaube, es sind nicht viele, die sich das heute noch zutrauen würden. Schon wegen der übertriebenen Bürokratie und den Strafen, die heute verhängt werden, wenn nicht alles genau nach Vorschrift geht.

Italienreise

Die ganze Family vor der Abreise nach Italien

Meine Schwester Elisabeth ist Hebamme geworden und hatte Erfahrungen im Beruf dazu in der Schweiz gewinnen wollen. Dort hat sie den Bauunternehmersohn der Familie Theurillat kennen gelernt und es dauerte nicht sehr lange, dann waren die beiden verheiratet.

Der Schwager, Marc Theurillat, wollte auch noch etwas Auslandserfahrung draufpacken und dazu wurde Rom mit seiner tausendjährigen Baukunst ausgesucht.

Nachdem die beiden schon einige Monate dort verweilten, lag es nahe, die beiden Glücklichen einmal zu besuchen. Mit unserer 100er Morane sollte das ja eine einfache Sache werden. Wir planten also den Flug mit einem Italienurlaub zu verbinden, mit Stationen auf Elba, in Rom, Bologna und Turin, um nach zwei Wochen wieder nach Hause zurückzukehren. Es war Mitte August, in den Schulferien. Unsere Kinder, Christine mit 8 Jahren, Andy mit 5 Jahren, mussten auch mit auf eine solche Bildungsreise.

Die kleine Morane ist allerdings kein richtiges "Transportflugzeug" mit jeder Menge Zuladung. Ein wenig Wiegen der Zuladung war da schon angesagt.

Helma mit ihren 55 kg, mein Gewicht mit damals 78 kg und Andy mit 35 und Christine mit ca. 38 kg. Gepäck für zwei Wochen und vier Personen war auch noch zu berücksichtigen und da war dann die Morane mit vollen Tanks schon mächtig überladen. So teilte ich die Strecken etwas kürzer ein und auf dem ersten Abschnitt waren wir mit nur 60 statt 100 Litern im Tank einigermaßen im Limit. Der Koffer wurde auf dem Rücksitz zwischen Andy und Christine gestellt und ab ging die Post.

Die Bergdörfer mit ihren schönen spitzen Kirchtürmen schauten wir uns im Tiefflug von unten an. In Bozen war nur ein schneller Stopp zum Nachtanken eingeplant. Auf dem Flugplan hatte ich nur 45 Minuten dafür vorgesehen.

Dabei natürlich nicht mit dem samstäglichen Arbeitseifer des Bodenpersonals gerechnet. Es dauerte und dauerte und als endlich die 50 Liter 100LL im Tank waren, war natürlich der Liter Öl, den ich beim Bezahlen der Landegebühr im Büro bestellt hatte, auch nicht dabei. Der zweite Mann wollte den schnell holen. Zwischenzeitlich wurde bezahlt, das Öl auch gleich mit und die 45 Minuten waren verbraucht.

Länger warten wollte ich nicht mehr, ein neuer Flugplan hätte die ganze Tagesetappe nach Elba in Frage gestellt. Vergiss den Liter Öl, schenken wir der Gesellschaft. Also Motorhaube zu, alle rein in die Mühle und pünktlich nach Flugplan sind wir gestartet.

Wieder der Autobahn entlang und kurz hinter dem Kalterer See, wo der feine, gute Chianti wächst, macht die Autobahn am Fuß des Pradi de Monte mit seinen 5000 Fuß einen scharfen Knick nach rechts um den flachen Hang herum und da zog ein Rauchschwaden direkt auf uns zu, der aus einem Zementwerk rechts von uns kam. Gleichzeitig bockte die Morane ganz wild. Von hinten kamen Angstschreie von Christine. Ich hatte alle Hände voll zu tun, um den Tanz auszugleichen. Die könnten auch etwas mehr für die Luftreinhaltung tun, war noch mein Spruch zu Helma, die neben mir saß. Es roch nämlich ganz fürchterlich in der Maschine. Nach ein oder zwei Minuten waren wir raus aus dem wilden Ritt und wieder in ruhigerer Luft. Da kam von Andy auf dem hinteren Sitz sein Kommentar: "Papa, da raucht's raus unten an Deinem Fuß." Ein schneller Blick nach unten und wirklich, es qualmte ganz schön unten aus dem Lüftungsrohr. Besorgte Blicke von Helma. Ich öffnete die Schiebehaube etwas, streckte den Kopf raus und sah, dass hinter dem Flugzeug der Rauch wirbelte. Da brennt irgendwas im Motorraum sagte ich zu Helma. Wir müssen sofort irgendwo landen, bevor das womöglich schlimmer wird. Es war doch nicht der Rauch des Zementwerks, der so fürchterlich stank.

Wo ist der nächste Flugplatz? In Trento, mindestens noch 10 Minuten entfernt. Um uns herum links und rechts nur Berge, an den unteren Hängen alles voller Obstbäume, eine Autobahn und ein Flussbett. Da sah ich kurz voraus eine Wiese, die mir geeignet schien, um den Vogel runterzubringen. "Siehst da vorne die Wiese? Da lande ich" und flog im kurzen Sinkflug drauf zu. Das passt ganz prima, waren meine innerlich gesprochenen beruhigenden Worte. Da langte Helma auch schon zu mir rüber und stellte den Motor ab, schloss den Brandhahn und der Propeller drehte sich nur langsam im Wind. Den Kindern rief ich zu: "Sobald wir unten sind und das Flugzeug steht, mache ich die Haube auf und Ihr hüpft raus aus dem Flieger, so schnell es nur geht. Lasst Euch aber angeschnallt und nehmt den Gurt in die Hand." Wir standen nur 150 m vom Anfang der Wiese und ich weiß heute noch nicht, wie wir alle aus der Maschine stürzten. Es waren sicher nur 5 Sekunden. Jedenfalls waren wir vier 10 Meter neben dem Flieger und warteten auf den großen Knall. Aber nichts passierte und wir näherten uns wieder. Man sah aber schon, dass an den Blechen der Motorhaube und am Rumpf entlang schwarze Ölstriemen liefen. Nach dem Öffnen der Motorhaube war die Ursache klar. In der Eile in Bozen hatte ich den Ölverschlussdeckel mit dem Ölmessstab nicht zugedreht. Bei den Turbulenzen, durch die wir geflogen waren, hatte sich der Öldeckel abgehoben und das Öl hat seinen Weg nach draußen gefunden. Schön über den Auspuffkrümmer ist es gelaufen und hat sich auf dem heißen Rohr in Rauch verwandelt. Was wäre wohl passiert, wenn Helma nicht geistesgegenwärtig den Motor abgestellt hätte? Beim Sinkflug hat sich der Auspuff wieder abgekühlt und nichts ist passiert.

Auf der Notlandewiese beim Ölreinigen

Dazu muss ich ja hier mal einfügen, dass Helma nicht nur den Segelflugschein machte, sondern auch bei meinem Fluglehrer und Rallyekollegen Ernst die Ausbildung zum Motorflieger machte und auch den PPL in der Tasche hatte.

Neben der Wiese war ein hochstehendes Maisfeld und da kam wie ein Geist ein Bauer heraus. Des Italienischen ja nicht mächtig, verstanden wir nicht alles, was er sagte. Nur so viel: "Aeroporto chiuso, aeroporto finito. Aeroporto nuove directione" und da zeigte er in Richtung Trento.

Da sah ich am Rande der Wiese im Boden eine fast überwachsene Betonplatte, wie sie manchmal auf Flugplätzen zur Bahnmarkierung eingesetzt werden.

Da dämmerte es uns, dass wir auf einem aufgelassenen Flugplatz standen.
Hatten wir mal wieder ein Glück. Wir suchten etwas Heu, das noch von der letzten Ernte rumlag und putzten notdürftig das Öl ab. Ein klein wenig Öl war noch im Motor, am Messstab bis halb zum ersten Strich.
Wenn das ein Flugplatz ist, dann können wir ja gleich wieder starten, bevor das jemand merkt, dachte ich mir. Unser Flugplan nach Elba läuft ja noch ein paar Stunden. Ich ließ den Motor wieder laufen und rollte zum anderen Ende. Der alte Flugplatz war nach Gefühl mindestens 700 m lang, also überhaupt kein Problem für einen Start mit der Morane. Wir hoben auch ganz normal ab, aber die Mühle stieg nach 20 m Höhengewinn keinen Zentimeter mehr. Das wird nichts und sofort setzte ich wieder auf und war wieder unten am anderen Ende der Bahn. Da wusste ich, warum der Platz geschlossen wordenwar. Fallwinde vom mehr als 10.000 Fuß hohen Cima Brenta waren der Grund.
Ausladen war angesagt. Koffer raus, Frau und Kinder raus und wir marschierten unter der Autobahn hindurch auf einem Feldweg zu einem Haus auf der anderen Seite. Dort ließ ich ein Taxi rufen und schickte Helma, Kinder und Gepäck nach Trento zum Flugplatz. "Alleine komme ich da raus, braucht Euch keine Sorgen zu machen!" Nicht ganz zufrieden, aber auf meine Künste mit der Morane vertrauend, verließ mich meine Familie.
Der Start alleine klappte dann nur unter Anwendung aller Segelfliegertricks. Ganz tief, es ging auch jetzt nicht höher als 20-30 m, steuerte ich das Flugzeug Richtung Autobahn auf die andere Seite, wo der Hang wieder leicht anstieg, in die Aufwindzone. Sofort kehrte sich die ganze Angelegenheit um. Ich wurde regelrecht nach oben geschleudert, konnte umkehren in dem engen Tal und bin nach Trento geflogen. Dort per Funk gleich einen Abstellplatz in der Nähe der Tankstelle angefordert, die etwas weiter weg war vom üblichen Publikum. Der Tankwart kam und wir füllten die Maschine diesmal ganz voll.
Der Tankwart half beim Putzen und als ich ihm deutlich machen wollte, was passiert war, hatte er das schon gewusst. Ein Motorsegler hatte uns gesehen und Meldung gemacht, dass ein Flugzeug am alten Flugplatz steht. Er hat auch das mit dem Fallwind, der meistens am Nachmittag auftritt, bestätigt. Deshalb wurde der Platz auch aufgegeben. Wir füllten wieder Öl auf, es passten drei Liter dazu. Vier Liter ist die Gesamtfüllmenge.
Der Flugplan wurde geschlossen. Es gab überhaupt keine Probleme mit der Außenlandung. Ich hatte schon alles für den nächsten Tag vorgeplant, da kam der Familientross auch an. Es war dann ein schöner Abend im Hotel und die Gemüter beruhigten sich wieder etwas.
Früh morgens brachen wir auf und flogen in tiefen Höhen ohne Probleme bis nach Elba. Die folgende Woche war Erholung pur. Wir logierten in einem Privathaus der Familie Wetzel, dem Hersteller der weltbekannten Karlsbader Obladen aus Dillingen, die wir sehr gut kannten. Firmenchef Wetzel habe ich

auch schon mal mit der Piper Arrow meines Freundes aus Mühldorf nach Elba geflogen.

Tolle Wanderungen waren angesagt und fast täglich gingen wir baden in dem superklaren Elba-Mittelmeerwasser. Vallebuia hinauf zum Restaurant mit Blick auf den Monte Christo war immer wunderschön. Natürlich besuchten wir auch die Orte des Napoleon Bonaparte, der hierher verbannt worden war und welcher von dort aus zum zweiten Mal das Europadesaster gestartet hatte.

Elba hatte kein Benzin. Was tun? Man riet uns, nach Bastia auf Korsika zu fliegen, dort konnte man billig tanken. Das war dann meine erste größere Wasserstrecke. Vollgetankt, dazu noch einen 20 Liter-Kanister dabei, war ich nach drei Stunden wieder zurück. Alles in Butter.

Von Elba aus besuchten wir dann Rom, sind gelandet auf dem Platz Urbe. Mein Schwager mit Schwester Elisabeth holten uns ab. Wir wohnten zwei Tage alle in ihrem kleinen Appartement. Sahen ganz Rom unter perfekter Führung inclusive Katakomben, Petersdom und allen tausende Jahre alten Ruinen.

Beim Start in Urbe gegen Mittag waren die Temperaturen nahe 30 °C. Mit der vollen Beladung nicht die besten Voraussetzungen für einen einfachen Start. Am Ende der Bahn steht quer dazu eine Überland-Stromleitung. Da kommen wir nicht drüber, müssen also vorher rechts wegdrehen. Da sah ich, dass sich genau in der vorgesehenen Abflugstrecke rechts der Startbahn eine Cumuluswolke bildete. Segelfliegertechnik stand jetzt an.

Jetzt bist du dran, hab ich mir gesagt. Also gestartet und rechts rum, wie vorgesehen und auf den Aufwind gewartet, der auch prompt die Morane mit mehr als 800 Fuß Steigen liftete. Vom Tower kam die Frage: "Wisky-Sierra, what are you doing?" Meine Antwort: "Climbing, climbing!" Weiß nicht, was er sich da gedacht hat, aber nach drei Kreisen war ich auf der erforderlichen Abflughöhe.

Dann brachen wir zum Rückflug auf und flogen entlang der Autobahn nach Norden. Anfangs noch bei gutem Wetter, es war auch nichts Besonderes im Forecast angedeutet, hingen die Wolken immer tiefer und schon waren wir mitten im schönsten Schneetreiben. Wir sind doch in Italien, aber auch da wird das Wasser zu Schnee, wenn's in der Luft zu kalt wird.

Der Spuk war bald vorbei und bei schönstem Wetter landeten wir in Bologna. In einem Hotel mit Waschschüssel und Wasserkrug im Zimmer waren wir über Nacht und haben gleich neben dem schiefen Turm, auch so einen gibt's da, die besten Pizzas bekommen, die wir je verspeist hatten.

Am nächsten Tag flogen wir dann von Bologna nach Turin. Nach Stadtbesichtigung und Übernachtung war für den nächsten Tag der Heimflug geplant. Dann kamen Probleme auf. Im Büro am Flughafen wollte man von mir die Papiere mit der Versicherungspolice und weiß ich noch was sehen. Ich hatte

diese nicht, auch das Bordbuch hatte ich in Donauwörth liegen lassen. Ich sagte, das sei alles im Flieger. Ich wollte einfach nur abhauen.
Wir alle vier gingen zum Flugzeug vor dem Gebäude und haben geladen. Ich ließ den Motor laufen und fragte nach der Rollfreigabe, die auch prompt erteilt wurde. 100 Meter vor der Startbahn rief der Tower, ich solle halten, es komme jemand, um Papiere zu kontrollieren.
So ein Mist, wir wären fast in der Luft gewesen und jetzt geht das Theater von vorne los. Der Kontrolleur kam mit einem Motorrad angefahren und konnte kein Englisch. Ich zeigte ihm meinen Flugschein, Führerschein, Pass, aber er war damit nicht zufrieden. Dann bedeutete er, dass er nochmal zurückfahre und einen Kollegen hole.
Kaum war er weg, ließ ich wieder den Motor an und sagte dem Tower, alles sei O.K. und erhielt die Startfreigabe.
Rolling take-off und weg waren wir. Gleich am Rande der Stadt steigen die Berge an und der Wind stand von Süden, wir hatten richtig Fahrt gemacht mit dem Aufwind. Den Funk habe ich gleich nach der Kontrollzone ausgeschaltet und wir sind still und heimlich dicht entlang der Bergkette bis nach Innsbruck durchgeflogen. Bis dorthin hat der Treibstoff nur deshalb gereicht, weil wir so guten Rückenwind und an den Bergen Aufwinde vorfanden. Der kurze Flug von Innsbruck nach Augsburg und wieder nach Donauwörth war dann Routine. Ich war um ein paar Erfahrungen reicher und meine Familie auch.

Schon vor einiger Zeit hat sich die „Vorstandsriege" für den Kauf einer zusätzlichen stärkeren Morane mit 180 PS entschieden. Die konnte dann jeder auf der Irpfel fliegen. Eine Morane ist ein leicht zu handhabendes Flugzeug und verzeiht so manchen Fehler im Handling. Mit dieser Morane habe ich viele schöne weitere Reisen unternommen.

Irish–Sea–Rallye Juli 1971

Veranstaltet und eingeladen dazu hat der Düsseldorfer Aeroklub. Über 5.500 km sollte die Rallye gehen und 16 Flugzeugbesatzungen haben sich angemeldet.
Ganz fit war ich zu dieser Zeit noch nicht mit Flugplan aufgeben und kurz nach Erwerb des englischen Funksprechzeugnisses auch damit nicht. Als sich die Teilnehmer zum Treffen in Bremen einfanden, war auch Helmut Schaffitzel mit von der Partie, den wir schon kannten und welcher eine eigene 172er Cessna Rocket flog. Da hängten wir uns an und spitzelten bei den Vorbereitungen der einzelnen Etappen. Auch hatte er schon ein Carnet für den Flugbenzinbezug

und bot uns an, ebenfalls darüber abzurechnen. Das vereinfachte dann die Zahlungen auf den jeweiligen Flugplätzen.

Die Flüge gingen über Göteborg, eingeladen vom Schwedischen Aeroklub, mit riesigem Fischbüffet und Gesangseinlage von Zarah Leander, welche zu dieser Zeit zufällig dort gastierte. Ein Tag Regenwetter wurde mit Besichtigungen und Smörgåsbord gemeistert. Vier Tage Göteborg haben dann aber ausgereicht und weiter ging's nach Plan.

Zuerst an der Ost- und Nordseeküste entlang nach Eelde Groningen. Tags darauf über Calais und über die Kalksteinküste von Dover nach London und dann nach Leeds zum Tanken. Eingeladen auch hier von den Clubfreunden aus Leeds. Über Birmingham und Sheffield wurde Edinburgh erreicht. Dort wurde die Gruppe herzlichst vom Club und mit Stadtempfang von Town Chambers Lord Provost begrüßt.

Am Folgetag nahmen wir mit einheimischen Fliegern an der Scottish Air Rallye teil. Zeitüberflüge in Aberdeen, Bildersuche hinauf nach Inverness zum Loch Ness, um nicht nur die Bilder zu finden, sondern auch , um das Ungeheuer vom Loch Ness zu suchen, wofür die Fliegerfreunde vom Pangasius Flying-Club extra eine Flasche Whisky mit auf den Weg gegeben hatten, um Nessie besser finden zu können. Einige sollen den Whisky beim Überflug in das Loch Ness geschüttet haben, um das Monstrum aus der Tiefe nach oben zu locken. The Press and Journal, eine große Aberdeener Tageszeitung, schrieb am 1. Juli, dem Tag der Rallyeankunft: "Achtung, Nessie! Pass auf die deutschen Flieger auf, die heute Nachmittag über das Loch Ness hinwegfliegen werden, um dich zu finden. Es ist für Dich heute besser, in deinem Versteck zu bleiben, als an die Oberfläche zu kommen."

Auf dem Rückflug, nach Abarbeiten einiger Bildersuchaufgaben, war noch eine Strecke von vielleicht 50 km bis nach Aberdeen zu fliegen, da hat mich der Hafer gestochen. Ein kurzer Blick zu meinem Co. Manne Knötzinger, er hatte gerade einige Stunden seinen PPL, gab das Zeichen, er solle sich fest anschnallen und deutete an, dass wir jetzt eine Rolle fliegen würden. Nach hinten schauend habe ich geprüft, ob meine Helma auch gut angeschnallt sei, das machte sie aber immer sehr sorgfältig, dann setzte ich zur Fassrolle an und zog die 180er Morane-D-EAGQ sauber durch. Kein Gepäckstück verließ seinen Platz, auch nicht die Helma.

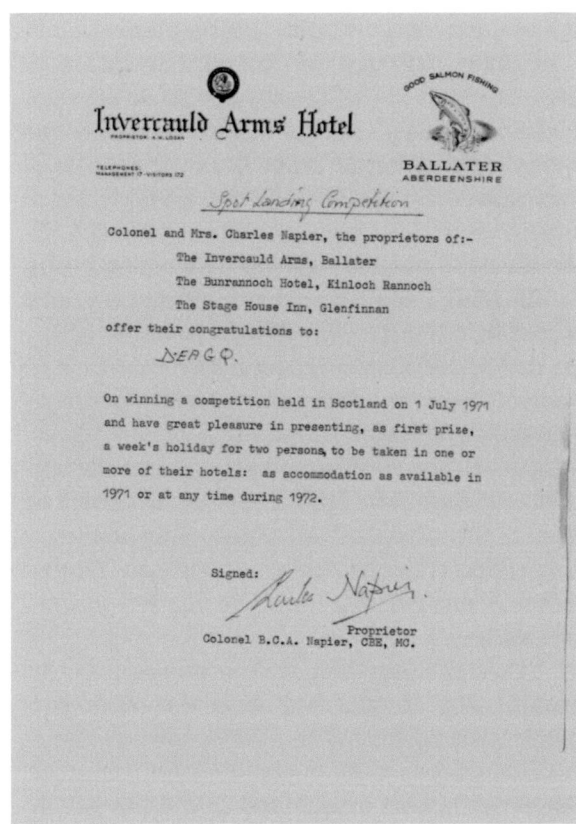

Ein erboster Blick traf mich dennoch, als ich mich umdrehte. Im Funk ein lauter Schrei von Helmut und einer anderen Maschine, die im seitlichen Abstand von einem oder zwei km flogen. "Was ist passiert", "Nichts ist passiert, es ist so langweilig auf diesem Rückflug, da hab ich ein wenig geturnt." Die waren noch am Abend sprachlos. Keiner hatte je eine Kunstflugausbildung absolviert.

Am späten Nachmittag kamen wir dann zur Ziellandung in Aberdeen an.

Die Vorbereitungen für den Festabend zur Siegerehrung am Flughafen waren im Gange. Wir fachsimpelten über den Whisky, den wir morgen testen sollten in einer schottischen Distillery. Ich „musste mal" hinter die Halle, da stand ein Wohnwagen mit offener Türe und ein älterer Herr war am Arbeiten. Ich versuchte, eine Konversation zu starten und fragte etwas scheinheilig, was da heute los war am Flughafen. Heute fand die Scottish-Air-Rallye des Fliegerclubs statt. Er werte gerade die Ergebnisse des Wettbewerbs aus.

"Und wer hat das Rennen gemacht?" fragte ich. "Dieses Jahr war ein Fliegerclub aus Düsseldorf mit dabei und der Sieger ist von diesem Club. And his Name is Michael Kimmerly" he told me. "Oh", sagte ich, "da haben also diesmal die Deutschen gegen die Engländer gewonnen." "No", protestierte er, "not against the Brits, against the Scots." Da war etwas im Hintergrund, das mir zu dieser Zeit nicht ganz klar war. Aber dazu noch später.

Der erste Preis für diesen Sieg war ein Hotelaufenthalt für zwei Personen, eine Woche bei Vollpension in einem Hotel des Spenders, Colonel B.C.A. Napier, CBE, MC., Inhaber der Hotels von Invercauld Arms in Ballater, Bunrannoch Hotel in Kinloch Rannoch und Stage House Inn in Glenfinnan.

So war ich schon vorab informiert, wie die Competition ausgegangen war für mich. Ohne das weiter zu erzählen, warteten wir auf die Ergebnisse am Festabend. Als der dritte Preis ausgerufen wurde, da schauten schon alle in die Runde, ob denn auch ein Düsseldorfer dabei sei. Da meldete ich mich dann dazu und meinte: "Irgendeiner wird den Schotten schon noch zeigen, dass wir auch fliegen können." "Wie meinst du denn das?" "Warte mal ab, noch sind die ersten drei Plätze nicht vergeben."

So kam es denn, dass bei den nächsten zwei Aufrufen Schaffitzel den zweiten Platz belegte und alle waren zufrieden. Dann kam der erste Preis zum Aufruf und alle waren aufs äußerste gespannt, wer das Rennen wohl gemacht habe.

The winner of the first price is: Michael Kimmerly and his Co-Pilot Manfred Knötzinger. Das saß, meine Kameraden waren wieder mal aus dem Häuschen.

Wir fühlten uns ja wieder mal wie die größten.

Schnell waren auch die schottischen Tage vorüber und es ging zum nächsten Tagesziel Newtonards in Nordirland zum Ulsterflying Club, der uns gleich mit einem Barbecue empfangen hat. Ein stilvoll eingerichteter alter Bischofsitz, jetzt Hotel Culloden mit großem Park, schuf die richtige Atmosphäre für neue Taten (Zwei Monate später erfuhren wir, dass das Hotel von den Terroristen in Nordirland abgefackelt worden war.)

Das befestigte Belfast mit Stacheldrahtsperren und kreisenden Panzerspähwagen wurde nur gestreift. Am Morgen war erst eine Bombe im Europahotel Belfast hochgegangen, wie die Nachrichten meldeten.

Dann ging's hinein in das Herz der grünen Insel Irland über tolle einsame Landschaften, nach Farranfore bei Killarney, der zentralen Stadt der Grafschaft Kerry. Mit dem Fahrrad fuhren wir auf dem ‚Ring of Kerry' zu den tollen Küsten und Strandkulissen am Atlantik. Wir logierten im Hotel der Kran- und Baggerfabrik Liebherr, die dort eine große Anlage für ihre Produkte betreibt.

Auf einer Taxifahrt fragten wir den Fahrer, was denn der Unterschied zwischen einer irischen Meile und einer Meile sei? Die Antwort lautete, die irische Meile sei eine Meile and a bit, wobei a bit manchmal größer sei als eine Meile. Man könnte noch sehr viel mehr von den tollen Erlebnissen erzählen, die wir hatten.

Es ging wieder Richtung heimwärts. Nach langem Warten wegen des "drizzligen" Wetters ging's am Spätnachmittag dann nach Bristol und wir erreichten Biggin Hill Airport in London. Ein paar Tage Londonbesuch mit allem, was dazu gehört, durfte auch nicht fehlen. Dann flogen wir nach Mönchengladbach, wo sich die Gruppe trennte. Auf allen Landeplätzen waren fliegerische Aufgaben gestellt oder Ziellandungsprüfungen etc. durchgeführt und das Ganze als Wettbewerb unter uns 16 Teilnehmern bewertet worden.

Die Rangliste der ersten sechs lautete: Erster Preis Michael Kimmerle. zweiter Helmut Schaffitzel, dritter Fritz Dasselaar, vierter Dr. Jochen Marpmann, fünfter Hartmut Dürrer, sechster Herbert Büttner.
Es waren unvergessliche 14 Tage. Ich hatte sehr viel dazugelernt, vor allem das mit der Flugplanaufgabe hat nun gesessen. Ich fühlte mich freier und habe mitgekriegt, dass die anderen auch nicht arg viel mehr drauf hatten und sich meistens durchwursteln. Nur noch etwas mehr Sprüche haben sie geklopft.

Die Einlösung des Hotelaufenthaltes von Mr. Napier

Noch im Frühjahr 1972 kam die Ausschreibung für die Scottish-Air-Rallye, geschickt von Colonel Napier mit der Wiederholung seiner Einladung. Manne, der Fahrlehrer, und Helma waren wieder dabei.
Wir flogen mit der Morane Commodore von Giengen. Der Wettbewerb war in Edinburgh zu Ende. Wir hatten nur den siebten Platz erreicht. Wir riefen bei Mr. Napier an, wo denn der Flugplatz sei, den er angegeben hatte. "I cannot find any airfield on the map." "Oh", he said, "just wait a little and call me back in half an hour. I will go and look for a landingsite at Ballater!" Ich war etwas "surprised".
Mr. Napier war ja ein alter Militär und da nahm man's vielleicht nicht so genau, wo man landete. Jedenfalls erneuter Anruf beim Colonel und er war in freudiger Stimmung. "I have found an airstrip for you. It is just one mile east of Ballater. You will see there a farm house and there is a 400 m strip. I will be there and place a wind sack and a landing T." Das klang wirklich nach Wald- und Wiesenfliegerei. Wir tankten erst mal ganz voll, so dass wir auch wieder zurück oder woanders hätten hinfliegen können.

Also ging es von Edinburgh nach Ballater am River Dee. Ein paar Kreise über der Gegend. Wir suchten nach dem Airstrip. Wir fanden nichts dergleichen mit einem Windsack oder Lande-T.

Der Colonel ist eine bedeutende Persönlichkeit, da landen wir jetzt auf dieser Wiese bei den Kühen auf der Weide hinter diesem Bauernhaus. Wenn es nicht passt wird er uns schon vor Schwierigkeiten retten. Ganz tief schon an dem Bauernhaus vorbei fliegend sahen wir es dann, wir waren auf dem richtigen Strip. Der Windsack entpuppte sich als eine Scottish-flag aus Colonels Hotelempfangshalle mit 100 x 30 cm und das Lande-T war aus 10 cm breiten Brettern 2 x 1 m ausgelegt. Wir waren angekommen. Wir kamen rechtzeitig vor den Kühen zum Stehen. Der Colonel stand mit seinem alten Ford Pickup bereit.

"Is this a practicable airfield, what do you think?", war seine erste Frage nach der Begrüßung. "If you remove the fence on the end of the field, then the strip is 600 m long and a very nice airfield." Sekunden danach war Colonel Napier verschwunden. Nach 15 Minuten zurück mit der freudigen Bemerkung, wenn wir nächstes Jahr wieder kämen, sei hier ein richtiger Flugplatz. Er habe gerade das Gelände gepachtet.

Es war eine tolle Woche in Ballater, mit Lachsfischen an der Kings-River-Dee-Side, mit einem Guide, der uns in die Lachsfischerei einführte.

Mit dem ganzen Stadtrat und der Bürgermeisterin machten wir Rundflüge in der Gegend und Mr. Napier war wieder mal der alte gefeierte Colonel in seinem Nest Ballater.

Die Morane Commodore 180 auf der Wiese Ballater

Er fuhr mit uns zu seinen anderen Hotels rund ums Loch Ness, zeigte uns die Schönheiten von Schottland. Auch ein Ausflug mit dem Colonel nach Kirk Wall am Scapa Flow wurde arrangiert. Dort trafen wir seinen alten Kriegskameraden, den er seit 10 Jahren nicht mehr gesehen hatte. Es war Abend gegen 20:00 Uhr, als wir dort gelandet sind. Keine Menschenseele am Funk des riesigen alten Militärflugplatzes aus dem 2. Weltkrieg. Wir landeten trotzdem, niemanden hat das gestört. Colonels Freund erzählte uns die Geschichte von Scapa Flow und zeigte uns auch den einzigen 30x30 m großen Wald dieser kargen Gegend.

Manne Knötzinger, Helma und ich

Anderntags, als wir am Abend zurückkamen und das Hotel betraten, da spürten wir etwas von der schottischen Spar-Saga. Die Lichter brannten im ganzen Haus und ärgerlich rannte Mr. Napier zu seinen Angestellten und sofort gingen alle Lichter aus, bis auf einen kleinen Tisch in der Nähe der Bar.

Wir wurden köstlich bewirtet und es wurde ein langer Abend mit den Geschichten von Napier. Er erzählte uns von seinem Afrikaeinsatz während des Krieges: "and it would have been much better, if the Germans would have fought together with the Scots against the Brits". Oh, da bekamen wir die Hintergründe des andauernden Kampfes der Schotten gegen die Engländer mit. Auch der örtliche Drogist, bei dem wir einen Film kauften, erzählte uns, dass er 10 Jahre mit den Engländern kämpfen musste, in der ganzen Welt, von Indien bis Afrika und jetzt, da er 70 Jahre alt sei, immer noch arbeiten müsse, weil die Engländer fast keine Rente bezahlten. Von zuhause schickte ich dem Colonel ein super kleines Pistölchen mit Munition zum Krachmachen für seinen Krieg gegen die Engländer.
Er bedankte sich überschwänglich auf einer Postkarte von seinem Hotel und lud uns ein, jederzeit wiederzukommen.

Helma und Andreas

Wie schon früher erwähnt, hat meine Frau Helma mit Segelfliegen in Unterwössen angefangen und hat immer wieder Flüge unternommen. Als wir in Giengen mit dem Fliegen begonnen hatten, war sie ja immer mit unseren zwei Kindern, Christine und Andreas, an den Wochenenden mit auf dem Flugplatz. Als die Motorflugausbildung mit Ernst Mattern als Fluglehrer auf der Irpfel begonnen hatte und wir als die ersten drei Schüler von Ernst durch waren, hatte auch Helma mit der Motorflugschulung begonnen.
1972 hatte sie ihre Alleinflugberechtigung geschafft und noch im gleichen Jahr die Prüfung zum PPL bestanden. So war ja das Nächstliegende, dass wir auch zusammen Flüge unternahmen. So nahmen wir auch an einer vom Donauwörther Club arrangierten Rallye teil. Souverän haben wir diese dann zusammen auch gewonnen.
Andreas war schon im Alter von vier Jahren mit uns im Flugzeug unterwegs. In der Piper J3C konnte er vom vorderen Sitz aus nicht raussehen. Deshalb habe ich ihn immer hinter meinem Sitz auf das Abdeckbrett gesetzt und so hatte er seinen erhöhten Aussichtsplatz.
In unserer Morane konnte er mit Sitzkissen neben mir sitzen. Sehr bald hat er dann auch mal mitgesteuert und ganz konzentriert hat er dann Kurs und Höhe gehalten.
Er war neun Jahre alt, als er oft mit mir unterwegs war, und da haben wir auch zusammen an der Frankenrallye teilgenommen. Ich habe die Aufgaben mit Bilder- und Koordinatensuche und natürlich die Ziellandungen bewältigt, während Andreas die angegebenen Kurse sauber hielt.
Ich brauchte nur zu melden, am Horizont ist eine Waldspitze oder ein Kirchturm, und es ging dann genau darauf zu.

Kurslinien mussten schon sehr genau mit spitzem Bleistift in die Karten (meist 250er Shell-Straßenkarte) eingezeichnet werden, um auch die Punkte genau anfliegen zu können.

Durch das häufige Rallye–Fliegen, meist ja mit meinem Fliegerfreund Ernst, haben wir einen geübten Blick für die Karten bekommen. Es kam mir mit der Zeit so vor, als wären wir mit der Karte und Landschaft eins. Man kann das vielleicht mit dem Lesen lernen in der ersten Klasse vergleichen. Erst lernt man die Buchstaben einzeln lesen, dann ein paar kurze Worte mit einem Blick erfassen und langsam immer längere Worte und später auch ganze Sätze.

Genauso ist es mit dem Lesen der Landkarten. Erst sieht man vor lauter Zeichen das Wesentliche nicht und irgendwann eröffnet sich ein geübter Blick und man erfasst jeden Eintrag wie ein komplexes Zeichensystem.

Man kann sich dann fast nicht mehr verlieren in der Landschaft. Der Blick hat sich auf die Größenverhältnisse von Landschaft und Karte angeglichen.

Die Frankenrallye war in Bad Windsheim beendet. Am Abend war die ganze Wettbewerbsmannschaft, meist noch mit deren Angehörigen, im großen Stadtsaal von Windsheim versammelt. Die Preisverleihung stand an und wieder mal hatten wir die Nase vorn und den ersten Preis geholt. Als wir als letzte aufgerufen wurden mit Besatzung Kimmerle/Kimmerle, da wurde schon im ganzen Saal gelächelt. Wir standen dann zusammen auf der Bühne und ließen die Laudatio über uns ergehen.

Als der Moderator Andreas fragte, ob er auch mal das Fliegen erlernen würde, antwortete er ganz souverän: "Das brauch ich nicht zu lernen, das kann ich schon"! Der ganze Saal applaudierte mit Begeisterung.

Fahrions Punktlandung

Meine Fliegerkameraden wollten natürlich wissen, wie so manche Technik aussieht, die bei der Wettbewerbsfliegerei angewendet wird. Da hat mich vor einer Rallye zum Zugspitzflug Freund Fahrion, Vorstand der Donauwörther Flieger, gefragt, wie ich das immer mit den Punktlandungen hinkriege.

"Das ist ganz einfach", habe ich ihm erklärt. "Bei der Morane ist der Landeklappenhebel mechanisch und da kannst Du beim Anflug sehr tief über der Bahn, höchstens 1 Meter, anschweben mit Mindestfahrt und wenn Du über den ersten Strich auf der Bahn bist, dann fährst Du mit einem Ruck die Klappe ein. Dann sitzt die Morane auf 5 Meter genau."

"Prima, das mach ich auch, hab ja die Morane vom Club, die 180er Commodore." In Augsburg war die Rallye zu Ende und noch eine Ziellandung nach dem Wettbewerbsflug zu absolvieren.

Freund und Vereinsvorstand Fahrion flog an, allerdings in mehr als 10 Meter Höhe, kam über den Landestrich und fuhr die Klappe ein. Wie ein Stein knallte die Morane auf die Landebahn. Die Fahrwerksstreben beulten die Tragflächen um 20 cm nach oben aus. Gleichzeitig sind die Hydraulik-Zylinder wie Granaten geborsten und das Öl ist links und rechts über die Landebahn gespritzt. Die beiden Piloten und ein Passagier im Fond hatten Glück und nur einige Tage ein lädiertes Steißbein.

Der Flieger lag im dritten Landefeld. Die ganze Landung war somit nach 15 m beendet. Selbst für eine Morane ein Rekord.

Sie wollten mir auch noch einen Anteil Schuld zusprechen, aber ich hatte Zeugen, dass ich von sehr tiefem Anflug sprach, höchstens ein Meter über der Bahn. Die Commodore erhielt zwei neue Flächen und zwei neue Fahrwerke.

Die Landung hat die Versicherung 60.000,00 DM gekostet. Ich habe keine Geheimnisse mehr erzählt.

Deutschlandflug 1971

Es war im Jahre 1971, als die Ausschreibung für den Deutschlandflug kam. Wir wollten da auch mal mitmachen. Ernst war mit von der Partie. Eine Woche vor dem Abflug war die ganze Fliegerschar auf der Terrasse und blödelte herum. Das Wetter war nicht gut zum Segelfliegen und Schorsch Eckle hatte einen kleinen weißen Ball in der Hand, warf ihn mir zu und sagte: "Fang!" Ich fing ihn aber mit dem Kopf und da sah ich schon Sternchen, der Ball war ein Golfball! Mir war ganz schwindelig und ich musste mich sogar übergeben.

Das ist eine Gehirnerschütterung, sagte der Doktor am Abend und unbedingte Ruhe für die nächsten Tage ist dringend angesagt. So hatte ich eine Woche wirklich Zeit, um mich auf diesen Flug vorzubereiten. Theoretisch ging ich alle möglichen Aufgabenstellungen durch. Die Aufgaben bestanden aus: neun Flugplätze in sieben Bundesländern anzufliegen, darauf zu landen, sich die Bestätigung zu holen und wieder zu starten zum nächsten. Das alles mit Vorgabe einer Startzeit und am Ende einer sekundengenauen Landezeit in Osnabrück. Dazu waren Bilder und Zeichen zu suchen und Ziellandungen mit und ohne Motorleistung durchzuführen. Alles jeweils in vorgegebener Zeit.

Am Freitag war noch ein Geschäftsbesuch aus Hamm eingetroffen, mit dem wir abends zum Essen ins Gasthaus Berg gingen. Ich sprach davon, dass ich morgen früh sie nicht verabschieden könne, weil der Deutschlandflug beginne. Da merkte ich, dass der Wettbewerbsflug ja schon heute um 9:00 Uhr losgegangen war. Ach du liebe Güte, ich rief sogleich noch am Abend Ernst an und gestand ihm das Malheur, welches mir da passiert war.

Ernst war immer sehr cool, würde man heute sagen. Er machte sich sogleich an die Karten und experimentierte mit Stecknadel und Faden auf der Suche nach den kürzesten Routen und den günstigsten Flugplätzen, um das Wettbewerbssoll noch zu erfüllen. "Das wird knapp", sagte er, als ich um 8:00 Uhr am Samstag, den 23. September 1971, zum Flugplatz nach Giengen kam. Wir mussten in Heubach starten, und das nicht vor 9:00 Uhr, mit Bestätigung des Flugleiters. Pünktlich auf die Sekunde hoben wir ab und los ging die Jagd nach Aalen, Elchingen, Herzogenaurach, Egelsbach, Worms, Saarbrücken, Koblenz, Mönchengladbach, Stadtlohn, Osnabrück, Ganderkesee. Vorgegebene Landezeit für unser Flugzeug 16:41.00 h.

Auf die Sekunde genau kamen wir noch an. Dazu ist zu sagen, dass wir pro Aufenthalt mit Stempel holen und Wiederstart meistens nur zwischen zwei und vier Minuten gebraucht haben. In Saarbrücken mussten wir tanken und das auf einem Verkehrsflughafen. Das hätte uns normalerweise komplett aus dem Rennen geworfen, wenn das normal abgelaufen wäre.

Per Funk kündigten wir von Worms kommend an, dass wir tanken müssten und wegen der Verspätung im Wettbewerb sehr wenig Zeit hätten. Wir möchten 80 Liter tanken, hätten dafür 100,00 DM bereit. Wenn möglich, bitte jemand zur Tankstelle schicken, auf uns warten und gleich das Wechselgeld mit der Quittung bereithalten. "Sonst noch was?", war die Antwort

"Nein, das wäre alles, nur, dass wir dann auch sofort wieder starten können, um keine Zeit zu verlieren." Sie spielten mit. Der Tankwart war vor Ort, wir waren noch nicht ausgestiegen, da war schon der Sprit in den Tanks. Das Wechselgeld und Quittung war auch parat und nach nur sieben Minuten waren wir wieder in der Luft auf dem Weg nach Koblenz.

Am 24.09.1971 war dann der eigentliche Wettbewerb mit den Suchzielen in ganz Ostfriesland und mit einer Ziellandung in Leer. Der Spaß dauerte ca. zwei Stunden und wir hatten schon ein gutes Gefühl nach dem Rückflug in Ganderkesee. Dort war eine weitere Ziellandung angesagt mit der Aufgabe, bei Platzüberflug den Motor auf Leerlauf zu nehmen. Dafür wurden sogar Horchposten rund um den Platz aufgestellt. Es war schon gegen 16:00 Uhr, wir waren immer die letzten mit unserer Startnummer 341, als wir einkurvten zum Endanflug.

Die Sonne stand ganz tief und genau in Flugrichtung. Ich sah fast nichts, die Scheibe war verschmiert. Es hatte auf dem Wettbewerbsflug vorher noch leicht geregnet. "Ernst ich sehe nicht genug für den Anflug", sagte ich. Er sah das Malheur und schnallte sich ab, schob die Haube zurück, hielt sich mit der linken Hand an der Schlaufe am Kabinendach fest, beugte sich raus und mit dem Ärmel seiner Lederjacke putzte er die Scheibe.

Es war gleich viel, viel besser mit der Sicht. Er schnallte sich wieder an und die Landung klappte im ersten 5-m-Feld. Das hieß volle Punktzahl 50.

Als wir die Haube nach dem Abstellen öffneten, brach von den anderen Teilnehmern ein Jubel auf. Alle klatschten, weil sie das Schauspiel mit dem Ausstieg von Ernst von unten gesehen hatten.

Das Wetter war am folgenden Tag zu schlecht. Tief hängende Wolken verhinderten, die weitere Etappe nach Siegen zum Siegerlandflughafen durchzuführen. Dort war auch der Abschluss vorgesehen mit der Siegerehrung. Also wurden in Ganderkesee für alle Teilnehmer hintereinander noch zwei Platzrunden verordnet mit einer Ziellandung, die wir auch ins 5-m-Feld setzen konnten. So musste die Wettbewerbleitung die Veranstaltung in Ganderkesee beenden und kurzfristig den Abschluss mit Siegerehrung auf dem Flugplatz organisieren. Das wurde mit Bravour erledigt. Eine Halle wurde ausgeräumt, eine Bühne aufgebaut, darauf der Siegerpreis, den alle mit Sehnsucht betrachten konnten. Es war eine nagelneue Bölkow 209 Monsun, gestiftet vom Burda Verlag. Der Verleger, Senator h.c. Franz Burda, war seit langem ein Sponsor für die Privatfliegerei und hatte immer schon ein Flugzeug für den Deutschlandflug gestiftet. Das letzte war eine Bölkow Junior und wurde
von der Besatzung Wagner/Graf aus Augsburg gewonnen.

Die Monsun wurde erst am Vormittag, als feststand, dass der Flug nach Siegerland nicht stattfinden konnte, von Siegerland nach Ganderkesee geflogen worden. Und das bei wirklich regnerischem Wetter mit schlechtester Sicht.

Wir, Ernst und ich, waren ja sicher, dass wir nicht zu schlecht abgeschnitten hatten, aber am ersten Tag nur auf dem sechsten Platz. Wir hatten mit einer Landung zehn Punkte vergeigt. Am zweiten Tag dann der Orientierungsflug durch die Pampa von Ostfriesland mit den Orientierungspunkten, die richtige Windmühle aus den Fotos herauszupicken. Es waren nur Vorbeiflüge gestattet, kreisen war absolut verboten. Es waren ja viele Flugzeuge in der Luft. Für die ca. 165 km Strecke standen nur 70 Minuten zur Verfügung und waren mit einem weiteren sekundengenauen Zeitüberflug abzufliegen. So ganz sicher waren wir dann nicht, ob wirklich alle Bilder aus dem großen Bilderbogen, der uns mitgegeben worden war, korrekt identifiziert wurden.

Das Gefühl für den Wettbewerb und die vielen Sprüche der anderen Teilnehmer, es waren ja sehr viele bekannte Wettbewerbsexperten dabei, war nicht übel. Wir rechneten, sicher unter den ersten zehn zu sein. Wussten ja nicht, was die anderen alles verbockt haben könnten.

Gegen Nachmittag des 25.09.1971, ca. 17:00 Uhr, war der Wettbewerb abgeschlossen und wir warteten auf den für 19:00 Uhr angesagten Festabend. Da war ein Auflauf von ca. 300 Leuten in und um die Hallen. Alle meine Fliegerfreunde aus Schwäbisch Hall saßen an einem Biertisch in der Halle und frotzelten herum. Ich musste mal auf die Toilette, da sah ich den Vorsitzenden

Wettkampf am Himmel

Deutschlandflug 1971 um den „Burda-Preis der Lüfte"

Vier Tage lang kurvten 300 Piloten mit ihren kleinen Sportmaschinen am Himmel zwischen Alpen und Nordsee. Der Siegespreis: ein zweisitziges Flugzeug vom Typ Bölkow „Monsun". Auf zehn Flugplätzen in acht deutschen Bundesländern mußten die Flieger landen und schließlich auf die Sekunde genau in Ganderkesee bei Bremen eine Ziellinie überfliegen. Außerdem mußten die Piloten in fünf Meter großen Feldern landen und auf einer 164 Kilometer langen Strecke Windmühlen, Kirchen, Bauernhäuser und markante Straßenkreuzungen aus der Luft identifizieren.

Den Deutschlandflug beherrschten wieder einmal die Amerikaner. Von den 150 Maschinen, die an der alle zwei Jahre stattfindenden Luft-Rallye teilnahmen, trugen 89 amerikanische

Bitte umblättern

Prominentester Teilnehmer war der Springreiter Hermann Schridde (oben). Allerdings ist er auf dem Rücken der Pferde erfolgreicher als in der Luft — er belegte den 70. Platz. Besondere Schwierigkeit beim Wettbewerb: die Ziellandungen (Bild darunter).

Karina Burda (ober Schwiegertochter v Dr. Franz Burda, de Schirmherrn des D flugs, übergab den Preis der Lüfte, ei (ganz oben). Die g lichen Gewinner M merle (ganz oben Ernst Mattern (zwe kommen aus Gier der Brenz.

des Aeroclubs, Herrn Trinkaus, mit Herrn Hardenberg sprechend, alleine von der Masse an Fliegern weggehen.

Ich hängte mich unauffällig dran, als ich hörte, wie Horst Geyer vom DAEC fragte: "Wer ist denn nun der Sieger?" Da antwortet Trinkaus: "Eine unbekannte Besatzung aus Baden-Württemberg, Kimmerle und Mattern.

Ich traute meinen Ohren nicht, hatte aber so schon vorab die unwahrscheinliche Bestätigung, dass es geklappt hatte.

Mit diesem Wissen kam ich zurück zur Halle an unseren Tisch und raunte Ernst das Ergebnis zu. Auch er konnte es nicht ganz glauben. "Warte ab bis abends, dann weißt du es sicher." "Also Ernst, wenn ich nicht doof bin, dann hab ich das ganz eindeutig von den zweien gehört!" Auf die vielen Diskussionen über den Flugverlauf konnte ich so meine Witze reißen und brachte die Kameraden ganz durcheinander. Das war doch ein ganz einfacher Wettbewerb, war mein Kommentar.

Nur ein bisschen rumfliegen in Deutschland, die Uhr kennt ja jeder, danach die Zeit ein wenig einteilen und das Flugzeug landen, wie sich's gehört, was man bei der Schulung ja gelernt hat. Ein wenig in der Landschaft nach Karte herumfliegen und die Koordinaten finden, mit den Bildern und mit den Aufgaben abstimmen. Ja, wenn das heute nicht den ersten Platz gibt, dann kann ich ja den Flugschein abgeben. Das war schon dicker, ganz dicker Tobak, den ich da von mir gab. Aber die Euphorie ließ mich halt schauspielern.

Dann kam die Siegerehrung am Abend so gegen 21:00 Uhr, nach dem reichlich Fisch gegessen und getrunken worden war. Alle waren in Hochstimmung, als rückwärts vom Zwanzigplatzierten die Preise verteilt wurden. Als der dritte Preis ausgerufen wurde, dafür gab's 1.000 Liter Flugbenzin, wurde die Stimmung am Tisch schon ruhiger. Als der zweite Preis mit einem neuen Flugmotor belohnt wurde, sagte ich am Tisch: "Ernst, mach dich fertig, jetzt kommen wir dran." Da fing der ganze Tisch schon an, nervös zu werden. Es wurde sehr spannend im Saal, ich fing an, zu grinsen und konnte das Erstaunen in den Gesichtern der anderen sehen.

Tatsächlich wurden wir ja dann auf die Bühne gerufen, um unseren ersten Preis, die Bölkow 209 Monsun, entgegen zu nehmen. Der Jubel im Saal, vor allem aber an unserem Freundestisch, war riesengroß. Es wurden schöne Reden gehalten und Frau Karina Burda überreichte uns die Schlüssel des Fliegers.

Es wurde eine lange Nacht, bis wir in unsere Quartiere kamen. Auch diese waren kurzfristig organisiert worden. Meistens bei Privatleuten in der Umgebung. So waren wir, Ernst und ich, bei einer Familie Bliese in Ganderkesee einquartiert und sehr freundlich und liebevoll umsorgt worden. Dafür habe ich mich auch besonders bedankt und hatte schon am Tag vorher, als der Wettbewerb zu Ende ging, mit der ganzen Familie mit unserer Morane einen Rundflug um den Jadebusen gemacht.

Als wir spät am Abend zurückkamen und vom Sieg erzählten, waren auch die Blieses ganz begeistert, dass sie die Sieger beherbergen durften. Am Morgen des nächsten Tages wurde die Monsun von der Bühne geholt und Ernst als ältester bekam den Vortritt, das Flugzeug nach Hause zu fliegen. Eine technische Einweisung von einem Bölkow-Mitarbeiter erfolgte. Die Papiere, Bordbuch und Betriebsanleitung wurden übergeben und Ernst absolvierte zwei Platzrunden.

Dann flogen wir zurück zur Irpfel. Das Wetter hatte sich einigermaßen gebessert und nach ca. zwei Stunden sind wir auf der Irpfel gelandet. Keinen Ton hatten wir vorher verlauten lassen. Wir wollten die Kameraden zuhause wirklich überraschen. Da hatten wir aber die stolzen Landesluftfahrt-Presseleute nicht ins Kalkül gezogen. Die hatten die Sensation an die Giengener bereits vorab gemeldet.

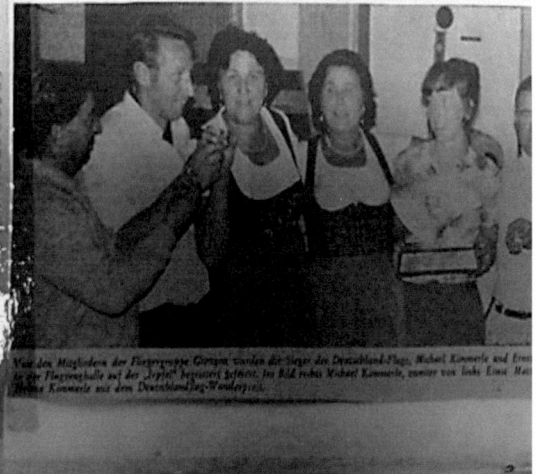

Nach der Landung rollten wir hintereinander zum Parkplatz und da rannte eine Menge von Leuten auf unsere Flugzeuge zu. Eine Musikkapelle spielte rasant auf, ein roter Teppich wurde ausgerollt. Wir waren von den Socken. Was ist da nur los? Es fand zufällig, wir dachten gar nicht mehr daran, das alljährliche Fliegerfest statt, bei dem die Bevölkerung der Umgebung eingeladen war. So war die Nachricht schneller unters Volk gekommen als gedacht.

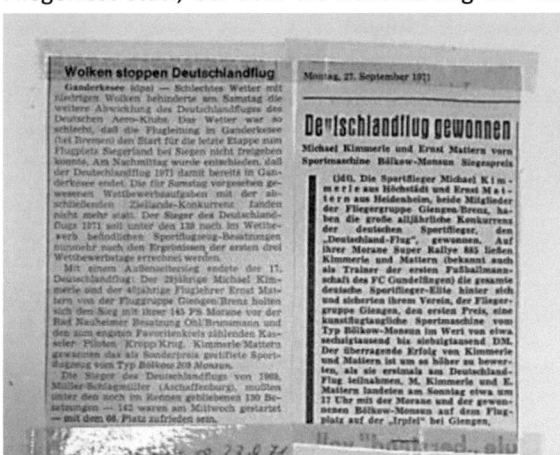

Die Nachrichten in den Lokalzeitschriften am nächsten Tag schilderten das Ereignis. Wir wurden von den Journalisten ausgefragt und alles stimmte dann ja nicht ganz, was da berichtet wurde, aber die geschriebenen Geschichten haben uns doch etwas stolz gemacht. Ein paar Bilder und Zeitungsausschnitte zeigen das Ereignis. Auch in der Burda Zeitschrift war ein zweiseitiger Artikel zu lesen.

Meine liebe Frau Helma hat mir damals den Spruch von Matthias Claudius in das Album geklebt. Es sollte meine Euphorie etwas in Zaum halten. Es war ja nicht alles immer zu gewinnen. Auch ich war kein Übermensch.

Der Preis war als Vereinspreis ausgeschrieben. Das heißt, das Flugzeug wurde für den Verein gewonnen.

Vorstand Richard Schmidt, der Giengener Flieger, hat das dann auch in einem schönen Brief belohnt und mit zwanzig Freiflugstunden sowie einem vergünstigten Stundenpreis für die Monsun versüßt.

Fortan war natürlich die Bölkow-Monsun 209 meine schnelle Reisemaschine, auch für die Geschäftsreisen, die mich so zügiger nach Bremen, Hamburg, Antwerpen oder Amsterdam brachten zum Holzeinkauf, fast jedes Mal mit Kunden in der Maschine.

Für die Wettbewerbe hatte ich aber immer noch meine eigene Morane Rallye 100 in Donauwörth stehen. In Giengen hat es kurz danach einen Unfall gegeben. Dr. Madlinger war mit der Bölkow 207 und drei Fluggästen zu einem Pfingstausflug nach Süden aufgebrochen und nicht angekommen. Tagelang wurde am vorgesehenen Flugweg gesucht. Am fünften Tag fand ein Spaziergänger in dichtem Gehölz an der „Steige" in der Nähe der Autobahn Richtung Stuttgart das Wrack der 207. Keiner hatte den Absturz überlebt. Dr. Madlinger war offensichtlich bei schlechter Sicht entlang der Autobahn geflogen und hatte den nahen bewaldeten Hang nicht rechtzeitig gesehen und ist hängengeblieben.

Die Bölkow war nicht sehr geeignet für den kurzen Platz auf der Irpfel, sie hat eine viel zu lange Startstrecke gebraucht. Man huschte jedes Mal so ganz knapp über die Bäume am Ende der Bahn. Nur Ernst und Laszlo und Vorstand Schmidt hatten sie einigermaßen im Griff. Ich bin sie selbst nie geflogen. Das Ding war mir zu steif und blöckisch. Mit Ernst bin ich aber oft mitgeflogen. Meist am Sonntagnachmittag nach Wörishofen oder Kempten, manchmal auch zum Kaffee und zum Fachsimpeln zu anderen Plätzen. Man traf dort immer einige unserer Wettbewerbskollegen.

Amerika – Cape-Kennedy-Rallye 1972

Nach mehreren Rallyes, die vom Düsseldorfer Aeroclub organisiert wurden und wir die Perfektion dieser Veranstaltungen kennenlernen durften, waren wir auch bei der ersten Amerika-Rallye mit von der Partie. Ernst mit Frau Dorothee und Sohn Michel, Helma, Udo und ich. Wir reservierten 2 Cessnas 172 und 182. Es ging nach Florida, natürlich erst mit dem Airliner über die Bahamas nach Miami. Dann nach Vero-Beach, wo die Piperwerke beheimatet sind, um die gecharterten Flugzeuge von „Lease a Plane" zu übernehmen. 17 Cessnas 172 und 182 und drei Piper Cherokee. Es waren einige Leute vom FAI am Platz und alle 20 bis 25 Piloten wurden in ein paar Stunden ausgecheckt für die amerikanische Lizenzerweiterung.
Schon am nächsten Tag konnte es losgehen. Flüge entlang der Keys nach Key West, nach Cape Canaveral, Mobile in Alabama und New Orleans. Wir bekamen viele neue Eindrücke und besonders die wertvolle Erfahrung, in Amerika zu fliegen. Zwei Wochen jeden Tag satt fliegen und das zu Preisen, die bei ca. einem Viertel derjenigen Europas lagen. Manche packten 20 oder 30 Stunden auf ihr Stundenkonto.

Der Flugzeugwechsel zur Bonanza

Nach vielen Reisen, auch mehreren Flügen nach Skandinavien zum Besuch unserer Holzlieferanten, wurde mir die Morane zu langsam.
Es war zwar schon etwas Besonderes, mit ihr quasi auf jedem Acker landen zu können, was wir auch öfters machten. So zum Beispiel in Schweden, als uns ein Lieferant am Telefon sagte, wir könnten bei ihm auf dem nahe gelegenen Autorennplatz landen. Oder im hohen Norden bei Örebro. "Fliegen Sie einfach der Straße nach, da ist dann der Wald etwas ausgelichtet rechts und links der Straße, das ist der Platz für die Sprühflugzeuge zur Schädlingsbekämpfung, da können Sie landen!" In Schweden fragt niemand, ob das ein Flugplatz ist oder nicht. Aber auch dazu später mehr.
In Augsburg ist die Beech-Vertretung beheimatet. Da stand im Frühjahr 1974 eine Beech Sierra mit 200 PS zum Verkauf. Das wäre ja was, dachte ich und fuhr zum Probeflug hin. Der Verkäufer pries mir die Vorteile an und wir starteten zum Probeflug.
Er flog, ich saß rechts und sagte, er solle doch mal in Donauwörth landen. Das wollte er nicht. Da kommen wir nicht mehr raus. Die Wiese ist viel zu nass. Da war für mich das Projekt Sierra schon gestorben. Zurück in Augsburg parkte er den Vogel gleich neben einer Beech Bonanza. "Was ist mit dieser Maschine?", war meine Frage. "Die steht auch zum Verkauf." "Kann ich diese mal Probe

fliegen?" "Natürlich", und sehr schnell saß ich auf dem linken Sitz. Verkäuferverlegen hat er das akzeptiert. Ganz wohl war es ihm da sicher nicht.
Das war ein Gefühl, als ich den Gashebel nach vorne schob. Bis ich es recht begriffen hatte, waren wir schon in der Luft. War das ein rasanter Anzug! Die 285 PS mit der nahezu leeren Maschine pressten uns fast in den Sitz. Wir flogen wieder Richtung Donauwörth. Schon war ich im Anflug auf die 27. Ein zaghafter Protest des Verkäufers, doch er ließ mich die Landung durchführen. Es spritzte ein wenig durch die Pfützen und wir standen relativ schnell. Ohne viel zu diskutieren drehte ich am Ende um und schob den Gashebel wieder nach vorne. Mit leicht gezogenem Höhenruder zog die Bonanza durch den weichen Boden. Ein kurzer Zug am Höhenruder und sie hob nach nur 250 m Rollstrecke ab! Das hat Eindruck gemacht. Das war eine Maschine so ganz nach meinem Geschmack.
Die Bonanza war neu vom Schauspieler Heinz Rühmann gekauft worden und war eine der ersten Bonanzas ohne das V-Leitwerk und unter dem Kurznamen Debonair bekannt, Baujahr 1966. Und mit nur ca. 320 Stunden im Bordbuch. Rühmann ist nicht viel damit geflogen und verkaufte die Maschine sehr bald wieder an einen LH-Piloten, Herrn Lindner, der sie von 1969 bis 1973 ca. 100 Stunden geflogen hatte, meist nur kurze Rundflüge vom Degerfeld aus.
Im Januar 1974 hat sie Herr Kurz aus Illertissen gekauft und nach nur 17 Flugstunden bei Beech für eine neue zweimotorige Baron 55 in Zahlung gegeben.
So stand sie seit Januar 1974 auf dem Platz. Nach dem Probeflug war natürlich die Frage nach dem Preis auf dem Tisch und Beech wollte 130.000,00 DM haben. Sie war ja noch fast neu mit nur 340 Stunden. Das war für mich damals dann doch zu viel. Zur selben Zeit waren wir mit einigen großen Investitionen im Betrieb belastet. Wir ließen zu jener Zeit die größten Holztrockenkammern Deutschlands installieren mit einem Fassungsvermögen von 200 und 500 cbm Tropenholz. Das Geschäft lief auch etwas verhalten an.
Ich verabschiedete mich mit einem Gegenangebot: Wenn das Flugzeug 90.000,00 DM kosten würde, dann könnte ich das verantworten. Das wäre kein akzeptables Angebot, entgegnete mir der Verkäufer. Man habe noch einige andere Interessenten für das Flugzeug.
Ich rief meinen Rallyefreund Wagner, den zentralen VW-Händler in Augsburg an. Mit ihm waren wir auf vielen Wettbewerben zusammen gewesen. Ihn fragte ich, ob er von der Bonanza wisse, die bei Beech stehe, angeblich wären da einige Interessenten aus Augsburg dran. "Michael, da ist niemand mehr dran. Wir interessierten uns dafür für den Club, aber das ist gestorben. Das Flugzeug ist für die meisten nicht erschwinglich. Wir sind da raus und soviel ich weiß, ist zurzeit kein weiterer Interessent vorhanden."

Die Bonanza Debonair am Flugplatz Aalen

Mit diesem Hintergrundwissen wurde es August 1974. Am 6. August erreichte mich ein Anruf von Herrn Jäger von Beech. "Ist Ihr Angebot mit dem genannten Kaufpreis noch aktuell?" - Man wäre bei Beech bereit, auf dieser Basis zu verhandeln. Ich fuhr mit dem Scheck, ausgestellt auf 90.000 DM, nach Augsburg. Sie wollten unbedingt wenigstens 95.000 DM. Aber der Scheck lag auf dem Tisch und letztlich akzeptierten sie diesen Kaufpreis.

Sie wollten mit der Maschine im Bestand nicht in den Winter gehen.

Um 15:10 Uhr habe ich die Maschine nach Donauwörth überführt. Das war wieder so ein Höhepunkt in meinem Fliegerleben.

Dann ging es so richtig rund. Ich holte gleich alles nach, was auf meinem Reiseplan stand. Southend/England, London/Gattwick, Calais, Saarbrücken, Salzburg, Klagenfurt usw. Alles fürs Geschäft. Allein im August waren es 22 Flugstunden. Bis Jahresende 76 Stunden.

Die spärliche IFR-Ausrüstung der ME

Im Januar gleich nach Athen, da wollte ein Kunde reklamieren und nicht bezahlen. Am Abend des 5.1.1975 kam das Telex mit der unbegründeten Reklamation und am nächsten Tag, einem Feiertag, klingelte ich um 16:00 Uhr in seinem Büro in Athen. Er war ganz aufgeregt über meinen schnellen Besuch. Einige Ausreden und dann hat er sich entschuldigt, sein Bruder hätte ihn falsch informiert, und hat die Zahlung übergeben.

Da hatte sich die Bonanza schon wieder ein Stück bezahlt gemacht.

In Athen erreichte mich die Nachricht, dass mein IFR-Lehrer tödlich verunglückt sei. Er ist mit einem Schüler und dessen 182er Cessna von Siegerland nach Wien geflogen und beim Rückflug wurde der Treibstoff knapp. Sie wollten Siegerland noch erreichen, hatten wegen dichtem Nebel den NDB-Anflug versiebt, waren durchgestartet für einen neuen Anflug und im Gegenanflug, über dichtem Wald, ist der Motor stehen geblieben. Sie hatten kein Glück und so sind beide gestorben.

Ich hatte vorher alle Flüge VFR nach Sichtflugregeln geflogen. Am Anfang auch mit der Bonanza. Die Kontroller waren manchmal ganz erstaunt, wenn ich mich in FL 165 meldete mit VFR nach Rotterdam.

Das war aber im gleichen Jahr beendet. VFR-Flüge waren nur noch bis FL 95 erlaubt.

Da war natürlich für manche Wetterlagen das Fliegen einfach nicht mehr möglich. Die Lösung war dann, die IFR–Lizenz zu erwerben.

Im Siegerland war eine IFR-Flugschule, die ein Rotationssystem dafür anbot. Eine Woche Vorschulung, dann nach eigener Zeiteinteilung und Wunsch immer eine Woche mit einem anderen Thema: Wetterkunde, Navigation, Technik, Flugrecht etc. Danach der einwöchige Abschlusslehrgang mit Prüfung.

Einige meiner Giengener Fliegerfreunde sprachen auch schon länger über das IFR. So starteten Ernst Mattern, Rolf Herrmann und ich im Siegerland mit der Schulung. Gleich zum Auftakt am 7.10.1974 gemeinsam auf einem VFR Flug ins Siegerland mit der Bonanza. Bei schlechtestem Wetter machte ich den ersten Blindanflug über dem Platz, ganz unvorschriftsmäßig mit dem von mir eingebauten Homing-Gerät von Becker, das es erlaubte, um eine Funkantenne herumzufliegen und zu sinken, bis man Bodensicht bekam. Ein etwas unsicheres Verfahren und nur anzuwenden, wenn man auch sicher wusste, wie hoch die Bewölkung um den Turm war. Viele solche Anflüge hatte ich schon hinter mir, auch mit der Morane.

Voller Neugierde wurden wir begrüßt. Wir waren die einzigen von ca. 20 Schülern, die mit dem Flugzeug ankamen.

Wir zogen die erste Woche durch und erfuhren recht viel Neues in punkto weltweiter Navigation und Flugrecht. Am Ende flogen wir nach Hause mit der Erkenntnis, dass es da noch viel zu lernen gäbe.

Die praktische Schulung wurde mit 182er Cessnas D-ECYB der Schule durchgeführt. Es ging dann nicht richtig weiter, weil Ernst mit seinem Baugeschäft und Rolf mit seiner Zahnarztpraxis und ich mit meinem Sägewerk und Holzhandel nie gleichzeitig Zeit hatten, ins Siegerland zu reisen.

So kam es, dass wir uns erkundigten, ob nicht die einzelnen Lehrer der Schule jeweils zu uns kommen könnten. Sie akzeptierten das und so hatten wir jede Woche am Freitag, Samstag und Sonntag Unterricht in Günzburg in einer Gaststätte. Dazu kam der Lehrer, meist Herr Walz aus Ulm, mit der Cessna aus dem Siegerland nach Donauwörth oder Günzburg und wir vereinbarten so die für jeden von uns passenden Termine. Nach ein paar Wochen waren wir auf die Prüfung vorbereitet. Wir flogen wieder mit meiner Bonanza ins Siegerland, machten unsere letzte Woche Vorbereitung und hatten die Theorieprüfung, bei der es einige Hürden zu nehmen galt, dann auch alle drei bestanden.

Dummerweise ging kurz darauf die Flugschule in Konkurs und wir saßen mit halbem IFR fest. Ein Freund von Rolf aus Stuttgart kannte einen Fluglehrer und Prüfer des LBA, Herrn Barth, er war Uhrmacher von Beruf und begeisterter Flieger für Charterunternehmen. Bei ihm sind wir dann meist am Samstag oder Sonntag die notwendigen Stunden geflogen. Sogar auch das 2-Mot-Rating auf einer Piper Twin Comanche sowie Beech 55, Baron, konnten wir so erwerben. Es hat dann allerdings bis zum Juni 1976 gedauert. Die praktische Prüfung war harmlos, bei unserer Erfahrung ein Spazierflug.

GCA–Approach, Leipheim

Es war kurz vor Weihnachten, am 16.12.1976, da musste ich mit einem Holzhandelskunden aus Mühldorf zu einer Holzübernahme nach Amsterdam und nach Rotterdam reisen. Start morgens um 8:00 Uhr in Donauwörth. Um 9:48 Uhr waren wir dort. Kurz zum Hafen mit meinem Vertreter, Mr. Huober, und sofort wieder zurück und weiter nach Rotterdam in nur 22 Minuten. Um 13:00 Uhr ging es nach Mönchengladbach wegen des Zolleinflugs und danach unverzüglich zurück nach Donauwörth. Als ich gegen 15:00 Uhr abflog, hatte ich ein ungutes Gefühl wegen der Wetterentwicklung. Es begann dunstig zu werden. Es war ein Tag mit Hochdruckwetterlage. Ich rief vorher noch bei Schorsch an, unserem Werft- und Wartungsbetrieb am Platz, er solle abends die Lichter vor der Halle einschalten und fragte auch nach dem Wetter. "Es ist etwas dunstig, aber O.K.", war seine Information.

Es war dann auf Höhe von Frankfurt, wir flogen in FL 90 Richtung WLD - VOR, als fast urplötzlich Strahlungsnebel einsetzte. Innerhalb von Minuten immer mehr und nach zehn Minuten schauten aus dem Bodennebel nur noch die Masten der Überlandleitungen und Funktürme heraus.

Da fragte ich meinen Radarbegleiter in Frankfurt nach dem Wetter in Augsburg. Oh Schreck, Bodennebel, Sicht 50-100 m, vertikal null. Das wird heikel, dachte ich, da ist in Donauwörth nichts mit Landen. Ich rief Schorsch an und konnte ihn sogar auf die Entfernung verstehen: "Landung nicht mehr möglich. Nebel. Ich sehe vom Büro aus nicht mal die Landebahn und das sind keine 50 Meter."

Dann noch an Radar die Frage nach München und Stuttgart. Es war zum Verrücktwerden. Überall die gleiche Antwort. Sicht für einen Anflug nach IFR Minimum nicht mehr möglich. Der nächste Ausweichplatz wäre Mailand oder Innsbruck, da war noch gutes Sichtflugwetter. Das kann ja heiter werden, dachte ich, und hatte zum Glück volle Tanks. Damals war das Benzin in Rotterdam ohne Steuer und kostete nur 0,40 DM/Ltr. Also habe ich immer vollgetankt. Es reicht also leicht auch bis Mailand. Nur hatte ich dafür keine Karten dabei.

Da kam mir Leipheim, der Militärflugplatz bei Günzburg, in den Sinn. Ich rief auf der Militärfrequenz durch und hatte sofort Kontakt. Die Sichten dort waren auch nahe Null. "Könnte ich einen GCA-Anflug haben?" fragte ich.

"Sorry", kam es zurück, "das ist nicht möglich, die Radarmannschaft hat soeben abgeschaltet und ist nach Hause gefahren." Ich bedauerte das und sagte, dass es nun ein langer Flug vielleicht bis nach Italien werden würde, weil ich nirgends sonst landen könne. Ich bereitete mich auf den Flug nach Innsbruck vor.

Da kam drei Minuten später der Anruf aus Leipheim "D-ECME are you still listening?" "Yes, I hear you loud and clear." "Wir haben die Radarmannschaft zurück beordert und fliegen Sie mal auf unseren Beacon (Funkfeuer) zu und gehen Sie dann ins Holding. Unsere Mannschaft justiert die Radaranlage und wir rufen Sie dann zum Anflug ab." Das war ein Lichtblick. Ich informierte Frankfurt Radar über mein Vorhaben und erhielt die Clearance nach Leipheim Beacon.

Ich war angekommen und kreiste noch ca. 10 Minuten über dem Funkfeuer bis die Freigabe zum Anflug kam. Unter uns nur dichtes Weiß. Es wurde ein interessanter und sehr angespannter Anflug.

Ich habe noch heute die Kommandos im Ohr. "You are on heading, you are on glide, reduce slightly descent, on course, on glide, two degrees to the left, on heading, on glide." So ging's mit geringen Korrekturen auf einem 8-Meilen-Anflug runter. Dann kam die Info "highway crossing now", kurz danach "field boundary now, 30 feet, 20 feet, reduce descent, keep heading 086, 10 feet, touch down now."

Da setzte die ME auf und wir waren am Boden, bremsten ab und standen auf der Bahn. Jetzt erst merkte ich, dass doch etwas Adrenalin mit im Spiel war. Die Anspannung ließ langsam nach. So kurz nach der IFR-Prüfung mit noch wenig Erfahrung (nur 940 Std.) war das schon eine äußerst heikle Sache.

"Bleiben Sie stehen", kam der Funkspruch, "wir schicken einen Follow-me-Wagen mit Licht, er holt Sie ab." Inzwischen war es auch noch Nacht geworden und es waren wirklich keine 30 Meter Sicht in totalem Nebel.

Wir tuckerten hinter dem Wagen her, der uns zu einem Parkplatz brachte. Den Flieger machten wir fest und packten unsere sieben Sachen. Jetzt müssen wir uns noch bedanken, sagte ich zu meinem Mitflieger und Kunden, Holzhändler Sepp Wembacher aus Mühldorf.

Da waren die drei Flaschen Jenever, die wir als Weihnachtsgeschenk von meinem Spediteur erhalten hatten, gerade richtig. Die Flaschen waren sauber in einer Holzkiste verpackt und hatten sogar das Label für eine Äquator-Überquerung und dazu ein extra Zertifikat. Das machte natürlich schon etwas Besonderes her.

Ganz erfreut wurde das auch angenommen. Als die Radarleute in die Flugleitung kamen, konnten wir noch den Anflug nachbesprechen. Dabei wurde festgestellt, dass mein Kompass (das war der alte Rollenkompass) ca. 5° falsch anzeigte. Aber das haben die Radarler sofort kompensiert und mit der Info bis nach der Landung gewartet. Sie wollten mich nicht unnötig aufregen.

Als wir dann noch erzählten, dass wir Holzhändler sind, kam vom Boss der Wunsch, ob wir ihm auch etwas Buchenholz besorgen könnten zum Aufziehen ihrer Plaketten. Natürlich habe ich dann wenige Tage später ein paar Dielen geschickt. Er schrieb mir noch einen Dankesbrief, dass sie damit die nächsten zehn Jahre Holz zur Genüge hätten. Wenn wir wieder mal in Not wären, dann könnten wir jederzeit wieder in Leipheim landen.

Den Brief habe ich bei meinen Bordpapieren immer dabei gehabt. Man weiß ja nie, ob man es wieder mal braucht und dann ist bestimmt ein anderer Flugplatzchef in Operation, der das nicht so locker sieht. Jetzt, 2016, ist der Platz leider geschlossen und wird als Industriebauland angeboten.

Eine Stunde nach der Landung holte uns Helma in Leipheim ab. Sie war schon voller Sorge, als sie die Wetterentwicklung sah und wusste bis zum Anruf ja nicht, wo wir wohl landen werden. Mein Mitflieger und VFR-Pilot aus Mühldorf war ganz begeistert, was man doch als IFR-Flieger noch für Reserven hätte, wenn es mal eng würde.

Zwei Tage später holte ich die ME in Leipheim wieder ab. In der Nacht vorher hat es 20 cm Neuschnee gegeben und die Maschine war vor lauter Schneelast nach hinten gekippt und am Schwanz unten leicht eingebeult.

Norwegen 1977

Die folgenden Jahre bin ich so ziemlich in allen Ländern unterwegs gewesen. In Österreich und Italien, auch in Finnland, im tiefsten Winter zur Rundholzbesichtigung, in Lappeenranta, bei 2 m hohen Schneewällen links und rechts der Bahn und -25° C, auch auf Plätzen in Schweden und Norwegen. Fast jeden Monat mindestens einmal in Amsterdam. Da konnte man damals noch ohne weiteres als Privatflieger hin. Ich hatte da sogar einen Weg gefunden, mich unter das KLM-Personal zu mischen und konnte so über einen Hinterausgang rein und raus aus dem Flughafen, ohne dass mich je ein Zoll- oder

Grenzbeamter gesehen hat. Heute ist das leider alles ganz anders. Man wird von Kopf bis Fuß gefilzt wegen der Terroristen.
Bis Ende 1977 hatte ich schon 450 Stunden auf der D-ECME runtergedroschen. Wenn das alles mit dem Auto hätte gefahren werden müssen! War ein Ziel weiter weg war als 200 km, bin ich geflogen.

Mit dem Fliegen nach Finnland, Schweden oder Norwegen im Winter war man auf solche Verhältnisse eingestellt. Mit meinem Kunden Mayer, Rundumtorbau aus Schrobenhausen, sollte ich wieder mal nach Norwegen zur Holzbesichtigung gehen. Wir flogen also von Donauwörth mit Zwischenlandung in Bremen nach Oslo. Es war Frühjahrswetter am 2.3.1977, mit tiefer Bewölkung und etwas Eis beim Anflug. Ich dachte, das würde schon abtauen über die nächsten zwei Tage.
Wir besuchten einige Lieferanten. Wurden mit Smörgåsbord verwöhnt. Der Lachs schmeckte meinen Mitfliegern so gut, dass sie zwei Mal nachbestellten.
Am 4.3.1977, nach langen Straßenfahrten, kamen wir spät nachmittags um 16:30 Uhr wieder zum Flugplatz in Oslo. Überraschend hatte es in der Nacht heftig geschneit und die Temperatur war weit unter 0° C. Das Flugzeug am Parkplatz hing mit dem Bugrad in der Luft. Das Leitwerk am Boden. Der Schnee ca. 20 cm dick auf der Maschine. Ich nahm den Besen aus dem Flieger und wollte den Schnee abkehren hatte jedoch keine Chance. Es war eine feste Schicht von Eis auf Tragflächen und Rumpf. Auch auf der Nase war noch das Eis vom Anflug, nur leicht nach unten gerutscht.

Vor der Enteisung in Oslo

Neben unserem Flieger war ein Falcon 10 Jet geparkt, auch voller Schnee und Eis. Da kam ein LKW angefahren mit Enteisungstank auf der Ladefläche.
In Minuten hatte der Fahrer den Jet vom Schnee und Eis befreit. Als ich nach den Kosten fragte, waren das umgerechnet 300,00 DM. Ein schöner Batzen, mit dem wir nicht gerechnet hatten. Da fiel mir ein, dass noch ein Flachmann mit Schnaps in meinem Gepäck war.

Das ist in den nordischen Staaten ein beliebtes Mitbringsel. Ich zog diese kleine Bottle aus der Tasche und fragte den Fahrer mehr Spaßes halber, ob das auch eine Bezahlung wäre. Nur eine Sekunde verging bis zu seiner Entscheidung. Wir wichen vom Flieger zurück und er wurde mit Enteisungsmittel überschwemmt. Nach zehn Minuten konnten wir starten.

Durch die Enteisungsaktion und Flugplanverschiebung um mehr als eine Stunde war es schon Nacht beim Start um 18:53 Uhr. Wir flogen bei einigermaßen klarem Wetter ab.

Auf Reiseflughöhe in 10.000 ft. war plötzlich der Funk gestört. Auch die VOR-Nadel wurde unruhig. Ich machte den Scheinwerfer an und da sah man Schneefall oder Graupel auf uns zukommen. Um meine Mitflieger nicht zu beunruhigen, schaltete ich den Scheinwerfer wieder aus. Plötzlich war um die Scheibe ein "Halo" entstanden und vom Kompass zur Scheibe leuchtete ein Lichtbogen in bläulichem Licht auf.
Ebenso schnell wie sie gekommen war, so schnell war die Inzidenz auch wieder verschwunden. Wir sahen die Sterne und waren aus dem Niederschlag herausgeflogen. Der Kurs war um 15 Miles versetzt. Der Funk war wieder klar verständlich. Wir waren also richtig mit Strom aufgeladen gewesen.
Wir hatten am nächsten Tag einen Besuch in Hamburg vereinbart und sind dann dort um 20:15 Uhr gelandet. Natürlich haben wir am Abend auch die Reeperbahn besucht. Alles war wieder in Butter.
Über den Vorfall habe ich mir auch Gedanken gemacht. Wir installierten zuhause daraufhin Electric-Static-Ableiter an Tragfläche und Leitwerk. Die starke statische Aufladung hat sich dann nie wieder gezeigt.

Ronde de Nuit, Frankreich

1980 haben wir, Ernst und ich, an der Ronde de Nuit in Frankreich teilgenommen. Ein Flug IFR bei Nacht durch ganz Frankreich.
Er startete in Reims und endete in Deuville an der Nordsee über Köln und Brüssel. Da waren Abflüge als Prüfung eingebaut, wie z.B. dem ILS im Steigflug zu folgen. Die Abweichungen wurden vom Radar überwacht und benotet. Wir hatten das nach unserem Gefühl perfekt abgeflogen und uns 100 % der Punkte erhofft. Am Ende war aber dieser Punkt bei uns überhaupt nicht bewertet worden. Auf die Frage nach der Preisvergabe gab uns die Wettbewerbsleitung lapidar zur Antwort: "Wenn da nichts auf der Karte steht, dann sind Sie auch nicht geflogen." So ein Schmarren. Wir hatten sogar mit der Flugsicherung in Reims Kontakt und wurden vom Kontroller belobigt, weil wir so exakt auf dem

ILS waren. Die Aussage der Wettbewerbsleitung hat uns mehr als geärgert. Wahrscheinlich wären wir auf den vordersten Plätzen gelegen, aber das sollte bei Deutschen nicht sein. Als andere Aufgaben erhielt man z.B. ein paar farbige Couverts. Man bekam von der Flugsicherung einen Funkanruf irgendwo über Frankreich und sollte das rote Couvert öffnen und die darin enthaltene Frage innerhalb bestimmter Zeit beantworten. Zum Beispiel: Sie befinden sich jetzt in 10.000 ft. Höhe. Wenn der Motor jetzt ausfällt, wie weit reicht ihr Gleitweg und auf welchem Flugplatz können Sie noch landen. Das musste dann per Funk als Antwort durchgegeben werden. Die genauen Antworten wurden benotet. Dazu natürlich genaue Zeitanflüge über bestimmten Funkfeuern. Es war schon eine tolle und anstrengende Angelegenheit.

Wir belegten den siebten Platz von 35 Teilnehmern und waren trotz der fehlenden Punkte aus Reims stolz auf unser Ergebnis. Ein Handicap mit der ME war, dass sie nur einen Wingleveler als Autopiloten hatte. Der hielt nur die Maschine in der Waage und sie musste schön ausgetrimmt werden, sodass man die Höhe hielt und den Kurs. Das musste alles mit Hand gesteuert werden. Alle ILS-Anflüge also mit Handsteuerung. Durch die viele Übung klappte das auch hervorragend. Es erforderte viel mehr Aufmerksamkeit als mit einem dreiachsigen Autopiloten.

Ein paar Jahre später versuchten wir das noch einmal. Start in Paris Le Bourget und dann zum Ende in Cannes. Auch diese Rallye beendeten wir im Mittelfeld. Ein Problem war oft die Verständigung. Die Franzosen sprechen nur französisch untereinander, auch im Funk und so konnten wir meistens dem Funkverkehr nicht folgen. Wir waren mehr oder weniger mit zwei anderen deutschen Mitfliegern alleine.

Nach dem Ärger mit der Organisation auf der Rallye nach Amerika und auch bei den Nachtrallyes waren wir auf die Franzosen gar nicht mehr so gut zu sprechen.

Cognac-Rallye

Es kam eine Ausschreibung für einen Wettbewerb in Cognac. Darin hatte ich eine Chance gesehen, die Franzosen mal so richtig auszuschmieren.

Die Ausschreibung bewertete die weiteste Anreise x Passagierzahl im Flieger geteilt durch die PS x 100 als Startpunktezahl. Dazu kam ein pünktlicher Zeitüberflug am Flugplatz Rennes mit Ziellandung. Dort bekam man theoretische Flieger-Aufgaben und Bildbogen zum Identifizieren auf bestimmten Kursen oder auf Koordinatenpunkten. Nach weiterer Ziellandung kam noch eine Cognac-Probe, um den richtigen aus acht verschiedenen zuzuordnen. Der Sieger wurde mit Cognacflaschen aufgewogen, d.h. sein ganzes Gewicht mit bestem Cognac (Martell, Courvoisier und anderen), jeweils gesponsert von den Cognacproduzenten.

Meine Planung lief dann so, dass ich mir in Donauwörth den schwersten meiner Fliegerkollegen ausgesucht habe, den Hermann Mayer mit 120 kg, von Berufs wegen Verkäufer von Unterwäsche aus Angorawolle. Als zweiten Teilnehmer dazu aus Giengen den leichtesten, Fliegerfreund Udo Schäfer, mit nur 60 kg.

Angora-Mayer habe ich als Pilot eingetragen und setzte ihn neben mich auf den Co-Pilotensitz. Er war ein Anfänger und ich sagte zu ihm, er solle ruhig sitzen bleiben und zusehen, wie das ginge und in Cognac nur aufstehen, wenn der erste Preis aufgerufen würde und sich dann wiegen lassen.

Als Flugzeug nahm ich meine MS 880 Morane mit den lausigen 100 PS. Der Flug sollte direkt nach Rennes gehen bis zum geplanten Zeitüberflug. Natürlich mit Flugplan. Also wurde der VFR-Flugplan aufgegeben von Donauwörth nach Rennes. Eine unmöglich lange Strecke für die 880er. Wir sind dann losgeflogen und haben in Dijon eine Zwischenlandung eingelegt. Ganz schnell getankt und auf die Frage, woher wir kämen, etwas geflunkert und Straßburg angedeutet. Nach 20 Minuten waren wir wieder in der Luft und folgten unserem Flugplan. Niemand hatte das mitbekommen. Wir hatten ja auch eine Flugzeit von 7 Stunden angegeben für die ca. 1.100 km lange Strecke.

Pünktlich auf die Sekunde zu unserer vorgegebenen Zeit machten wir unseren Überflug in Rennes. Unsere ersten Punkte wurden ohne Rückfrage eingetragen. Dort war Übernachten angesagt und es war ein tolles Fest im Spielcasino von Rennes. Das können die Franzosen, wussten wir ja noch von der Amerika Tour. Udo war da auch Fachmann und zeigte mir, wie das mit dem Roulette so geht. Prompt habe ich 100,00 DM verloren, dann auf Farbe gesetzt und sie wieder zurückgeholt. Das reichte mir dann mit dem Spielen bis heute.

Am nächsten Tag wieder Start mit den üblichen Aufgaben und Landung auf dem Flugplatz Cognac. Den Cognac-Test haben wir total vergeigt. Cognac war nicht unsere Stärke.

Bei allen anderen Aufgaben lagen wir gut im Rennen. Vor allem die Zeitüberflüge wurden mit Punkten sehr gut bewertet.

Gerade dafür habe ich aber auf den vielen Wettbewerben eine besondere Taktik entwickelt, so dass da absolut nichts mehr schiefgehen konnte. Die passten immer auf die Sekunde. Es kam nur drauf an, wie genau der Beobachter am Boden nach oben geschaut und seine Stoppuhr gedrückt hat.

Das ging so, dass auf der Landkarte in Anflugrichtung zum Überflug eine Linie gezogen wurde. Dazu sind Querlinien im Abstand von 1 cm eingetragen worden, ca. 5-10 Linien. Der Abstand betrug somit 2 km auf der entsprechenden Karte. Mit dem Flugzeug wurde eine Geschwindigkeit von 120 km/h eingependelt und bei Überflug eines jeden Striches geprüft. So konnte das auf der Strecke bis zum Überflug genau eingependelt werden und Wind und Abtrift war auch gleich korrigiert. Über die Flächenkante entlang gesehen hat man so mit den Bodenmarkierungen den genauen Vergleich gehabt. Minute um Minute wurde so genau abgeflogen.

Der Abend zur Preisverleihung fand im Stadtsaal von Cognac statt. Mehr als 300 Gäste waren anwesend. Wir und eine Besatzung aus Hamburg waren die einzigen deutschen Teilnehmer. Und tatsächlich, man begann die Sieger vom 20. Platz aus rückwärts zu beglückwünschen, es kam der dritte und zweite Platz und wir waren noch nicht dabei. "Mach dich fertig", sagte ich zu Hermann, "sofern die uns jetzt nicht wieder rausgeschmissen haben, kommt jetzt Dein Auftritt bei der Rallye."

Umständlich wurde erklärt, dass der erste Platz diesmal ans Ausland gegangen sei, an Hermann Mayer mit seinem Co-Piloten Kimmerle, Michael.

Als Hermann dann aufstand, der volle Saal zu unserem Tisch sah, brach ein überwältigender Applaus los. Der schwerste Mann im Saal trat nach vorne auf die Bühne, ich bescheiden daneben, und Hermann wurde auf dem Sitz der großen Waage platziert.

Die Waage, ein ca. drei Meter hohes Pendel mit einer Palette auf der anderen Seite. Eine Kiste mit Cognac wurde aufgelegt, dann die nächste und jedes Mal mit Applaus begleitet. Es war fast peinlich. Aber mehr und mehr Kisten wurden aufgefahren. Man musste sogar zwei Kisten aus einem Lager holen, mit so viel Gewicht hatte die Wettbewerbsleitung im Traum nicht gerechnet. Mit feinen Portionsfläschchen wurde umständlich austariert, bis Hermann und der Cognac sich die Waage hielten.

Die ganze Zeit hatte ich peinliche Bedenken, ob denn niemand drauf käme, dass das mit der weiten Anreise irgendwie nicht stimmen könnte und sie uns eventuell mit Schimpf und Schande nach Hause schicken würden.

Aber ich denke, der auffallend starke Pilot hat so viel Aufmerksamkeit erhalten, dass an unseren Schwindel gar niemand gedacht hat.

Den Cognac konnten wir natürlich mit unserer Morane nicht mitnehmen. Diese Aufgabe habe ich dann an Hermann delegiert. Er organisierte die Fracht nach Donauwörth, klärte sogar mit dem Zollamt dort, dass wir keinen Zoll bezahlen mussten. Irgendein Paragraf wurde gefunden, dass ein Gewinn nicht zu verzollen wäre. Jedenfalls hatten wir so 125 kg Cognac zu Hause. Hermann hatte 5 kg mehr gewogen als er mir angegeben hatte.

Die Morane war so oder so hoffnungslos überladen.

Der Unfall mit der ME

Es ging aber nicht immer alles so glatt, wie es den Anschein hatte.
Am 16.4.1980 sollte ich wieder mal mit unserem Kunden Mayer aus Schrobenhausen, der die superpraktischen Rundumtore baut, zu einer Holzübernahme nach Schweden/Gävle fliegen. Der Sohn von meinem Fliegerfreund Wolfram Proeller wollte noch in Münster/Westfalen abgesetzt werden. Das war mir ganz recht, denn so konnte ich das mit dem Ausflugszoll verbinden. Wir kamen zum Flugplatz und haben nicht sehr weit gesehen. Es hing Nebel über dem Platz. Zusätzlich war noch an den Tagen zuvor heftiger Regen gefallen. Der Platz stand in großen Teilen unter Wasser.
Wir rollten zum Startpunkt 09 auf dem damaligen Grasplatz. Bis zum Querweg, der über den Flugplatz führte, das Stück mit festem Boden, waren es rund 200 m, bis dahin wollte ich in der Luft sein. Es gelang nicht ganz, wir waren voll beladen. Fast war die Abhebegeschwindigkeit erreicht, da bremste im weichen Boden der Flieger ab und drehte leicht nach links.

Ich riss die Maschine vom Boden weg. Da war aber noch ein Blechreiter von der Rollbahnmarkierung im Weg, den das linke Rad in halber Höhe erwischte. Ich war aber in der Luft, drückte

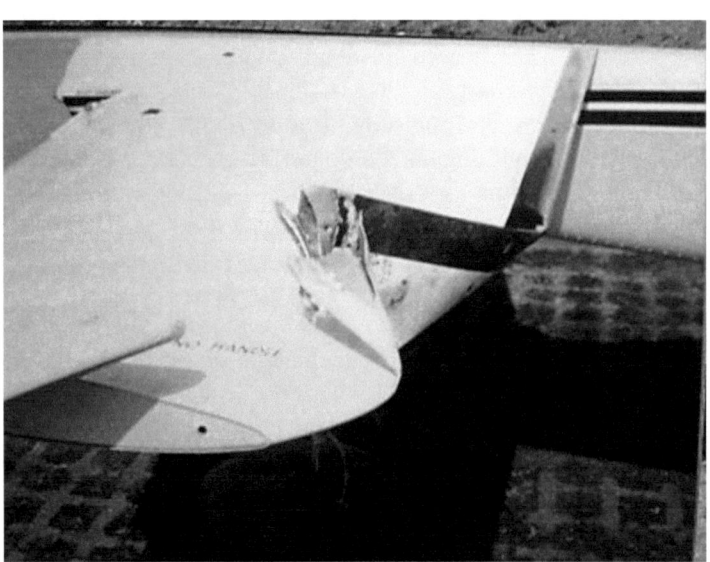

Die eingedrückte Höhenflosse hatte das Schütteln verursacht

nach und realisierte ein starkes Schütteln am Höhenruder. Das fühlte sich gar nicht gut an. Sofort leitete ich wieder die Landung ein. Bei einer Sicht von vielleicht 100 m sah ich wieder Boden unter mir und setzte auf. Wegen des Grabens am Ende der Bahn steuerte ich die Maschine nach rechts ins angrenzende Feld. Das war aber einige Tage vorher frisch gepflügt worden. So kam es, wie es kommen musste. Das Bugrad grub sich in den Boden.

Der Propeller schlug auf dem Ackerboden auf. Die Erde flog wie bei einem Kartoffelroder im Kreis vor der Maschine und wir standen.

Etwas bleich, meine Fluggäste hatten das gar nicht so recht mitbekommen, was da passiert war, so schnell war das alles abgelaufen, stiegen wir aus.

Allen ist Gott sei Dank nichts passiert, außer einem kleinen Schreck. Die Strebe des Bugrades war gebrochen und durch die Wucht des Propellers im Boden hat sich auch die Motoraufhängung leicht verzogen. Die ist bei der Bonanza voll in der Rumpfkonstruktion integriert.

Eine Stunde später hatte sich der Nebel komplett aufgelöst.

Zum Glück hatten wir die MBB-Hubschrauber- und Flugzeugfabrik in Donauwörth. Ein Fachmann, Herr Reiter, hat in Feierabendarbeit die Aufhängungen und die ganze Cowling neu aufgebaut. Die Rohteile waren gar nicht mal so teuer, damals von Beechcraft aus Wichita.

Am 1.10.1980 war die Reparatur beendet, die Maschine vom Prüfer abgenommen und der erste Start erfolgte wieder nachmittags am 15.12.1980.

In der Zwischenzeit hat mir der Verein die Commodore und mein Freund Franz Schröttle seine 182er Cessna zur Verfügung gestellt. In Augsburg holte ich manchmal eine Bonanza 36. Sehr selten benützte ich noch die Monsun aus Giengen. Da war der Abflug während der Woche mit zu viel Aufwand verbunden.
Die kleine Morane war für die Reisezwecke einfach nicht mehr geeignet. Ich wollte bei jedem Wetter Termine machen und das ging mit einem VFR-Flieger nicht.

Frankreich

Sehr oft bin ich zum Holzverkaufen in Frankreich unterwegs gewesen. Später hatten wir einen Vertreter in Nantes, Herrn Lorant, und einen in Paris, Herrn Chaussivert.
Es fiel mir erstmals auf einer Urlaubsreise mit meinen Freunden aus Mühldorf auf, dass in Frankreich unser Holz gebraucht werden könnte.
Ich hatte mir eine 182er Cessna gechartert und Herr Riegam ist mit seiner Piper Arrow mit unterwegs gewesen. Der Flug ging über England nach Irland und von Cork sind wir nach Saint Malo geflogen. Dort haben wir Mittag gemacht in einem Hafenrestaurant mit wirklich feinstem Fisch. Freund Riegam verzog das Gesicht, er wollte keinen Fisch. Was er denn möchte, war die Frage vom Kellner, einem Deutschen, der während der Saison dort arbeitete. "A Schnitzel dad i mög'n". "Jetzt bist in Frankreich und am Meer und da isst man Fisch." Er gab nach und dann war der Bann gebrochen. "Ich hab gar nicht gewusst, dass Fisch so was Gutes ist!" Er war geheilt von seinem Vorurteil.
Bei der Suche nach einem Hotel sind wir aufgelaufen. Es war Hochsaison in Frankreich, August, jeder war auf Reisen, alles war voll. Also sind wir weiter nach Nantes geflogen und weil dort auch nichts zu haben war, nach La Baule.
Auch dort kein Unterkommen, also mieteten wir uns zwei Autos, schön darauf bedacht, dass sich auch die Sitze ganz umlegen ließen. Wir kauften uns Luftmatratzen (mit eingebautem Kompass, dass man bei Aufkommen von Seenebel auch wieder zur Küste rudern konnte) und konnten so an der Campingecke des Flugplatzes übernachten. Es war so schön, dass wir noch ein paar Tage blieben. Helma und ich haben in der Cessna (auch mit Liegesitzen und Luftmatratzen) übernachtet.
Bei einem Fußmarsch zur Küste gingen wir an einem Neubau vorbei, da lagen ein paar Pakete mit Schnittholz aus Canada. Die berühmten 2' x 4' und 2' x 6', wie sie auch beim Hausbau in Amerika für die Erstellung von Wänden und

Dächern verwendet werden. In Frankreich allerdings nur für die Dachkonstruktion.

Zur Illustration gibt es in Amerika die bekannte Story: Die Lehrerin fragt den Schüler: Womit hat Kain wohl den Abel erschlagen? "I am sure it must have been by a 2' x 4'", war die Antwort. Ein anderes Format kennt man in Amerika gar nicht.

Das Material können wir bestimmt billiger und qualitativ auch besser liefern, dachte ich. Ich fragte am Bau herum, wer das Holz liefere. Keine Verständigung war möglich. Ich kein Französisch, die Leute vom Bau kein Deutsch oder Englisch. Aber nach vielem Deuten machte einer der Leute ein Zeichen und er meinte damit: warte mal. Er schickte einen Helfer irgendwo hin in La Boule und kam mit einer Schülerin zurück, die Deutsch konnte. Schon war der Zusammenhang geklärt. Das Holz wird über einen Makler geliefert, der in Nantes wohnt. Man gab mir die Adresse und ich fuhr hin. Wieder dasselbe Malheur mit der Sprache. Auch hier wurde ein Dolmetscher gefunden.

M. Lorant war sehr interessiert an einem Angebot von uns und wir wurden noch am selben Tag einig, eine Ladung mit 30 cbm zu liefern.

So kam ich noch oft nach Nantes mit der Bonanza und es entwickelte sich ein jahrelang anhaltendes Geschäft mit Lorant. Auch seine Kinder verbrachten Ferien bei uns in Höchstädt. Wir waren von da an einige Jahre sehr gut in diesem Geschäft und so hat sich die Bonanza und das Fliegen wieder einmal mehr gelohnt.

Ich war überzeugt, dass die deutsch-französische Freundschaft wirklich gefestigt sei. Da kam die Weltmeisterschaft im Fußball und Deutschland spielte gegen Frankreich. Zu dieser Zeit waren die zwei Lorant-Buben, ca. 12 und 14 Jahre alt, wieder einmal in Höchstädt in den Ferien. Als die Franzosen verloren hatten, rasteten die zwei richtig aus. Die Boches, die Boches, da war mein Vater, der alte Haudegen und Kriegsheld, gar nicht amused. Die Situation war danach etwas angespannt.

Die befestigte Landebahn Donauwörth

Der Unfall mit meiner ME hat auch der Vorstandschaft in Donauwörth etwas Positives eingebracht. Man konnte besser argumentieren, dass für die Geschäftsfliegerei eine befestigte Landebahn dringend benötigt würde.
 1. Vorstand Helmut Ordemann junior und 2.Vorstand Heiner Gropper konnten mit dem damaligen bayerischen Wirtschaftsminister Anton Jaumann, mit dem Landratsamt Donau-Ries mit Landrat Braun, und „Schüttelschorsch", Landtagsabgeordneter Georg Schmid, gut verhandeln für einen Kredit nach dem nach ein paar Jahren niemand mehr wegen der Rückzahlung gefragt hat.

Das war dann der Durchbruch für die schöne Asphaltbahn in Donauwörth.

Eine asphaltierte Landebahn mit 20x550 m konnte gebaut werden. Gleichzeitig veranlasste ich zusammen mit Rudolf Laurer und Fluglehrer Sepp Sporer die Installation einer Landebahnbefeuerung, um auch nachts den Flugplatz anfliegen zu können.
Dafür erhielten wir mit ein paar Auflagen eine Zulassung vom Luftamt Süd und konnten von 5:00 Uhr morgens bis 10:00 Uhr abends den Platz benützen.
Für das Einschalten der Befeuerung habe ich noch einen speziellen Schalter aus Amerika mitgebracht. Man musste nur auf der Platzfrequenz fünf Mal den Mikroknopf drücken und die Befeuerung ging an.

Paris

In der Holzbranche in Frankreich hatte sich ganz schnell herumgesprochen, dass man dieses spezielle Bauholz auch in Deutschland kaufen konnte. So kam zu uns auch eine Anfrage aus Paris.
Holzmakler Choussivert, ein alteingesessenes Maklerbüro, hatte Interesse. Zu dieser Zeit war mein Schwager für einige Monate in Paris und studierte da auch noch Baukunst. Er konnte Französisch sprechen und wir vereinbarten einen Termin in Paris–Le Bourget mit M. Choussivert, um gleich zusammen mit ihm zurück nach Donauwörth zu fliegen und unser Sägewerk mit unseren Möglichkeiten vorzuführen.
M. Choussivert war begeistert und wir flogen zurück und besuchten am andern Tag gleich zwei Kunden. Einen in Paris und einen in Orleans. Von beiden erhielten wir einen Probeauftrag.
Für die weiteren Besuche habe ich eine pensionierte Geschäftsfrau, Frau Anni Übelherr aus Höchstädt, für die Reisen zum Übersetzen gewinnen können. Sie war perfekt in Französisch, in Wort und Schrift.
Sie war damals 70 Jahre alt und verstand sich mit dem 65-jährigen M. Choussivert bestens. Während ich bei den Autofahrten rund um Paris auf dem Rücksitz seines Citroens mit Luftfederung saß, rissen meine Dolmetscherin und M. Choussivert ihre Witze in Französisch. Manche waren wirklich unter der Gürtellinie, wie mir Anni oft übersetzte. Sie war eine äußerst intelligente und sehr gute Geschäftsfrau. Sie führte jahrelang einen Elektroinstallationsbetrieb in Höchstädt und wir waren mit dem Sägewerk immer Kunde bei ihr.
Wir sind einmal zu einem neuen Kunden in Abbeville geflogen und haben dort ziemlich lange verhandelt. Es sah sehr erfreulich aus, als wir das Büro des Kunden verließen.

Nachdem die Türe geschlossen war, schnaubte M. Choussivert und sagte: "Oh, Madame Übelherr, Madame Dynamit!" Was war geschehen? Der Kunde wollte eine Probeladung mit drei verschiedenen Dimensionen an Holz bestellen. Annie hatte dazu gesagt, dass sie mir das nicht vorschlagen könnte. Wir seien von so weit her gekommen und es wäre eine Beleidigung für mich, einen solch kleinen Auftrag anzunehmen. Also hatte der Kunde für jede Dimension eine ganze Ladung bestellt. Nicht nur M. Choussivert, auch ich war von den Socken.

Als wir mal wieder nach Le Bourget flogen, war es widerliches Wetter. Wir flogen in IMC FL 80 Richtung VOR-Rolampont. Das Eis auf den Flügelkanten wurde immer mehr. Nach niedrigerer Höhe konnte ich den Kontroller nicht fragen, es war die Mindesthöhe. Ich verließ ganz langsam die Höhe und war kurz vor FL 60, um abzutauen, da sagte meine neben mir sitzende Frau Übelherr: "Hat der Kontroller nicht vorher 80 gesagt, wir sind aber in 60!" Sie hatte das mitgekriegt. Jeder andere hätte das in den Wolken gar nicht gemerkt.

Es waren schöne zwei Jahre, die Zeit der Geschäftsbesuche in Frankreich, als eines Morgens, ich denke da noch mit Schrecken dran, die Nachricht kam, dass die französische Währung in der Nacht um 30 % abgewertet worden war. Mit einem Mal war Schluss. Wir hatten die Aufträge immer in Franc abgeschlossen und so an diesem Tag ca. 20.000,00 DM verloren wegen noch ausstehender Zahlungen.

Die Geschäfte mit Frankreich waren zu Ende, auch hatte der fallende Dollarkurs den Markt mit Canada für die Franzosen wieder attraktiv gemacht.

Finnland

Mitte Februar 1981 kam von einem Holzmakler ein erstklassiges Angebot für ein paar tausend Kubikmeter finnischen Fichtenholzes. Bei uns war der Preis von den Forstgesellschaften durch Versteigerungen unverhältnismäßig in die Höhe getrieben worden.

Ich wollte das Holz in Finnland ansehen und habe den Makler in Hamburg mit an Bord genommen. Weiterflug über Stockholm zum Tanken, nach Helsinki, wo wir um 17:50 Uhr bei Rabenschwarzer Nacht gelandet sind.

Am anderen Tag fuhren wir zum Flugplatz bei minus 25° C. Da hatte ich schon etwas Bammel, ob sich der Motor der Bonanza starten ließe. Natürlich nicht! Eine einzige müde Umdrehung, das war's. Aus dem Büro der Flugleitung grinsten ein paar Gesichter. Sie dachten wohl, da steht so ein Greenhorn und hat keine Ahnung. Als ich wieder aus der Maschine stieg, kamen sie sehr freundlich auf mich zu und sagten, ich solle ein wenig warten sie kämen mit einem Heizgerät. Das Heizgerät hatte drei Schläuche von ca. 11 cm Durchmesser und wurde mit einem Heizölbrenner betrieben. Sie steckten zwei Schläuche über die Auspuffrohre und einen durch das Schlechtwetterfenster in die Kabine. Ich drehte langsam am Propeller den Motor durch und nach 10 Minuten startete der Motor auf die erste Umdrehung.

Der Flug ging nach Laparanta nördlich von Helsinki über eine verschneite Seenlandschaft und weite Wälder. Wir landeten auf

einem geräumten Flugplatz und haben nach der Landung nur Schneewälle links und rechts der Bahn gesehen.
Einige Mig-Düsenjäger standen zum Abflug bereit und trainierten Zielanflüge auf große Zielscheiben am Rande des Feldes.
Wir besichtigten einige Partien Holz und flogen zur nächsten Partie um 12.25 Uhr nach Kuopio. Von dort spät abends im Dunkeln zurück nach Helsinki.

Laparanta - Landebahn Februar 1981

Am 17.2.1981, morgens 8:35 Uhr, nach Tampere, wieder Holzbesichtigung im Wald. Es dauerte länger als geplant. Der Makler blieb in Finnland und ich kam erst spät um 16:40 Uhr wieder in die Luft. Es war ein Flug nach Gävle in Schweden geplant, wo ich noch Holz abnehmen sollte. Herr Michel, mein Aufkäufer in Schweden, war per Auto von Karlstadt aus schon vor Ort.
Der Flugplan wurde angenommen und ich düste los. Es war schon fast Nacht um 16:39 Uhr. Quer über die Ostsee, fast nichts zu sehen. Nur vereinzelte Lichter auf den Schereninseln im Bottnischen Meerbusen.
Als die schwedische Flugsicherung Kontakt mit mir aufnahm, wurde mir erklärt, dass Gävle geschlossen sei und niemand vor Ort. Nach einigem Hin und Her kam per Funk zurück, dass sie Kontakt mit dem Flugleiter von Gävle hätten und er bereit sei, wieder zum Platz zu fahren und die Landebahnbefeuerung einzuschalten.
Als ich über Gävle ankam, der Radiokompass zeigte den Weg, war nur Dunkelheit unter mir. Keine Antwort am Funk. Ich hatte jetzt schon ein wenig Sorge, ob ich wieder zurück nach Stockholm fliegen müsste. Als ich wieder mit der Flugsicherung Kontakt aufnehmen wollte, gingen die Lichter der Landebahnbeleuchtung an. Kurz darauf auch Antwort am Funk.
Mit einem NDB-Anflug landete ich auf der Bahn 09, leicht schneebedeckt, um 17:48 Uhr.
Am 18. und 19.2.1981 Flug nach Schweden-Söderham, Borlänge, Örebro und Malmö. Am 19.2.1981, abends 17:11 Uhr, ein Nachtflug nach Münster in Westfalen, FL 100. Eine geschlossene Wolkenbank in ca. 8.000 ft. über ganz Norddeutschland, es war leicht mondhell und ein ruhiger Flug.

Das Wetter für Münster war gemeldet mit leichtem Schneefall, aber auch Meldungen von starker Vereisung unter 8.000 ft. An der Bonanza hatte ich damals noch keine Enteisungsanlage.

Der Anweisung der Flugsicherung, weit vor Münster auf 4.000 ft. zu sinken, widersprach ich. Ich wollte bis ganz dicht an Münster heranfliegen und dann mit einem starken Sinkflug auf dem Localizer 27 bis zum Gleitpfad hinunterfliegen. Die Flugsicherung akzeptierte das.

Es funktionierte bis auf eine Höhe von ca. 2.000 ft. über Platzhöhe und ich war sauber auf dem ILS, als die rote Flagge im Instrument einschwenkte und einen Fehler meldete. Ich fragte den Tower, ob es Probleme mit dem ILS gäbe, "Nein", war sofort die Antwort, "alles O.K." Doch die Gleitweganzeige hat wenigstens noch funktioniert.

Inzwischen war schon mächtig Eis an den Flügelkanten, ca. 3-4 cm. Da konnte ich nicht mehr abbrechen für einen neuen Anflug. Also hielt ich den Sinkflug bei und ebenso den vorher geflogenen Landekurs und kam in ca. 200 ft. ca. 50 m seitlich der Bahn über dem Taxiway mit den blauen Lichtern heraus aus den Wolken. Ich war zu schnell, wollte aber nicht die Landeklappen ausfahren und die Aerodynamik des Flugzeugs auf keinen Fall verändern. Sagte dem Tower, sie sollten die Landelichter für die Gegenseite einschalten und ich würde von der anderen Seite landen. Das wurde blitzartig erledigt und mit einer schnell geflogenen Kurve war ich im Anflug auf die 09 von Münster und setzte mit ca. 100 kt auf. Es war 18:53 Uhr. Das Eis war inzwischen auf 5-6 cm angewachsen und auch die Frontscheibe war komplett zugeeist. Nur durch die Seitenfenster konnte die Sicht aufrecht erhalten werden.

Als ich auf dem Parkplatz stand, kam eine Besatzung eines Metro Liner-Turboprop auf mich zugelaufen. Die glaubten nicht, dass die Bonanza noch so zu fliegen gewesen sei. Ihren Flug hat die Besatzung nicht mehr angetreten. Es war ihnen zu gefährlich. "Bei diesem Wetter fliegen wir nicht!" Ich wäre ja auch nicht mehr gestartet.

Was war mit dem ILS passiert? Es war so viel Eis am Leitwerk aufgebaut, dass die beiden Antennen für den Localizer–Empfang mit dem Eis verbunden waren und so einen Kurzschluss verursachten, der das Instrument nicht mehr nutzbar machte. Die Antenne habe ich gleich, nachdem ich wieder zuhause war, austauschen lassen gegen zwei neue, die in Flossen seitlich am Leitwerk angebracht wurden und nicht mehr vom Eis gestört werden können.

Ich war aber auch richtig froh, unten zu sein. Im Winter zu fliegen ist schön, verlangt aber auch viel mehr Wetterbeachtung. Bis dahin standen 1.914 Stunden in meinem Flugbuch.

First Transatlantic Air Race: Paris–New York–Paris

Im Juni 1981 schrieb der französische Aeroklub die Transat-Rallye aus. Von Paris nach NewYork und zurück. Ich rief Ernst an und er war sofort einverstanden. Unsere Frauen allerdings nicht. "Viel zu gefährlich, Ihr habt

Kinder, was stellt Ihr Euch denn vor, wenn da was passiert?" Es war nicht ganz einfach, überzeugende Argumente zu finden. Wir gaben nicht nach und die Reise wurde geplant.

Als erstes musste die Bonanza auf mehr Reichweite getrimmt werden. Dazu haben wir einen Überführungstank von Beech aus Augsburg bekommen, den sie sowieso nicht brauchten, dazu die Einbauteile. Alle neuen Bonanza wurden mit so einem Tank ausgestattet und über den Atlantik geflogen. Der Inhalt war 400 Liter. So hatten wir 300 Liter in den Haupttanks und zusammen ca. 700 Liter, also genug für mehr als 11 Stunden Flugzeit oder 3.300 km.

Der Zusatztank mit 4oo Liter

Den Einbau erledigte ein Fliegerfreund, ein Amerikaner, der in Günzburg eine Werft betrieb und amerikanisch zugelassene Flugzeuge wartete. Zusätzlich installierten wir ein Kurzwellenfunkgerät mit langer Antenne von der Flügelspitze zum Leitwerk.

Das war Vorschrift für die langen Überwasserstrecken.
Nach Abnahme und Zulassung der Einbauten von einem deutschen Wartungsbetrieb mit Prüfer waren wir für den Flug bereit.
Für den Abflug trafen wir uns in Paris Le-Bourget. Dort fand zum Zeitpunkt des Abflugs auch die französische Luftfahrtmesse statt und mit großem Pomp wurde auf die Rallye hingewiesen. Da standen ca. 30 Flugzeuge in Reih und Glied für den

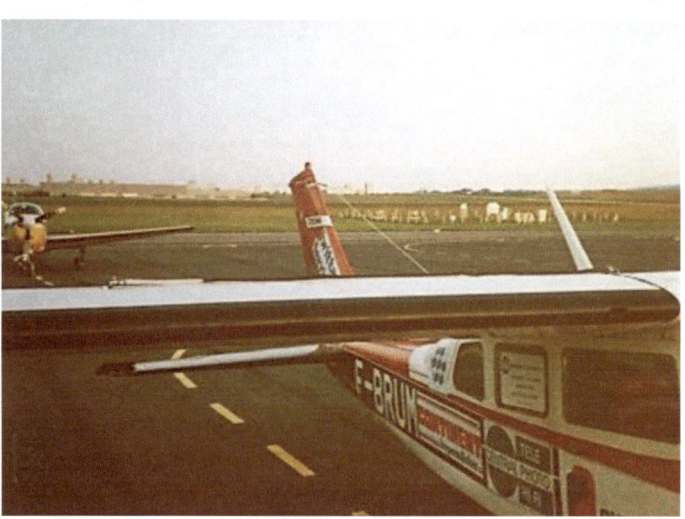

Die Benzinleitung über der Tragfläche, auch noch im Auftriebsströmungsbereich?

großen Wettbewerb bereit. Bei einer Besichtigung der Flugzeuge unserer Kollegen waren wir sehr erstaunt, wie sorglos manche das Problem mit dem Zusatztreibstoff gelöst hatten.

Da stand eine Cessna 210 mit 2 x 200 Liter Drums, festgeschnallt mit dem Gurtzeug an der Stelle der Rücksitze. Die Benzinleitung bestand aus Plastikschläuchen von 10/12 mm Durchmesser. Der Schlauch wurde durch ein Loch im Kabinendach und oben auf der Fläche zu den Tankdeckeln mit Loch und einer zweifelhaften Abdichtung geführt. Das Benzin sollte mit einer Handpumpe zu den Flächentanks geleitet werden. Wir wunderten uns alle sehr wie das wohl ausgehen würde.
Der nächste mit einer Cherokee 6 hatte es ähnlich gemacht. Da lag nur ein Fass mit 200 Litern hinten drin. Er erklärte, dass er alles dicht habe und das Benzin, mit einer Luftpumpe den Druck auf das Fass gebend, in die Tanks leiten wolle.
Wir hatten da sehr viel mehr Aufwand getrieben. Es wurde extra ein neues Verteilerventil eingebaut, das uns erlaubte, jeden Tank, auch den Zusatztank, extra anzuzapfen, ohne irgendwelche Extrapumpen. Wir fühlten uns in dieser Sache etwas sicherer.

Am Rand stand auch eine Piper Navajo, eine zweimotorige. Erstmals sahen wir da die Propeller mit Wingtips, also Propeller, die an den äußeren Enden ca. 3 cm um 90° umgebogen waren. Das sollte den Wirkungsgrad erhöhen und auch den Lärm dämpfen. In der Passagierkabine der Navajo war ein Gummitank gelegen mit ca. 1000 Litern Inhalt oder mehr. Und am Bug war ein langes offenes Rohr angebracht. Was das wohl sein sollte? Die Besatzung kam aus Australien angeflogen.
Am Freitag ein umfangreiches Briefing mit anschließendem Festabend zum Abschied, mit feinstem Büffet. Es waren aber so viele Franzosen anwesend, dass wir gar nicht erst zum Büffet durchkamen. Als wir endlich vorrücken konnten, war schon alles abgeräumt. Mit Ernst ging ich dann in der Nähe in ein Restaurant. Wir waren schon etwas sauer. Nur die Franzosen waren wichtig. Kein Wort bei den Ansprachen von den Weithergereisten anderer Nationen. Nur spärliche Informationen in Englisch. Der Rest war bedrucktes Papier. Das sollte uns noch mehr Verdruss bereiten.
Dann ging es los am 4.7.1981. Sehr früh um 5:00 Uhr, es war noch dunkel, ging's nach Prestwick in Schottland. Dort schnell nachtanken und weiter nach Reykjavik in Island. Es ging ja darum, wer am schnellsten in NewYork ankommen würde. Jeder mit einem spezifischen, seinem Flugzeug zugeteilten Geschwindigkeitshandicap. Start und Landezeiten wurden genau festgehalten.
Auf dem Flug von Prestwick nach Island verließ uns nach ca. 200 Meilen die VOR-Anzeige. Wir hielten schön den erflogenen Kurs und hofften, dass beim

Aufflackern der Anzeige des VOR von Island der Kurs noch stimmte. Man sagte uns, dass an Island schon einige vorbeigeflogen seien.

Ein GPS gab es damals noch nicht, nur den Radiokompass. Da wusste man aber auch nicht genau, wie der Wind sich entwickeln würde.

Als wir die halbe Strecke hinter uns hatten, da gab es einen blechernen Schlag hinter uns, als wäre das Flugzeug auseinander geborsten. Wir waren bleich vor Schreck. Was war da passiert?

Nach einigem Überlegen kamen wir drauf. Der große Zusatztank, aus dem wir zuerst den Treibstoff entnommen hatten, war zur Hälfte geleert. Das Gewicht des Treibstoffes hatte sich reduziert, der Tank war durch das Gewicht von
ca. 300 Kg etwas ausgebeult und hat sich nach dem Verbrauch der Hälfte
wieder leicht zusammengezogen. Später warteten wir auf den zweiten großen Bang, er hat uns nicht mehr übermäßige Angst bereitet.

Es war Samstag. Wir übernachteten in Reykjavik und sind am Sonntag früh wieder aufgebrochen zur nächsten Etappe nach Grönland. Es wurde uns vorgeschlagen, nach Godthab zu fliegen, um mehrere Möglichkeiten als Alternative zu haben. So stand uns im Norden Sondrestromfjord zur Verfügung und im Süden Narsarsuaq. Es war immer möglich, dass innerhalb von Minuten von der See her Nebel aufs Land driftete und eine Landung äußerst gefährlich oder gar unmöglich machte. Godthab hieß dann allerdings, direkt über das Icecap zu fliegen mit seinen ca. 3.000 m hohen Bergen und Gletschern.

Kaum waren wir auf 10.000 ft., unserer Reiseflughöhe, angelangt, machte der Motor einen Husterer. Nur ganz kurz einen Aussetzer in irgendeinem Zylinder. Sofort drehte ich um Richtung Island. Einige Sekunden ratlos, aber der Motor lief wieder rund als wäre nichts geschehen. Wahrscheinlich war das nur ein Wassertropfen oder ein Kohlestückchen zwischen der Kerze. Wir machten uns keine Gedanken mehr. Den Motor habe ich ja vor der Reise gründlich durchprüfen lassen. Alle Zylinder waren innen mit Kamera geprüft worden. Alle Ventile auf genauen Sitz kontrolliert, neue Kerzen eingesetzt, Öl und alle Filter gewechselt. Eben alles, was man zur Pflege seines Lieblings so machen konnte.

Die Zuversicht kam nach einigen Minuten wieder zurück. Es war schönes Hochdruckwetter mit Sicht weit über 100 km. Das Meer unter uns tiefblau, einige Krabbenfischer mit ihren weitausladenden Netzen fuhren unter uns durchs ruhige Meer. Sonst weit und breit keine Menschenseele. Auch von unseren Mitbewerbern auf der Rallye war nichts zu sehen. Wir waren allein in der unendlichen Weite. Am Horizont dann ein weißer Strich. Das Eis kam näher. Im Osten von Grönland, ca. 100 km breit, der Eispanzer mit den Eisbergen.

Kein guter Platz zum Landen.

Wir näherten uns Grönland, sahen die vielen Gletscher, die ihre Eisberge in die See kalben. Vor 70 Jahren kam der Eisberg auch von hier, der die Titanic auf ihrer Jungfernfahrt zum Sinken brachte. Man durfte nicht daran denken, hier  notlanden zu müssen. Wir horchten ganz andächtig auf den Motorlauf.

Der Überflug über das Icecape ist ein ganz besonderer Eindruck. Alles weiß, stundenlang nichts als Schnee und Eis. Die Augen schmerzten. Wir konnten nur mit Sonnenbrille und mit zugekniffenen Augen nach draußen sehen. Wir waren höchstens 500 m über dem Eis mit unseren 10.000 ft. Höhe. Als Wolfgang von Gronau mit seiner Dornier Wal 1930 seinen ersten Amerikaflug unternahm, hatte er ein kratzendes Geräusch vernommen beim Überflug von Grönlands Icecap. Nach einer Weile kamen sie dahinter, dass die Schleppantenne für ihr Kurzwellenfunkgerät auf dem Eis  aufgeschlagen war. Sie waren nur ca. 100 m über dem Eis. Es ist sehr schwer, die Höhe in diesem gleißenden Licht einzuschätzen.

Ernst war für die Navigation zuständig und hantierte mit seinem Winkelmesser auf der Landkarte herum und gab mir den Kurs vor. Die Missweisung in Grönland beträgt ca. 45°W. Der Rollenkompass, der in der ME installiert war, musste deshalb ständig nachjustiert werden.

Wir näherten uns langsam der Westküste Grönlands und mein Radiokompass, eingestellt auf den Sender von Godthaab, zeigte ca. 20° nach rechts. "Ernst, da stimmt was nicht." "Flieg' weiter", war seine Antwort, "das ist eine Fehlanzeige oder Ablenkung von irgendeinem Sender." Ich folgte einfach, wollte ja keinen Kleinkrieg im Cockpit anzetteln. Als wir an die Küste kamen und die Küstenlinie mit der Karte vergleichen konnten, war es klar. Wir waren ca. 50 km zu weit südlich.

Im Anflug auf Godthaab, heute Nuuk, Hauptstadt von Grönland

Es tat mir dann schon etwas gut, dass ich doch Recht hatte mit dem Radiokompass, der uns dann auch ganz einwandfrei zum Flugplatz Goodthab führte. Heute heißt sie wieder Nuuk, die Hauptstadt von Grönland. Der Flugplatz liegt auf einem Felsvorsprung, er wurde dort mit viel Aufwand angelegt.

Auf dem Flugplatz rollten wir gleich zur Tankstelle. Dort erwartete uns die Crew der Wettbewerbsleitung. Sie fragten, warum wir heute schon gekommen seien? "Wir sollen doch so schnell es geht nach NewYork fliegen", war die Antwort. "Heute ist Sonntag, da ist der Flugplatz geschlossen und außerdem kostet an diesem Tag alles das Doppelte, auch das Benzin."

Wir waren ganz schön sauer und bezahlten 1.500,00 DM für Landegebühr und Treibstoff. Das hatten wir bei dem Trubel in Paris in Französisch nicht mitbekommen. Es sei dort gesagt worden, meinte der Franzose auf der Station. Wir waren bedient. Mir schien, der Franzmann hatte seinen Spaß daran, dass es uns erwischt hatte. Er hatte uns vorher nicht informiert und seelenruhig tanken lassen. Das hätten wir auch noch am Montag früh machen können und dadurch 700,00 DM sparen können.

Wir fuhren mit einem Bus, den ein Eskimo mit großem Cowboyhut steuerte, in die Stadt. Sie liegt links unterhalb des Flugplatzes. Es war ja schon Juni und wir waren auf Wärme eingestellt. Laut Aussage des Hotelmanagers war es der erste wirklich sonnige Tag in Nuuk. Die Kinder badeten im Meer. Wir froren schon beim Hinsehen. Und die sind nackt ins Wasser gesprungen und hatten eine richtige Freude an dem Tag. Was sind wir doch für verweichlichte Kreaturen.

Am Abend in Nuuk saßen wir im Hotel und aßen den besten Krabbenteller, den wir je bekommen hatten und fühlten uns wieder etwas versöhnt mit der Welt. Da meinte Ernst: "Was sollen wir eigentlich in New York, da waren wir doch schon ein paar Mal und nur da hinfliegen und in der angekündigten Massenhalle übernachten, um wieder zurückzufliegen, ist auch nichts Besonderes. Das Wichtigste haben wir gesehen und bewältigt. Jetzt geht es nur noch etwas übers Wasser nach Goose Bay und dann über diese unwirtliche Landschaft von Labrador." Gewinnen würden wir die Rallye doch nicht, wir hatten ja schon ein paar Wettbewerbe in Frankreich geflogen und wussten von dort, wie gerne in der Berechnung und im entscheidenden Punktevergleich irgendetwas vergessen worden war und ähnliches mehr. Was sonst noch an unverhofften Sondergebühren anfallen könnte, wollten wir auch nicht riskieren.

Entscheidung: Wir fliegen zurück, sehen uns noch Island an und haben eine schöne Reise gehabt.

Am Montagmorgen fuhren wir zum Flugplatz bei strahlendem Sonnenschein, packten unser Gepäck in den Flieger und waren dabei, unsere Überlebensschutzanzüge anzuziehen. Als wir uns einmal umdrehten, lag der ganze Flugplatz in dichtem Nebel. Wir warteten also, bis es wieder besser würde. Plötzlich hörten wir im Lautsprecher vom Tower einen Notruf an die Feuerwehr, dass ein Anflug einer Maschine bevorstand, die unbedingt landen müsse, weil der Treibstoff zur Neige gehe.

Diese Landung wollten wir uns ansehen und rannten zum Tower, die eiserne Treppe nach oben und da hörten wir auch schon das Motorengeräusch ganz dicht über uns. Das Flugzeug als Schatten über uns, dem Anstieg des Felsens südlich des Towers folgend. Wir erwarteten jeden Moment ein Unglück. Den Berg hatten die Piloten vermutlich nicht in ihrem Plan vor lauter Aufregung.
Sie drehten noch eine Platzrunde und kamen nach fünf Minuten wieder zum Anflug.
Dies ist in Godthab ein Localizer-DME-Anflug von Osten zum Platz mit einem Offset von ca. 15° zur Landebahn. Das heißt, erst kurz vor der Bahn wird auf die

Nuuk-vor dem Start zurück nach Island

Landerichtung eingeschwenkt. Ein sehr heikles Verfahren bei fast null Sicht. Die Seneca kam auf der Bahn in korrekter Richtung an. Hatte aber viel zu viel Fahrt und setzte erst nach der halben Bahnlänge auf. Wir sahen nur den Schatten und hörten das Pfeifen des Gummis beim Bremsen. Es hatte nur gereicht bis ans Ende der Bahn. Dort sind sie durch die Anfluglichter mit einem Ringelpiez durch und wieder zurück auf die Bahn. Nicht nur wir hatten wacklige Beine. Als wir zum Flieger liefen, ist die Besatzung ausgestiegen. Sie konnten sich kaum auf den Beinen halten, alles Adrenalin war verpufft. Es waren nur noch 10 Liter im Tank. Und die Anfluglichter und das Flugzeug hatten keinen Kratzer abgekriegt.

Sie wollten den kürzeren Abschnitt über Narsarsuaq fliegen, kamen da an und hatten auch dichten Nebel, konnten deshalb nicht landen. So sind sie zum Alternate weiter geflogen und das reichte dann nur sehr knapp.

Ganz schwach sieht man die Seneca über der Bahn, so dicht war der Nebel

Eine andere Maschine ist auch wegen Benzinmangels auf dem Eis gelandet. Die Maschine war Schrott. Sie wurden mit dem Hubschrauber der Grönlandrettung nach Sondreströmfjord gebracht. Wir hatten es wieder mal richtig gemacht. Wir sind dann doch bei Nebel gestartet und waren nach wenigen Minuten wieder in der Sonne. Bei schönstem Wetter kamen wir nach Island zurück. Nach gut einer Stunde gab es wieder mal Unsicherheit wegen der Navigation im Cockpit. "Ernst, ich glaube, wir fliegen zu weit nördlich. Der Radiokompass, Frequenz 700 Hz von Reykjavik, zeigte mindestens 60° nach rechts. "Michael, das sind mehr als 1000 km. So weit reicht der Sender nicht." Ich wollte das nicht so recht glauben.

Im selben Moment kam ein Funkruf: "D-ECME, this is Thule Control, what are your intentions for your route?" – "We are on the way to Reykjavik!" "With this heading you are moving to the North Pole. Your new heading should be 110°". Wir drehten nach rechts. Ernst hatte die Missweisung abgezogen anstatt zum Kurs dazu zu rechnen. Als wir näher an Reykjavik kamen, bestätigte sich

Geysir kurz vor dem Ausbruch

immer mehr, dass unser Radiokompass wirklich auf diese riesige Entfernung richtig angezeigt hatte. Das alte Ding war ein hervorragender Empfänger.
Wir haben uns in Reykjavik ein Auto gemietet und ein Hotelzimmer für zwei Tage direkt am Flugplatz gebucht.

Ernst an der Kontinentalspalte

Somit haben wir eine Reiseerfahrung gemacht, die unseren Kollegen nicht beschieden war. Wir besuchten nämlich die heißen Quellen von Island, sahen die dampfenden Wolken aus den Feldern steigen und standen beide nebeneinander an der Spalte der zwei Erdplatten, die da auseinandertriften. Wir waren gleichzeitig auf zwei Kontinenten, dereine in Europa und der andere in Amerika.

Am Flugplatz, vor unserem Rückflug nach Hause, erfuhren wir, dass zwei Flugzeuge vermisst würden. Das eine war die Cessna 210 mit dem Treibstoffschlauch über der Tragfläche. Vielleicht ist der abgerissen und sie hatten keine Möglichkeit mehr, das Benzin in die Tanks zu bringen. Das andere war die Piper Cherokee, die mit dem 200-Liter-Fass auf dem Rücksitz. Auch hier eventuell eine verrutschte Ladung oder das Umfüllsystem mit der Luftpumpe hat nicht funktioniert. Es kann aber auch ein Motorausfall die Ursache bei beiden gewesen sein. Von beiden hörte man nie wieder etwas. Das Rettungssystem auf dem Ozean war zu dieser Zeit einfach noch nicht reif für die kleinen Flieger.

Eine zweimotorige Partenavia ist nach dem Start schon bei Prestwick notgelandet, nachdem ein Motor gestreikt hatte und der andere zu schwach war, um das überladene Flugzeug zum Flugplatz zurückzubringen. Ein Totalschaden, zum Glück ohne verletzte Piloten. Dann noch eine Cessna 210, die wegen Benzinmangels auf dem Eis von Grönland notlanden musste.

Das alles wohl wegen unzureichender Flugvorbereitung. Wir bereuten unseren Flugabbruch nicht.

Am 7. Juni 1981 starteten wir um 16:09 Uhr in Reykjavík nach Prestwick, wo wir so gegen 19:00 Uhr, also bei Tageslicht, ankommen wollten. Es war hoch im Norden und nahe Mittsommer. Als wir näher kamen, wurden uns schlechte Wetterbedingungen für die Landung genannt.

Wir fragten nach dem Wetter in London, Southend. Da sind beste Bedingungen. Wir verlängerten den Flugplan also dahin. Ankunft so gegen 22:30 Uhr, also bei Nacht. Da wäre der Flugplatz ohne Zollpersonal. Wir durften trotzdem weiterfliegen.

Wir sollten uns am Morgen beim Zoll für die Formalitäten melden. Die Engländer waren sehr zuvorkommend. Sie bestellten uns auch noch ein Zimmer im Hotel in Flughafennähe, teilten uns die Zimmernummer mit, besorgten den Schlüssel. Der liege bei der Flugleitung unter dem Tower bereit. Man wünschte uns einen guten Flug und gute Nacht. Nach 6 Stunden und 26 Minuten Flugzeit waren wir angekommen. Es war 22:35 Uhr.

Anderntags ging es, wie vorgesehen, zurück über Rothenburg o.T. zum Zoll, nach Donauwörth. Eine schöne, erlebnisreiche Reise war zu Ende.

Das Ende der Transat-Rallye war dann auch nicht besonders schön. Wir hörten, dass das Team mit der Piper Navajo als schnellste von Paris in NewYork war.

Die Wettbewerbsleitung hatte aber zunächst den ersten Preis dieser Besatzung verweigert. Sie hatte eine zweite Navajo nach Shannon in Irland gestellt und mit einem 2.000-Liter-Zusatztank in der Kabine ausgestattet. Sie hatte eine für die damalige Zeit hervorragende Navigationsleistung vollbracht und über dem Atlantik die Maschine aus Paris getroffen und in der Luft aufgetankt! Auch das ist eine mit einem Privatflugzeug nie mehr erreichte Leistung.
Der Preis sollte einer französischen Besatzung gegeben werden. Erst auf den Protest vieler anderer Teilnehmer, auch französischer, wurde der Piper-Navajo-Besatzung der erste Preis zuerkannt. Es stand nicht in der Ausschreibung, dass Luftbetankung nicht erlaubt wäre. Die Besatzung hat ohnehin für die Kosten der Reise viel mehr ausgegeben als das erhaltene Preisgeld von 100.000,00 DM. Im Fliegermagazin erschien ein schöner Bericht über die Rallye. Als kritische Anmerkung war darin zu lesen, bei der Rallye sei es von großem Nachteil gewesen, kein Franzose zu sein. Der Nationalismus ließ grüßen.

Festflugplatz in Höchstädt

Ein großes Fest stand an in Höchstädt, die 900-Jahr Feier der Stadterhebung. Festzelt, Umzüge, allerlei Attraktionen wurden geplant und aufgebaut.
Da dachte ich an Rundflüge über Höchstädt. Ich suchte nach einem geeigneten Gelände, um einen Flugplatz einzurichten.
Bei meinem Sägewerks- und auch Fliegerkollegen Keis bei der Galgenmühle wurden wir fündig. Hinter dem Hof gab es eine Wiese mit ca. 600 Meter Länge. Allerdings war diese gekrümmt, hatte eine Kurve mit ca. 20° Abweichung von der Geraden. Ob das Luftamt eine solche Krümmung für einen Platz zuließe?
Ich rief in München an und sollte die Pläne und Karte für den Platz zusammen mit meinem Anliegen einreichen. Es rief mich daraufhin ein Beamter mit Namen P. an. Er wollte einen Besichtigungstermin mit mir vereinbaren.
Mit ihm hatte ich aber vorher eine Auseinandersetzung gehabt, die nicht zu seinen Gunsten ausgegangen war. Er hatte einen unserer Donauwörther Fliegerkollegen angezeigt wegen angeblichen Tiefflugs. Er habe das anlässlich eines Prüfungsflugs mit einem Flugschüler gesehen. Die Folge war eine 500,00 DM Strafe. Nicht nur mein Freund war darüber verärgert, auch mich brachte diese willkürliche Bestrafung zur Weißglut. Ich drängte ihn, Einspruch einzulegen.
Es schickte sich zufällig, dass ein Radarlotse aus Ingolstadt bei uns zu Besuch war und wir über den Fall diskutierten. Dabei stellte sich heraus, dass eine Violation für einen Überflug des Sperrgebietes ausgestellt worden war gegen ein Flugzeug, das an besagtem Tag das Sperrgebiet unerlaubt überflogen hatte. Es war Herr P. mit einem Flugschüler auf seinem Prüfungsflug.

Als herauskam, dass es ein Beamter vom Luftamt Süd gewesen war, wurde der Fall ad acta gelegt.

Nach unserem Einspruch kam eine Einladung aus München für ein Gespräch. Wir fuhren gemeinsam hin. Im Büro des Luftamtes bei der Bayerischen Regierung standen wir im Flur und warteten auf unseren Termin. Aus einem Raum hörte ich die Stimme von Herrn P.

Wir wurden zum Luftamtschef, Herrn L., vorgeladen. Da saß noch ein weiterer Beamter dabei. Wir trugen unseren Einwand vor und erklärten, dass wir keinen Verstoß gegen die Vorschriften sähen. Auch baten wir, doch Herrn P. dazu zu holen, um die Sache auszuräumen. "Herr P. ist nicht da", war die Antwort. Ich wandte ein: "Von einer Behörde hatte ich bis jetzt die Meinung, dass ehrlich gearbeitet wird." Wie ich das meinte, fragte Herr Liebermann. "Herr P. ist da, er ist im Nebenzimmer, ich habe deutlich seine Stimme erkannt. Warum muss man hier lügen?"

Der Kurvenflugplatz Höchstädt

Ich berichtete auch von meiner Information, Herr P. habe eine Ordnungswidrigkeit begangen, diese sei aber, weil er ja zum Haufen gehöre, ungeahndet geblieben. Die Blicke der beiden trafen sich, ich nahm den Bogen mit der Strafanzeige, zerriss ihn vor ihren Augen und warf ihn in den Papierkorb. "Ich denke, die Angelegenheit ist damit abgeschlossen."

Sie verzogen keine Miene und wir verabschiedeten uns freundlich.

Die Sache war damit erledigt.

Als Herr P. wegen des Sonderflugplatzes bei mir anrief, sagte ich, er brauche gar nicht zu kommen, wenn er mir seine Beamtenstärke demonstrieren möchte und mir eine Absage erteilen wolle. "Nein, so sei das nicht, das eine habe mit dem andern nichts zu tun."

Also vereinbarten wir den Termin für den nächsten Tag, bei mir am Haus in Höchstädt. Es war ein Samstag,. Ich lud Ihn zuerst ins Gasthaus Berg zu einem Mittagessen ein, um unseren Konflikt zu besprechen.

Freund Günter Schilling, mit seiner Piper zu Besuch

Er gab sich kollegial und wir fuhren zur Wiese an der Galgenmühle. Wir standen in der Mitte des Geländes und er schaute nach links und rechts und dann meinte er. "O.K., passt, Sie können da fliegen." Wir besprachen noch ein paar Auflagen. Wir sollten einen Windsack und Bahnmarkierungen aufstellen. Das war alles. Solche lagen, ganz verstaubt, in Giengen noch im Lager auf der Altane.

Schon am nächsten Tag, dem Sonntag, kam Herr P. mit einer Piper und machte mit einem Flugschüler eine Außenlandung. Es hat ihm gepasst. Wir haben uns dann bei einem Bier wieder endgültig vertragen.

Wir mähten das Gelände, füllten einige Unebenheiten aus und räumten die Maulwurfhügel weg. Fertig war der Flugplatz.

Der Autor in Aktion

Wir flogen vier Wochen fast jeden Tag, Rundflüge teilweise gleichzeitig mit vier Flugzeugen,.

Unsere Vereine, Giengen und Donauwörth, hatten eine tolle Auslastung für ihre Flugzeuge.

Mehr als 500 Passagiere haben die Rundflüge genossen. Im Jahr 2004 haben wir den Flugplatz nochmals in Betrieb genommen, anlässlich des 300-Jahr-Gedenkens an die Schlacht von Höchstädt im Jahre 1704 während des Spanischen Erbfolgekriegs. Es kamen auch da nochmals über 500 Passagiere. Den Überschuss erhielten der historische Verein und der Kindergarten von Höchstädt.

Meteoriten

An einem Morgen, bei diesigem Wetter mit Hochnebel, flog ich zu einer Holzübernahme nach Bremen. Nahe Kassel, auf FL 100 bei 4.000 ft. über dem Nebel, in morgendlich dunstiger Sicht mit drei bis fünf Kilometer, geschah es dann. Ganz entspannt, wie immer bei solchen ereignislosen Reisen, sah ich nach draußen. Furchtbar erschrocken bin ich, als plötzlich, ca. 50 m vor mir, ganz genau konnte ich das auch nachher nicht mehr sagen, ein Feuerschweif von oben herab in die Tiefe rauschte. Geschockt saß ich im Sitz und war ganz benommen. Was war das? War es ein Meteorit?

Wenn dieser Stein aus dem All mich getroffen hätte, was wäre dann passiert? Ich denke noch heute mit Schrecken daran. Dann wären meine Fliegergeschichten an dieser Stelle beendet gewesen. Vielleicht sind einige Unfälle auf solch ein Ereignis zurückzuführen. Man sucht nach möglichen Ursachen, aber es könnte auch ein Meteorit den Flieger getroffen haben. Unwahrscheinlich, aber nicht unmöglich.

FERRY FLIGHT to Ghana — eine besondere Fliegergeschichte

Der holperige Weg durch den Busch von Ghana hat seit Stunden meinen Fahrer Sammy und seine Fahrgäste zermürbt. Schlaglöcher, Rinnen und Furten haben auf dem Weg von Takoradi nach Samreboi im Südwesten von Ghana fast die Wahrnehmung für die Schönheit des Tropenwaldes und der Landschaft beeinträchtigt.
Der Weg ist mühsam und erst nach fünf Stunden Fahrt sind wir am Ziel. Fünf Stunden für 125 km Luftlinie von Takoradi nach Samreboi im Westen von Ghana am Terano-River.
Dort betreiben meine Geschäftsfreunde einen Holzverarbeitungsbetrieb, die "Samartex Timber Co". Circa 2000 Leute sind dort beschäftigt und stellen Schnittholz, Hobelwaren, Furniere und Sperrholz her. Kunden, Lieferanten, Monteure und Mitarbeiter müssen diesen beschwerlichen und auch gefährlichen Weg ständig bewältigen. Täglich sind einige Landrover der Firma Samartex auf dieser Tour unterwegs.
Nachdem ich bis 1996 diese Reise schon vier Mal durchgeführt hatte, war auch die Frage aufgetaucht, wie oft das eigentlich noch sein müsse. Zuhause in Deutschland, wo Straßen und Wege in exzellentem Zustand sind, da reisen wir seit vielen Jahren für unser Geschäft mit dem Firmenflugzeug. Auch wenn das nur eine kleine Beech Bonanza ist. Was lag also näher, als zu untersuchen, ob sich der Einsatz eines eigenen Flugzeuges für Samartex lohnen könnte.
Wir vereinbarten beim nächsten Besuch von Herrn Ditz in Europa einen Demoflug.
Ein einziger Flug von Süddeutschland nach Basel in der Schweiz überzeugte den

Geschäftsführer, Herrn Kurt Ditz, von der Nützlichkeit eines kleinen Flugzeuges im Hinblick auf den Zeitgewinn und das unkomplizierte Reisen.
Aber wie fliegt man nach Samreboi ? Da ist kein Flugplatz vorhanden! — "Da muss man eben einen planen und anlegen", war die

einfache Antwort des Managers. Für das Problem war also eine Lösung gefunden, es lag nun an Herrn Kurt Ditz, die Durchführung zu bewerkstelligen.
Wo sollte der Flugplatz angelegt werden? Rings um Samreboi ist nichts als hügeliges Gelände und richtig dichter Busch.

Einen Tag lang wurde rings um Samreboi recherchiert und eine einigermaßen ebene Fläche von ca. 1000 m Länge ausgemacht, nur ca. einen km vom Sägewerk entfernt. Zwar war es eine kleine Erhebung mit vielen Bäumen und Buschwerk, aber bei einem Holzbetrieb wie Samartex gibt es jede Menge an Planierraupen, Caterpillar D-7 und D-8, jede Menge Grader und Schaufellader. So wurde der Hügel links und rechts abgetragen und an beiden Enden das Material aufgefüllt. Es entstand innerhalb kurzer Zeit eine ebene Fläche von ca. 1000 m Länge und 50 m Breite. Der Flugplatz war fertig. Nach der nächsten Regenzeit sah das Ganze allerdings wie ein Schlachtfeld aus, auf dem ein paar tausend Granaten eingeschlagen waren. Also stand fest, dass diese Lehmpiste ungeeignet war. Was war nun zu tun?

Die Piste musste befestigt werden. Nach altem Straßenbaurezept alles schön planieren, mit leichtem Gefälle zu den Seiten. Ein paar Abflussrinnen wurden entlang der Runway angelegt und die Piste mit einigen Tonnen Teer besprüht und mit Split abgedeckt. Einige

Die Tausend-Meter-Bahn in Samreboi

Tage lang wurde gewalzt mit LKWs und Radladern. Es entstand eine tolle Start- und 1.000m lange Landebahn mitten im Busch von Samreboi.

Keine private Firma hatte bis zu diesem Zeitpunkt in Ghana ein Flugzeug im Einsatz. Welche Kriterien sind zu beachten? Wie stellen sich die Beamten bei den Regierungsstellen an?

Erst nach eineinhalb Jahren Arbeit war endlich klar, dass der Betrieb für das erste Geschäftsflugzeug in Ghana genehmigt würde.

Mit Hochdruck wurde trotzdem in der Zwischenzeit am Flugplatz gebaut, Buschwerk gerodet, eingeebnet, Kies aufgeschüttet. In der Regenzeit musste die Arbeit eingestellt werden. Nach einem halben Jahr ging's weiter.

Die Behörden von Ghana hatten vom Bau der Landebahn keine Ahnung.

Die werden informiert, wenn alles fertig ist, dann braucht niemand eine Entscheidung zu treffen, war die Meinung von Kurt Ditz.

Mittlerweile war das Jahr 1999 angebrochen. Die Suche nach einem geeigneten Flugzeug endete mit der Entscheidung, es solle eine Do 28 sein, der sogenannte Bauernadler. Zuladung hoch, Türen doppelt breit zu öffnen, bis zu 10 Passagiere, Kurzstart und gute Landeeigenschaften etc.

Vor allem nicht zu teuer durfte der Flieger sein. Natürlich auch zweimotorig wegen der nicht vorhandenen Notlandemöglichkeiten auf den Urwaldstrecken.

Da das alles so lange Zeit in Anspruch nahm, waren die letzten verfügbaren Maschinen aus Deutschland mittlerweile alle verkauft, meist nach Südamerika, eben wegen der vielfachen Einsatzmöglichkeiten.

Weil jedoch alle Genehmigungen in Ghana auf diesen Flugzeugtyp ausgestellt waren, wollten wir nicht noch einmal die ganze politische Prozedur durchmachen für ein anderes Modell. Es blieb also bei der Suche nach einer Do28, notwendigerweise Weltweit. Einige Angebote kamen auf den Tisch.

Drei Maschinen standen zur Auswahl in Manila, Philippinen. Dort betrieb seit

Überprüfung der DO 28 in Manila

einigen Jahren die Firma Dornier eine kleine Fluglinie mit den Do 28 und verband so einige Inseln mit der Hauptstadt.

Dornier hat jetzt Turbinenflugzeuge angeschafft und veräußert den kompletten Bestand an noch vorhandenen Do 28.

Herr Janek von Air-Parts-Service aus Großaitingen hat das für uns passende Flugzeug auf den Philippinen ausgesucht. Steef sollte alle drei prüfen und das Beste mitnehmen. Das war im Februar 1999.

Das Flugzeug von Manila nach Accra/Ghana fliegen? Viel zu weit, riesige Strecken, Wasser von den Philippinen bis nach Afrika! Dann Urwald, Krieg in Zaire und im Kongo, ganz zu schweigen von Uganda und Ruanda. Dort war der Konflikt zwischen den Volksgruppen der Hutzi und Tutzi voll entbrannt.

Tausende Menschen waren auf der Flucht vor den mordenden Rebellen. Zu dieser Zeit kein Ort für romantische Reisen und Touristik. Der Transport wird besser mit dem Schiff erledigt, das war die allgemeine Meinung der Experten.

Frachtraten bei allen weltweit operierenden Schifffahrtsgesellschaften wurden eingeholt, die Kosten für die Flugzeugdemontage kalkuliert, die Möglichkeit der Montage in Ghana untersucht etc. Der Preis war uns dann einfach zu hoch. 45.000 US-$ war das niedrigste Angebot allein für die Seefracht, ohne die Montage des Flugzeuges in Ghana. Schiffsfrachten werden nach Kubikmeter benötigtem Raum berechnet und ein Flugzeug mit dieser Spannweite mal Länge mal Höhe hat halt einen mächtigen Raumbedarf.

Dann wieder die Überlegung, was kostet ein Überführungsflug über die großen Wasserstrecken und wer kommt für diesen riskanten und stressigen Einsatz als Pilot in Frage? Macht das überhaupt jemand?

Die Piloten der Sea Air von Dornier, welche die Maschinen im Einsatz geflogen hatten, äußerten Bedenken hinsichtlich Streckenführung, Überfluggenehmigungen etc. Sie hätten es eventuell über eine Landstrecke gewagt. Aber das war uns viel zu weit und auch mit Risiken und zu hohen Kosten verbunden.

Also habe ich Steef Kögler angerufen, einen CPL-IFR-Piloten, der seit 10 Jahren die King Air C90 für meinen Bruder fliegt und schon alle möglichen Militärmaschinen geflogen hatte und auch, nach seinen Erzählungen, einmal beim Militär im Süd-Sudan geflogen war. Er hatte sich schon ein Jahr zuvor bereit erklärt, eine DO 28 von Deutschland nach Afrika zu fliegen. Das hatte sich aber durch den leergefegten Markt für dieses Flugzeug erübrigt.

Er schluckte leicht, als ich ihm die Frage stellte, ob er sich so etwas zutraue. Ich würde ihn begleiten, damit es ohne den Autopiloten ginge.

Er wollte ein paar Tage Bedenkzeit "O.K., überleg's Dir!"

Zwei Stunden später rief er zurück und sagte: "Michael, ich mach's und ich fliege ganz alleine! Ich will keinen dabei haben auf den ich auch noch aufpassen muß!"

Steef übernahm im Rahmen der Vorbereitungen den Part mit den Überflug- und Landegenehmigungen und die Spritbeschaffung, wir die Exportgenehmigungen, SGS-Kontrollen für die Einfuhr in Ghana. Dazu waren die Versicherungsfragen zu klären mit Luftfahrtversicherung Grimme/Hamburg. Eine speziell auf diese Überführung ausgerichtete Vollkaskoversicherung mit einer Versicherungssumme von 143.000 US-$ plus Haftpflichtversicherung für die festgelegte Route: Manila-Thailand-Sri-Lanka-Malediven-Seychellen-Kenia-Kamerun-Ghana kostet eine Einmalgebühr von 5.000,00 DM plus 280,00 DM pro Woche. Dazu die Kosten für Landegebühren, Flugbenzin, Übernachtungen etc. Zusätzlich wurden ein Handfunkgerät, ein tragbares Garmin 195 und ein Einbau-GPS Garmin 150 beschafft.

Es schien alles wie am Schnürchen zu laufen. Vier Wochen wurden insgesamt für die Überführung eingeplant, inklusive einer Einweisung der zwei vorgesehenen ghanaischen Piloten

Die Seenotausrüstung

Die Reise konnte beginnen.

10.3.1999, Abflug von München mit KLM nach Manila. Denkste! Ein Riesenstreit entstand am Schalter wegen der Aufgabe von Steef's Seenotausrüstung. Aber alles Diskutieren half nichts, er wurde nicht mitgenommen. Erste Kostenerhöhung; ein verfallenes Ticket.

11.3.1999, Abflug mit Air-France samt **Seenotausrüstung** von München nach Manila. Air France hatte das Gepäck angenommen. Abends am 12.3.1999 kam Steef in Manila an. Der 13.3.1999 war ein Samstag. Deshalb konnte die Übernahme und Einbau der Zusatztanks erst nach dem

Wochenende, ab 15.3.1999, erfolgen. Papiere abklären und SGS-Abnahme für Ghana durchführen, Airworthiness-Zeugnis erhalten am 16.3.1999.
17.3.1999 tanken, Probeflug mit den Fässern im Passagierraum, voll! Prüfen, ob alle Schaltungen und Benzinpumpen inklusive der Ölpumpe für die Motoren arbeiten.

Die 7 mal 200 Liter-Zusatztanks

18.3.1999, 4:00 Uhr morgens, Abflug von Manila nach Phuket/Thailand. Nach 10:41 Stunden Flug Ankunft abends mit Problemen im rechten Motor wegen zu niedrigen Öldrucks, Ölverlust 10 Liter und hohe Öltemperatur. Im Telefonkontakt zwischen Höchstädt und Manila wurde die Ölpumpe justiert, der Druck eingestellt. Dabei half ein zufällig im Hotel angetroffener Kraftfahrzeugmeister auf Urlaub in Phuket. So war zu hoffen, dass das Problem beseitigt werden konnte. Erster Ärger mit den thailändischen Behörden wegen der zusätzlich benötigten Platzrunden und längerem Aufenthalt kam auf. Sie waren beim Kassieren nicht zurückhaltend.
Landegebühren, Parkgebühren und Werkzeug zur Verfügung stellen kosteten fast 2.000,-US-$.
Und zu diesen Räubern fahren viele in Urlaub.
20.3.1999. Abflug 7:00 Uhr morgens von Phuket, abends Ankunft in Colombo, Sri-Lanka nach 8:56 Stunden Flugzeit.
Die Insel Sri-Lanka durfte nicht überflogen werden. Dort herrschte Kriegszustand und die Genehmigung für die Landung wurde nur erteilt, wenn die Insel im Süden komplett umflogen würde auf dem Weg nach Colombo. Das ist ein Riesenumweg.
Wieder viel Öl verbraucht, Steef musste 25 Liter während des Fluges in den Motor pumpen, um die Öltemperatur einigermaßen unter dem roten Strich zu halten. Er konnte erst nach einem weiteren Tag genügend Ersatz durch einen Militärkontakt auftreiben.

Flughafen Male auf den Malediven war als nächster Zwischenstopp eingeplant, aber wir konnten bis zu diesem Zeitpunkt keine Landegenehmigung für Male erhalten, auf die wir bis dahin ständig gehofft hatten. Auch sei kein Avgas 100 vorhanden. Was tun? Die Reichweite bis St. Victoria auf den Seychellen ist nicht drin mit dem geladenen Sprit in den Tanks und in den 7 mal 200 Liter Fässern.
Stefan wusste Rat: Er kaufe ein paar 30 Liter Plastikkanister und stelle sie noch hinten rein. Dann melde er in Male Probleme an, die Landung könne dann nicht verweigert werden.
Bis ich mein Problem beseitigt habe, leere ich die Kanister in meine Zusatztanks und dann geht's weiter! Gesagt, getan.
22.3.1999, nachmittags Abflug von Colombo mit VFR-Flugplan nach St.Victoria, Seychellen. Am Abend gegen 20.00 Uhr die Landung in Male. Riesenärger wegen der nicht vorhandenen Genehmigung. 10 Mann Militär traten schwer bewaffnet auf.
Sie konnten Steef ja nicht behalten und als sie das ausgetretene Öl am rechten Fahrwerksbein sahen, waren sie wieder friedlicher. Steef konnte ungesehen seine 10 Plastikkanister mit 300 Liter Zusatztreibstoff umfüllen.

22.3.1999, 23:00 Uhr, Abflug von Male, Malediven.
Die ganze Nacht und den ganzen Tag durchgeflogen, ca. 13:50 Stunden ohne Autopilot, ganz alleine über dem Indischen Ozean. Das alles mit einem lädierten Motor, welcher mal mehr, mal weniger Öl schluckte bei stark schwankender Öltemperatur. Da wird man technik-gläubig!
Kaum ein Schiff wurde gesehen, ein paar Mal Kontakt mit Airlinern zur Positionsmeldung per Relay an die Flugsicherung, das funktionierte. Vielleicht wird man wirklich gesucht nach einer Notwasserung? Besser, an so etwas nicht zu denken über dieser unendlichen Wasserstrecke.

23.3.1999, später Nachmittag, Ankunft auf St. Victoria, Seychellen. Ölverbrauch im rechten Motor 37 Liter! Mittlerweile war das eingeplante Geld ausgegeben und die ersten Schwierigkeiten stellten sich ein. Geldtransfer mit Money-Link war angesagt. Kein Problem von Deutschland nach St. Victoria. Die Bank dort gibt jedoch nur die Landeswährung als Bargeld aus. Aber die Tankfirma am Flugplatz will nur US-$ annehmen.
Den ganzen 24.3.1999 mussten wir uns mit diesem Problem rumschlagen. Zu allen Schwierigkeiten kam auch noch ein Fax zu uns ins Büro nach Höchstädt von der Botschaft aus Kenia. Die Einfluggenehmigung für Kenia und auch die Überflugerlaubnis ist zurückgezogen. Wir möchten doch den Piloten davon in Kenntnis setzen und diese Anweisung beachten.
Was tun? Steef hat jedes Mal sofort, wenn er am nächsten Flugplatz ankam, für sein Handy eine Telefonkarte besorgt, um Kontakt mit uns halten zu können.

Schon eine tolle Sache, das mit diesen kleinen Dingern. Steef, cool wie immer, sagt am Telefon: "Macht Euch nicht in die Hosen, meldet denen, Ihr habt keinen Kontakt mit mir und ich werde mir schon eine Ausrede einfallen lassen, wenn ich in Nairobi ankomme."

Das mit dem Geldtausch hat Steef dann doch irgendwie geregelt bekommen und konnte am Morgen des 25.3.1999 von St. Victoria abfliegen. Bis dahin war im Großen und Ganzen der eigentliche Flug, mit Ausnahme der ständig zu hohen Öltemperatur am rechten Motor, ohne Probleme verlaufen.

Die Tankschaltungen arbeiteten reibungslos, auch die elektrische Pumpe machte tadellos mit. Die Handpumpe für das Nachfüllen des Motorenöls aus einem 50-Liter-Fass direkt in die Ölversorgungstanks für die Motoren, funktionierte ebenfalls problemlos.

Dann, auf halbem Weg nach Nairobi, leuchtete die Ladestromlampe auf! Stromversorgung nur noch von einem Generator am rechten, kranken Motor. Wenn der auch noch ausfallen sollte, dann wird's zu viel mit der Arbeit allein im Cockpit. Dann müsste im Ernstfall das gesamte Benzin mit einer Handpumpe aus den Fässern im Laderaum in die Haupttanks der Do umgefüllt werden. Dies gepaart mit dem Handling der Maschine ohne Autopilot. Dazu keine Möglichkeit, den Sitz zu verlassen.

Ankunft in Nairobi am Abend des 25.3.1999 nach 9:46 Stunden Flug. Kein Mensch wollte ihm etwas anhaben wegen der zurückgezogenen Landegenehmigung, er konnte ja seine schriftliche Genehmigung vorweisen, so geht's eben in Afrika.

Nun musste die Reparatur des Generators in Angriff genommen werden.

Phoenix-Aviation am Wilson-Airport in Nairobi wurde mit der Reparatur beauftragt. Der Generator hatte eine gebrochene Antriebswelle. Per Luftfracht am nächsten Tag schickten wir von München aus einen neuen Generator nach Nairobi. Das hat gut funktioniert und schon am 28.3.1999 war der Generator samt Zollabfertigung in Nairobi.

Nach Einbau des Ersatzteiles sowie durchgeführtem Ölwechsel mit Filtertausch am rechten Triebwerk plus Ölkühler spülen wurden alle Feeder-Lines gereinigt. Auch noch Leak-tests durchgeführt, um dem Problem mit dem hohen Ölverbrauch und hoher Temperatur auf die Schliche zu kommen. Prima, alle Werte über 70 psi. Es schien alles in Ordnung zu sein. Nur die Rechnung war wieder unverschämt hoch.

Steef wollte sich weigern, den hohen Preis zu zahlen, wollte verhandeln, aber da drohte man mit einem Vorhängeschloss und einer dicken Kette.

Zu allem Pech war dann auch noch Steef's Kamera weg mit all den schönen Bildern von Phuket, Colombo und den Seychellen.

Schade, nur der kurze Film mit ein paar Aufnahmen vom Abflug und aus Manila sind geblieben.

31.3.1999 Abflug von Nairobi nach Douala, Kamerun, 1.625 NM, morgens um 05:00 Uhr. Kurz vor Erreichen von Entebbe, Uganda, während des Reisefluges, ist der Öldruck kontinuierlich auf unter 30 psi gefallen. Selbst das Nachpumpen von Öl konnten Öldruck und Temperatur nicht mehr stabilisieren. Steef erklärte Luftnotlage und stellte den rechten Motor ab. Landung in Entebbe. Mit den vollen Fässern im Laderaum konnte nicht mal die Höhe gehalten werden. Mit konstantem Sinkflug ging es auf die Landebahn zu und Steef hatte nur noch 300 m Höhenreserve. Ölverbrauch nach zweieinhalb Stunden Flugzeit: 6 Liter.

Und da steht man dann auf einem Flugplatz mitten im Zentrum eines Bürgerkrieges. Rings um den Platz waren Maschinengewehrstände aufgebaut und LKW um LKW fuhr mit Soldaten auf der Ladebrücke am Platz vorbei. Kein gutes Gefühl, ob das alles gut gehen würde.

Am 1.4.1999 Untersuchung der Störung. Zwei Engländer, Mr. Bryan und Mr. Jules Cousin unterhalten dort eine Werft: Comb-Aviation. Man betreut dort auch einige Beechcraft-Queen-Air-Maschinen, welche dieselben

Nach der Landung in Entebbe

Motoren eingebaut haben. Das machte uns wirklich Hoffnung, das Flugzeug doch noch nach Ghana bringen zu können.

Also ran an die Arbeit, Ausbau der Zylinder. Festgestellt, dass diese sehr schlecht aussehen. Bei Air-Parts-Service, Herrn Janek, neue Kolben beschafft, am selben Tag einem Mitglied von unserem Aeroklub, Herrn Pfeiffer, ein Ticket nach Uganda verpasst. Am späten Nachmittag des 2.4.1999 mit Kolben, Dichtungen und Teilen von den Auspuffrohren ab nach Entebbe mit Sabena Airlines.

Am 3.4.1999 waren alle Zylinder gehont. Wie das in Afrika gemacht wird? Ganz einfach mit einer Bohrmaschine und einem aufgesteckten Rundbesen mit umwickeltem Schleifpapier.

Am 4.4.1999 wurde alles wieder zusammengebaut. Die Dichtungen haben natürlich nicht gepasst, denn was schief gehen kann, geht auch schief nach Murphy's Law („Anything that can go wrong *will* go wrong.").

Die Dichtungen wurden dann, als Notbehelf, nach den alten Vorlagen aus vorhandenem Dichtmaterial ausgeschnitten.
Dann kam der große Augenblick, Probeflug am Abend des 5.4.1999. Nach fünf Minuten Flug wieder dasselbe Theater. Öldruck zurück in den gelben Bereich. Zu allem Unglück macht Herr Pfeiffer das kleine Fenster der Do auf, um ein paar Bilder zu schießen und bevor Stefan eingreifen konnte, flog das Fenster auf und war kaputt. Auch ein Problem, aber ein kleineres. Air-Parts-Service hatte noch solch ein Fenster verfügbar.

So können wir nicht weitermachen, meldete Stefan per Handy aus Entebbe. Irgendetwas innerhalb des Motors verursacht die Störung und das kann man hier nicht mehr mit den Feldmonteuren machen.
Nun war guter Rat teuer. Steef flog am 7.04.1999 nach Hause, zusammen mit seinem unglücklichen Co., Herrn Pfeiffer, und die Do stand in Entebbe bei acht US-$/Tag Parkgebühren. Wenigstens das war günstig.
Wie das so ist, wenn man was kauft und nicht zufrieden ist, man wendet sich an die Verkäufer.
In diesem Fall nach Manila zu SEA AIR. Die haben nach Steef's Aussagen einige Motoren im Regal liegen. Jedoch ohne Anbauteile, das habe er dort gesehen. Nach harten Verhandlungen gelang es uns, kostenlos einen Motor rauszuschlagen. Nur die Luftfrachtkosten mussten wir letztlich übernehmen.
Also erfolgte folgender Entschluss: Den Motor aus der Maschine in Uganda ausbauen lassen, in die Kiste packen und zu Fa. Dussel in München schicken. Das erledigten mustergültig unsere inzwischen zu Freunden gewordenen Engländer in Entebbe.
Der Rumpfmotor aus Manila wurde ebenfalls per Luftfracht nach München geschickt. Nur der Propeller konnte nicht demontiert werden, dazu brauchte man wieder ein Spezialwerkzeug. Dieses musste per DHL nach Entebbe geschickt werden.
Die beiden Motoren waren am 25.06.99 in München eingetroffen. Die Firma Dussel erhielt von uns den schriftlichen Auftrag, den Motor aus Manila mit allen Anbauten aus dem Motor aus Entebbe aufzubauen und auf dem Prüfstand laufen zu lassen, damit wirklich nichts mehr schief gehen konnte.
Am 5.7.1999 war der Motor bei Dussel fertiggestellt und ging am 6.7.1999 per Luftfracht in der gleichen Kiste wieder nach Uganda.
Comb-Aviation in Entebbe sollte den Motor wieder einbauen, das Flugzeug flugbereit melden, damit die Reise fortgesetzt werden konnte.
Das klingt so einfach, aber wir hatten die Rechnung ohne den afrikanischen Zoll gemacht. Dieser rückte das Triebwerk nicht mehr heraus. Man wollte einen 25%igen Einfuhrzoll auf den geschätzten Wert des Motors von 30.000 US-$. Trotz unseres Hinweises, dass das nach internationalem Recht nicht in Ordnung

sei, das Flugzeug sich im Transit befände, gab man nicht nach. Auch das Einschalten der Deutschen Botschaft in Kampala hat nichts genützt.

Auch zwei Versuche, über befreundete Maschinenexporteure, die wir aus Ghana kennen und in Uganda Niederlassungen für Ersatzteile betreiben, führten nicht dazu, den Zoll weich zu kochen.

Entweder wir bezahlen den Zoll oder es fallen für jeden Tag 150 US-$ Lagergebühren an.

Leute, das ist Afrika. Denen schicken wir ständig Spenden und Entwicklungshilfe! Ich könnte Bücher schreiben über dieses Abzocken in Afrika. Aber man macht auch seine Erfahrungen und lernt, wie so etwas zu beherrschen ist.

Ich sagte: "Steef, das geht nur, wenn Du jetzt wieder runterfliegst nach Uganda. Ich gebe Dir freie Hand: 2.000,00 DM für Schmiergeld und dann, glaub ich, hast Du den Motor raus. Du kennst den Dreh. Alles was davon übrig bleibt kannst Du als Bonus behalten!"

So ist's dann auch gelaufen. Steef flog am 23.7.1999 wieder nach Uganda, verhandelte am 24.7.1999 mit dem Zollamt. Nur drei Stunden nach seiner Ankunft rief er bei uns im Büro an, freudestrahlend, man konnte das durchs Telefon spüren. "Ich hab die Kiste mit dem Motor auf dem Pickup und aus dem Zoll." "Wie hast Du das nur so schnell gemacht?" war meine Frage.

"Ganz einfach, ich habe der „Madame of Customs" 500,00 DM in den Busen gesteckt, sie freundlich angelächelt und die ganze Sache war erledigt."

Was waren wir erleichtert, als er dieses uns mitteilte und er freute sich über die verbliebenen 1.500,00 DM Bonus für seine Tasche.

Beim Fußmarsch vom Zoll zum Auto hat Steef nur mit Raffinesse einem Überfall durch eine Straßengang aus dem Weg laufen können. Sie hatte einen Bus, einige Autos und Fußgänger eingekreist und beraubt! - Das ist ein Leben.

Dann wurde der Motoreinbau vorbereitet und mich erreichte wieder ein aufgeregter, eher zorniger Anruf am 26.7.1999 gegen Nachmittag:

"Michael, jetzt flieg ich wieder nach Hause, das mach ich nicht mehr mit." Steef war fast nicht mehr zu beruhigen. "Ja, was ist denn los?" "Dieser Depp von Dussel hat nur den halben Motor geschickt," brüllte es aus dem Hörer.

Es fehlte der Generator, die Dichtung dafür, der Schleifring für die Propellerenteisung, einige Winkelstücke, die Schleifkontakte samt Halterung für die Propellerenteisung und zwei Feststellschrauben für die Ansaugstutzen. So leichtsinnig wird auch in Deutschland gearbeitet! Wir hatten für den Umbau und Probelauf über 17.000,00 DM an Dussel überwiesen! Und der hatte nicht alle Teile eingepackt.

"Also bitte, Stefan, bleib' dort, wo Du bist. Wir schicken gleich jemand mit den Teilen los."

Am 29.7.1999 sandten wir einen Angestellten unserer Firma, Herrn Schreiner, mit den Teilen im Handgepäck nach Entebbe.
Die Firma Dussel hat nichts, aber auch gar nichts dazu beigetragen, uns von den Kosten, die sie ganz alleine verursacht hatte, zu entlasten, man drohte uns sogar mit einem Schreiben von ihrem Rechtsanwalt. Das nennt sich dann Renommee-Luftfahrt-Firma. So kann man auch in Deutschland arbeiten, nicht arg viel anders als in Afrika! Dussel hat von mir nie mehr einen Auftrag erhalten.
Vom 30. bis 31.7.1999 wurde der Motor wieder in die Do 28 eingebaut. Der Probelauf und der Probeflug verliefen erfolgreich.
31.7.1999, abends, wieder abflugbereit in Entebbe.
Also stand die Do 28 vier volle Monate in Uganda. Wir hatten nur Glück, dass die Parkgebühren für diesen langen Zeitraum nur 960 US-$ betragen haben. Der geringste Anteil an den Umbaukosten.
Aber jetzt waren alle Überflug- und Landegenehmigungen für Afrika abgelaufen. Dazu natürlich auch die zeitlich begrenzte Kaskoversicherung.
Dafür war auch noch ein Nachschlag nötig von 12 mal 280,00 DM.
Inzwischen ist der Krieg im Kongo so richtig ins Laufen gekommen. Täglich fuhren am Flugplatz Entebbe immer mehr LKW mit schwer bewaffneten Soldaten vorbei. Das Personal dort war zusehends nervöser geworden. Überall standen Posten rings um den Flugplatz. Noch mehr Maschinengewehre waren rund um den Platz aufgebaut.
Flugplan direkt von Entebbe nach Douala kann wegen Kriegslage im Kongo nicht genehmigt werden! So, jetzt was nun?
Steef wieder cool am Telefon. Ich mach einen Plan nach Südafrika und wenn ich in den Wolken verschwunden bin, dann rechts rum und geradeaus nach Kamerun. Über dem Urwald gibt es kein Radar.
Dass inzwischen das Benzin gefehlt hat und wir wieder 1800 Liter neu tanken mussten, sei nur am Rande erwähnt. Das hat irgendwer in der Zwischenparkzeit aus den Tanks geklaut. Bei so etwas sind die Afrikaner wahre Meister.
Wir waren ja am Ende froh, dass das Flugzeug noch dort stand und nicht zerschossen wurde.
"Michael, weißt Du, welches Wetter jetzt über Zentralafrika herrscht?", waren Steefs Bedenken am Telefon.
Ich wusste es, es ist mitten in der Regenzeit. Gewitter, eines am anderen. Wolken bis 30.000 ft. und höher hinauf.
"Was willst Du machen? Warten bis Ende November, bis zur Trockenzeit?"
"Nein, ich probier's mal. Die Enteisung läuft und ich geh gleich auf 15.000 ft., vielleicht komme ich um die Gewittertürme einigermaßen herum!"

Vor Abflug mit dem neuen Motor in Entebbe - Endlich!

1.8.1999. Morgens Abflug von Entebbe mit Flugplan nach Johannesburg aber direkt nach Douala. Ein Gewitterflug komplett, ca. 10 Stunden im tanzenden Flugzeug, umgeben von Wolken, tropischem Regen und Eis. Zweimal zum vollkommenen Abtauen auf 9.000 ft. runter, dann wieder nach oben, um den meisten Wolken auszuweichen.

Das ist Fliegen pur. Und unter dir nichts als Urwald, dazu noch Krieg und Rebellen. Kein schönes Gefühl, wenn technisch etwas nicht läuft. Aber die Motoren liefen ja jetzt wie ein Uhrwerk.

Abends, es war bereits dunkel nach 18:00 Uhr, Landung in Douala, Kamerun. Polizei, Zoll, alles was Rang und Namen hatte, umringten Steef's Flugzeug. Man wollte die Papiere sehen. Steef jedoch ruhig und wie ein guter Schauspieler, spielte den vollkommen erschöpften Piloten, der nur noch flach liegen möchte und versprach, am Morgen um 8:00 Uhr pünktlich bei Zoll und Polizei zu erscheinen. Er werde dann alle Papiere vorlegen. In der Nähe vom Flughafen in einer kleinen Kaschemme konnte er übernachten.

Von dort organisierte er sich eine Telefonkarte und teilte mir die Sachlage mit. "Wenn die draufkommen, dass wir keinerlei gültige Papiere mehr haben, geht eine neue Odyssee los. Ich geh morgen früh um 6:00 Uhr zum Platz, tanke und hau ab. Wenn die mir nachrufen, gebe ich Gas, auch wenn's auf dem Taxiway ist und verschwinde." – "Wenn das nur mal gut geht", war meine Antwort. "Ich wünsch Dir viel Glück."

Alle Zeiger im grünen Bereich - Das Maskottchen passt jetzt auf!

Tatsächlich war dann am Morgen noch keiner der Offiziere da, Steef konnte tanken, bezahlen und den Flugplan aufgeben, marschierte seelenruhig zur Maschine und: Cleared for take off to Accra.
2.8.1999 Ankunft um 11:00 Uhr in Accra/Ghana. Der Ferry-Flug war zu Ende.
Eine neue Geschichte beginnt.
Anstatt vier Wochen hat die ganze Reise vier Monate und 21 Tage gedauert.
Es hat uns natürlich keine Ruhe gelassen, warum der Motor diese Probleme machte. Wir haben ihn von Dussel zurückgeholt. Für das Aufladen hat er nochmals 500,-- DM haben wollen, sonst hätte er ihn gar nicht rausgerückt. Genau wie beim Zoll in Uganda. Die Firma Dussel hatte bei mir ausgeschissen.

Wir haben dann den Motor bei uns in der Betriebswerkstatt von ehemaligem Wartungspersonal der Bundeswehr auseinander nehmen lassen und wurden fündig. Bei der letzten Überholung dieses Motors wurde der Turbolader angebaut und dabei ist ein falsches Dichtmittel (silikonähnlich) verwendet worden. Reste davon hat sich abgelöst und ist in die Ölleitungen gelangt und hat einige Leitungen verstopft. Dadurch konnte die Ölversorgung der Zylinderköpfe an einigen Zylindern nicht mehr sichergestellt werden und sie wurden deshalb zu heiß. Nach dem Spülen und neuem Aufbau lief dieser Motor wieder ca. 500 weitere Stunden in der Maschine ohne Probleme, diesmal auf der linken Flugzeugseite.
Und die Kosten, das interessiert sicher den Leser: Insgesamt 65.000 US-$. Wenn man den Motor nimmt, den wir zusätzlich erhalten haben und zu der

Seefracht die Montagen rechnet, die nötig gewesen wären, dann war die Überführung etwa gleich teuer wie die Seefracht, nur viel, viel abenteuerlicher.
Auch nach der Landung ging's weiter mit vielen Ungereimtheiten. Die ghanaischen Piloten kamen mit der Do28 nicht zurecht. Der luftfahrttechnische Betrieb in Accra hatte keine Fachkenntnisse. Monteure mussten aus Deutschland gesandt werden. Danach hat Samartex Wartungspersonal und auch den Piloten Steef Kögler angestellt.
Tanken war ebenfalls ein Problem. Das Avgas wird jetzt per 18.000-Liter-Tank-Container nach Ghana verschifft. Trotzdem viel billiger als bei uns, etc.

Die Do 28 im Afrika–Betrieb, 1999 bis 2005

Es hat einfach nicht geklappt mit der Umschulung der ghanaischen Militärpiloten auf die Do 28. Steef wurde immer ungeduldiger, nachdem zwei Wochen nach der Ankunft noch immer keine Aussicht bestand, dass die Piloten das Flugzeug sicher fliegen könnten. Steef's Frau flog nach Ghana, um zu sehen, wie es ihm ginge und ihn nach Hause zu holen. Ich traf sie im Gästehaus von Samartex in Takoradi.
Steef sagte, die Piloten hätten von sich gegeben, dass man so ein altes Flugzeug mit Spornrad nicht sicher fliegen könne. Da habe er resigniert. "Wenn ich abreise, dann ist die Mühle in zwei Tagen Schrott", sagte er.
"Was ist denn das Problem?", fragte ich. "Immer wenn wir zur Landung kommen, dann setzen sie zwar gut auf, vergessen aber dann, weiter zu machen. Der Kahn schwänzelt herum und zwei Mal gab es schon einen solchen Ringelpiez, dass ich fast nicht mehr rechtzeitig eingreifen konnte."
Der Chef, Herr Ditz, meldete sich bei mir mit der Frage: "Was machen wir jetzt? Ohne meinen Bruder zu fragen, der schon auf Steef gewartet hatte, um seine King Air 90 zu bewegen, sagte ich, er solle dem Steef 5.000,00 DM Monatsgehalt bieten, dann bliebe er vielleicht.

Steef sagte zu und seine Frau reichte die Scheidung ein. Sie wollte ihn ja im elterlichen Betrieb, einem Geschäft mit landwirtschaftlichen Maschinen in Lauingen haben. Steef aber wollte lieber fliegen.
Mit dem Fliegen alleine war er aber nicht ausgelastet in Afrika. Mit Schleppern und der Werkstatt kannte er sich aus. Ditz schickte ihn zu Caterpillar nach Böblingen. Dort sollte er sich in die Caterpillar-Typen, die bei Samartex liefen, einarbeiten und die Ersatzteilversorgung und Reparaturen überwachen. Nach drei Wochen in Deutschland fühlte er sich fit. Er hatte so an die 300 Fahrzeuge unter sich, vom einfachen Jeep bis zu Grader und alle Caterpillar-Typen 6bis8,

jede Menge Stapler und eine ungeheure Flotte von LKW, die für Holztransporte aus dem Forst und zum Hafen eingesetzt werden.

Steef bezog einen schönen Bungalow in Samreboi. Seine Frau war nochmals dort, konnte sich aber in der Einsamkeit nicht zurechtfinden. So blieb es bei dem einzigen Besuch mit Folgen.

links Manager Dietz u. rechts Samy, mein Fahrer, beim Flug nach Samreboi

Als ich mal wieder, es war wohl 1982, nach Ghana kam, sollte mich Steef mit der Do 28 von Takoradi zu Samartex bringen. Er hatte an dem Vormittag Kunden aus Amerika nach Accra gebracht und auf dem Rückflug sollte er mich mitnehmen. Am Flugplatz habe ich gewartet und sah ein schwarzes Mädchen hinter dem offenen Hangartor auf einem Koffer sitzen. Ich fragte sie, auf wen sie warte. "Ich warte auf das Flugzeug von Samartex, ich arbeite dort." "O.K.", sagte ich, "dann fliegen wir ja gemeinsam dorthin."

Steef landete, die Türe öffnete sich und das Mädchen huschte mit ihrem kleinen Koffer in den Flieger. Kam mir etwas merkwürdig vor, aber vielleicht ist sie ja so scheu, dachte ich.

In Samreboi angekommen, kreisten wir über der Fabrik zum Zeichen, dass jemand zum Platz kommen solle und landeten. Wir fuhren direkt zum Bungalow von Steef und stiegen dort aus. Steef bot mir einen Drink an und Frau „Black" fühlte sich wie zuhause. Aha, so läuft der Hase.

Die Dame war wirklich eine Schönheit. Da wäre sogar das Model Naomi Campbell vor Neid erblasst. Steef hatte schon Geschmack.

Steef flog mich, nachdem meine Aufträge besprochen waren, weiter nach Kumasi. Er blieb ca. vier Jahre lang bei Samartex.

Zwischenzeitlich gab es immer wieder Probleme mit den Motoren. Die hatten nur 500 Stunden zwischen den Überholungen. Aber auch Zündprobleme und ähnliches. Damit ist auch der Wartungsbetrieb in Accra nicht klargekommen. Es war mal so, dass Kurt Dietz anrief und mir mitteilte, dass der Motor nicht mehr anläuft. Zwar drehe er kurz, dann aber Fehlzündung und Stillstand. Sie wüssten nicht mehr, was zu machen sei.

Ich verpflichtete einen Wartungsmonteur aus Leipheim, der schon den Motor bei uns auseinandergenommen hatte, sofort nach Ghana zu fliegen und nach der Kiste zu schauen. Blitzartig verpassten wir ihm ein Visa (dazu bin ich extra nach Bonn zur Botschaft geflogen) und ein Ticket und schickten ihn nach Accra.

Nach nicht mal fünf Minuten hatte er den Fehler gefunden. Die Wartungsleute hatten einen Draht am Verteiler auf der falschen Seite angeschraubt und den hat es bei der ersten Umdrehung jeweils abgerissen.

Ich habe dem Monteur empfohlen, seinen Job bei der Bundeswehr aufzugeben. Das hatte er sowieso schon vor und sollte als Monteur für Flugzeuge, LKW und sonstige Fahrzeuge nach Ghana gehen. Ich handelte ein Gehalt für ihn aus, das sich sehen lassen konnte und mehr als das Doppelte von dem war, was er beim Bund bezogen hatte. Er ist auch zu Caterpillar nach Böblingen geschickt worden und ich dachte, es sei nun alles Bestens.

Es hat allerdings nicht mal ein Jahr gedauert, dann hat ihn offensichtlich der Afrikakoller ereilt. Man stationierte ihn bei Ghana Prime Wood, der Mutterfirma von Samartex, in Takoradi, um dort dasselbe zu machen wie Steef in Samreboi. Er sollte sich um die Fahrzeuge im Sägewerk kümmern und wenn nötig, die Do 28 warten.

In Takoradi gibt es allerdings sehr viel Amüsement in Bars, Restaurants und mit Frauen. Als Alleinstehender muss man da schon standfest sein, um nicht unter die Räder zu kommen.

Felix, so hieß er, war nicht so standfest. Er erlag den Frauen und dem Alkohol. Kam eines Nachts nach Hause und fand seine Schlüssel nicht. Er schlug betrunken mit der Faust die Scheibe ein und verletzte sich so an der Schlagader, dass er fast verblutet wäre, hätte nicht ein Kollege die Rettung eingeleitet. Dieser war nur aufgewacht, weil Felix vorher so rumgeschrien hatte.

Mit dem nächsten Flugzeug ist er dann nach Hause geschickt worden. Alle Mahnungen vorher hatten nichts gebracht.

Vier Jahre war nun Steef bei Samartex, seine Freundin entpuppte sich allerdings als Geschäftsfrau und verlangte nach einigen Monaten ihren Lohn. Steef konnte es nicht glauben, dachte, er habe eine tolle Freundin gefunden, aber es war eine Prostituierte. Die Rechnung betrug 15.000 US-$. Steef wollte nicht zahlen, da kam der Brief vom Rechtsanwalt und man einigte sich auf 7.500 US-$. Samartex Company legte das aus.

Steef wollte jetzt vorsichtiger sein. Hatte er ja auch gleichzeitig eine Freundin in Accra. Da kam er mit dem Flieger mehrmals die Woche hin und manchmal konnte er, vor allem in der Regenzeit, den Rückflug nicht antreten. Da war ein "Bratkartoffelverhältnis" natürlich sehr nützlich.

Aber in Samreboi ist es auch sehr einsam, vor allem nachts. Er war nicht lange alleine, schon nach kurzer Zeit hatte er wieder eine nette Dame in seinem Bungalow. Diesmal ist es echt, meinte er.

Nach weiteren Monaten startete eine kleine Fluglinie, die City-Line, in Ghana den Linienverkehr im Lande. Accra-Kumasi-Tamale und zurück, 2 Mal am Tag.

Sie betrieben eine Tschechische 20-sitzige Turboprop LET410 ohne Druckkabine. Sie suchten Piloten. Steef meldete sich. Nun war Aussicht, mehr zu fliegen als bei Samartex und er brauchte sich auch nicht mehr mit den kaputten Maschinen rumzuärgern. Für Samartex flog dann ein deutscher Pilot, ein pensionierter Bundeswehrpilot, der die Do 28 bestens kannte.

Wie Steef das mit dem Verkehrsflugschein machte, überraschte uns. Plötzlich hatte er einen ATPL. Sicher hat er auch ein Flugbuch vorgelegt, in dem mehrere Stunden auf dem Typ standen. Sehr schnell wurde Steef Kapitän auf dem Flieger und er war in feiner Uniform mit vier Streifen auf der Schulter sehr schneidig anzusehen.

Seine Freundin aus Samreboi hat er mitgenommen und bekam von der Fluglinie eine Wohnung in Flugplatznähe. Das passte ihm so richtig. Aber dann begann nach nicht mal einem Jahr Linie fliegen die gleiche Story wie schon einmal. Madame Freundin verlangte 30.000 US-$ für ihre Dienste. Da Steef sein Geld schneller ausgab, als es reinkam, war natürlich nicht genug auf dem Konto. Auf Vorauszahlung vom Chef wie bei Samartex konnte er nicht rechnen.

Er wollte die Dame vertrösten, sie wollte aber ihr Geld haben und ging zum Rechtsanwalt und Gericht. Einige Verhandlungen waren angesagt, aber Steef kam nicht raus aus dieser Nummer. Es kam dann zum Eklat. Wenn er nicht innerhalb von einer Woche die Zahlungen leiste, dann drohte Gefängnis in Ghana. Und das bedeutet etwas. Keine Klimaanlage, kein fließend Wasser, kein Spülklosett, 10 Mann in einem Raum von 5 mal 5 m. In der Mitte ein Eimer fürs „Gewisse". Da will man nie und nimmer hin!

Da kam kurz vor Ultimo die Chance für Steef. Er stand mit laufenden Motoren und voll mit Passagieren zum Abflug nach Kumasi bereit am Gate von Accra.

Unmittelbar neben seinem Flugzeug stiegen bei der Alitalia-Boeing in langer Schlange die Passagiere ein.

Steef stellte das linke Triebwerk ab und sagte zu seinem Co-Piloten: "Warte hier ich muss mal schnell raus, habe was vergessen", schnappte seine Tasche mit den Papieren und stieg hinten links aus. Er reihte sich mit weißem Hemd, die Kapitänsjacke hat er im Flugzeug gelassen, in die Schlange und schaffte es, ohne dass es jemand merkte, in die Maschine zu kommen. Im Vertrauen, dass die Alitalia ja nie ausgebucht war, flachste er sogar noch mit den Stewardessen rum bis alle Passagiere saßen. Er setzte sich auf einen freien Platz und war am Abend in Rom. Ein blinder Passagier, von dem niemand etwas wusste.

Sein Co-Pilot hat mir diese Story später in allen Einzelheiten in Deutschland erzählt, als er mit einer Maschine im Siegerland bei Air-Alliance zur Wartung war. Warum die Maschine zur Wartung in Deutschland war? Das wäre eine neue Geschichte.

So war Steef wieder in Deutschland angekommen. Konnte also nicht mehr nach Ghana reisen. Die Besitzer der City-Airline waren auch zwielichtige Typen. Steef fand heraus dass sie nicht mal die LET versichert hatten. Die COI war eine tolle Fälschung. So fing er bei einer anderen Firma, der AirTec, an und hat Ölarbeiter in Algerien von einem Ölfeld zum anderen und zur Versorgung der Stationen geflogen..

Dieser hielt große Stücke auf Steef, hat er ihn ja in den Jahren nicht einen einzigen Tag vor Probleme gestellt. Wo andere Piloten den Flieger stehen ließen, ist Steef geflogen. Ob Regen, Gewitter oder Nebel, er hatte es durchgezogen, hatte es einfach drauf. Natürlich auch mit erhöhtem Risiko.

Steef wäre es nie eingefallen, wegen eines ausgefallenen Instruments oder einer nicht funktionierenden Anzeige den Flug nicht anzutreten. Er wusste, dass er alles mit seiner Erfahrung kompensieren konnte. Danach hat aber niemand mehr gefragt, wenn der Flug durchgeführt war.

Der Flugzeugeigentümer hatte auch ein paar Maschinen für Frachtflüge in Südafrika, Johannesburg, im Einsatz. Er versetzte Steef nach ca. einem Jahr in Algerien zu diesem Einsatz. Von Johannesburg ging es öfter im Monat nach Kinshasa in der Demokratischen Republik Kongo.

Seine Freundin in Accra lernte er 2002 kennen und sie bekam einen Sohn, kaffeebraun und Steef fühlte sich in der Verantwortung. Jenny hatte allerdings kein Visum für Südafrika. Er wollte sie aber mit nach Südafrika nehmen. Wie sollte es gehen? Steef fiel immer etwas ein.

Jenny und Sohn kamen mit dem Flieger nach Terminabsprache nach Brazzaville. Steef holte die beiden in Brazzaville ab und mit dem Speed-Boot ging's über den Kongo-River nach Kinshasa. Dort war die erste Etappe geschafft.

Seinen Co-Piloten aus Ghana hatte der Flugzeugbesitzer in der Zwischenzeit auch zu Steef in die Besatzung zurückgeholt.

"Wie willst Du das schaffen, wenn wir in Johannesburg ankommen? Da steht jedes Mal der Zoll und filzt alles durch, ich will keinen Ärger mit diesen Zöllnern." – "Lass mich das nur machen, ich weiß schon, was ich tue", konterte er seinen Co. Nach einer Zwischenlandung in Munhango/Angola zum Tanken ging es nach Johannesburg.

Ungefähr eine Stunde vor der Landung wollte Steef, dass wir auf 10.000 ft. sinken. Was soll's, er war der Kapitän. "Flieg mal die Kiste alleine sagte er. Steef ging nach hinten und kam nach 30 Minuten wieder auf seinen Sitz. Alles O.K.

"Was ist los, sie sind weg. Hast Du sie aus der Maschine geschmissen?"- "No, wirst schon sehen, wir haben niemand an Bord, wenn der Zoll auftaucht, verstanden?"

Wir landeten und keine Frau oder Kind waren in der Kabine. Der Zoll durchsuchte die Ladung und prüfte zum x-ten Mal auch unsere Papiere. Flugzeug und Ladung wurden freigegeben. Das Personal kam zum Entladen. Die 2,5 Tonnen waren schnell raus aus der Mühle und Steef wartete, bis es Nacht war und wir alleine im Hangar.

Er hatte am hinteren Schott die 100 oder mehr Schrauben mit seinem Akkuschrauber rausgedreht, sein Mädchen mit Kind hineingesetzt, noch ein paar Kissen dazu gepackt und für den Kleinen auch noch an Schlaftabletten gedacht und wieder zugeschraubt.

Ein paar Minuten später waren die zwei in Johannesburg. Da sind sie noch heute.

Mehr als 15 Jahre sind vergangen und Steef hat mittlerweile einen zweiten Sohn, ist seit nunmehr 12 Jahren verheiratet und fliegt immer noch in Afrika verwegene Chartertouren. Jetzt bei Sahel-Aviation-Service in Mali auf Citation-Jets und Turboprops als Chefpilot.

Tagebuch über eine Traumreise nach Afrika

Zwei Jahre war die Dornier schon im Einsatz bei Samartex. Ich war schon drei oder vier Mal in der Zwischenzeit mit dem Airliner in Ghana und wollte auch mal mit der Bonanza dort landen. Mein Freund Günter Schilling hat mich auf dem Trip nach Ghana begleitet und schreibt den folgenden Bericht. Ich habe diesen im Wesentlichen übernommen. Er schreibt eben etwas romantischer als ich. Hier sein Bericht:

An einem der letzten Novemberabende, die Familie Schilling sitzt wie gewohnt reichlich spät beim Abendessen, als ein Anruf des Fliegerfreundes Michael aus Höchstädt das traute Mahl stört.

"Hallo Günter, fliegst du mit mir nach Ghana?" Es gab keinen Gedanken und kein Gefühl, nein zu sagen, also ein promptes Ja, als sei es schon lange vereinbart gewesen.

Eine entsprechende Gleichgesinnung konnte ich bei meiner Familie so recht nicht feststellen. Sehr schnell holte die Wirklichkeit diese Phantasien ein und man wird etwas unsicher ob seiner Entscheidung. Mich überraschte dabei die emotionale Reaktion und die Sorge meiner Mitmenschen, die um mein Leben bangten und mir mein Vorhaben mit den unterschiedlichsten Argumenten auszureden versuchten.

Der Abflugtermin sollte der 12. Dezember 2001 sein. Tage der Vorbereitung folgten. Überfluggenehmigungen für Tunesien, Algerien, Mali, Burkina Faso, Benin, Togo und Ghana mussten beantragt werden.

Flugbenzin auf den Flugplätzen Tunis, Tamanrasset (Algerien), Niamey (Niger) und Accra wurde geordert und musste dort gesichert zur Verfügung stehen.

Flightlogs und Flugpläne wurden ausgearbeitet, Dollars getauscht, Sauerstoffflaschen gefüllt. Für den Notfall ausgerüstet zu sein mit Zelt, Esbitkocher, Wasser, Crashsender, Signalpistolen, Hand- GPS, sogar Folien zum Kondenswasser erfassen hatten wir dabei.

Taschenlampen, Schlauchboot und Schwimmwesten (für den Überflug über das Mittelmeer), Satellitentelefon für die Sahara (anstatt einer Kurzwellensendeanlage), um die Kontakte mit der zivilisierten Welt aufrecht zu erhalten. Eimer, Schaufel, Perlonseile, Notverpflegung, Messer (zur Selbstverteidigung), Fotoausrüstung und vieles mehr.

Dienstag, 11.12.2001.

Am Abend noch Anreise bei Michael in Höchstädt. Unser Fliegerfreund Ernst verabschiedet uns etwas wortkarg, äußert Bedenken über "kleine Tierchen", die in diesen Ländern doch zahlreich heimisch seien und nach dem menschlichen Leben trachten. Vielleicht wäre er doch gern selbst mitgeflogen, der alte, graue Wolf.

Von den Frauen wird Verpflegung mit heimischem Brot, Wurst, Käse und süßsauren Gewürzgurken für unterwegs vorbereitet. Kurzer Schlaf.

Mittwoch, 12.12.2001 – 5:00 Uhr aufstehen.

Auf schneeglatten Straßen um 6:00 Uhr Fahrt zum Flugplatz Donauwörth. . Unser seelenguter, neidlos dreinschauender, eher Bewunderung ausdrückender, pensionierter Gewerbeschullehrer Walter Koch(selbst Pilot) gibt uns freundlich begrüßend die letzten Ratschläge, um uns später mit unserer D-EMKH als amtlicher Flugleiter in die Nacht zu entlassen.

Schnell sind restliche Kleinigkeiten ins Flugzeug verstaut, das für mich plötzlich etwas Lebendiges an sich hat. Wie ein Pferd, dem man vor dem Start in die Augen schaut, und es dabei, sich selbst Mut zusprechend, nochmals am Hals tätschelt.

6:35 Uhr (Lokalzeit) heben wir ab und verschwinden nach einigen Sekunden in nebliger schwarzer Nacht. Wir sind für kurze Zeit allein auf dieser Welt.

München - Radar cleared uns über Memmingen nach Friedrichshafen. Landung dort 6:17 Uhr UTC, wo die Tanks (Gesamtfassungsvermögen 480 Liter) bis zum Rand gefüllt werden. Obligatorischer Toilettengang mit Blasenpflege; an ihren Schreibtischen schlafende Zollbeamte aufweckend.

Start nach Tunis um 7:37 Uhr. Es beginnt zu dämmern, ab 7.000 ft. sind wir oberhalb der Nebelschicht, die sich von hier aus bis Genua erstrecken sollte. Ein stimmungsvolles Alpenglühen, mit einer im Südosten aufgehenden Sonne, deren erste Strahlen den Tag ernähren.

Um nicht höher steigen zu müssen und um kostbaren Flaschensauerstoff zu sparen, wechseln wir bei 13.000 ft. von Blindflug- auf Sichtflugbedingungen.
Gedanken über einen Motorausfall, die bei diesen Bedingungen über den Alpen keine Überlebenschancen lassen, werden verdrängt, die Statistik hilft dabei.
Zürich-Radar, Milano-Radar, Marseille-Radar. Die Mittelmeerküste, Genua mit den steilen Hängen und Straßen der italienischen Baukunst, entschwindet hinter uns. Der Rückenwind schiebt uns mit 50 kt an. 195 kt GS stehen auf dem GPS-Gerät. Rettungsboot, Schwimmwesten, Signalpistole und Notsender in Griffweite. Bei 6/8 Bewölkung über der dunkelblau schimmernden Adria, die Küste von Korsika mit Calvi. Auf den Gipfeln liegt Schnee.
Radar-Roma „.... cleared to Tunis". Sardinien mit seinen vielen Bergen. Über dem offenen Mittelmeer kündigen die ersten CBs eine Tiefdrucksituation über der afrikanischen Nordküste an. Ein Rückenwind von 40 Kt treibt uns zusätzlich an.
Ich äußere letzte Kommandos für einen Notfall: " Du, Michael ...also, wenn jetzt der Motor ausfällt, entriegle ich die Tür, gebe Dir Deine Schwimmweste, bringe das Rettungsboot in Position und Du versuchst, neben einem der Schiffe da unten zu landen ...!".
Gegen 11:00 Uhr Tunis–Radar: "Good morning Tunis-Radar - this is DEMKH-FL-130, inbound Tunis - VOR - request landing instructions." - "Clear to land runway 22." Landung 11:39 Uhr in Tunis. Wir sind in Afrika.
Wo doch bisher alles nach Plan lief, wird man sich auf diesem Kontinent, der Geburtsstätte allen Lebens, in Geduld üben können.
Afrika ein Kernraum, von dem sich menschliches Leben ausbreitete und durch die biologische Auslese unter anderen klimatischen Bedingungen die Lebensgewohnheiten, die Intelligenz und das Aussehen der Menschen veränderte.
Und auch hier auf diesem Kontinent gibt es große soziale Gefälle. Ein Araber sei fünfmal so viel wert wie ein Schwarzer. Ebenso sicher ist, dass ein Nordalgerier sich für doppelt so wertvoll hält wie seinen Landsmann aus dem Süden und für dreimal besser als jeden Nomaden aus dem Sahel, der sich seinerseits gegenüber jedem Schwarzafrikaner überlegen fühlt.
Wer diese Realität nicht begreift, wird es schwer haben, in Afrika überhaupt etwas zu verstehen. Weiße glauben gern, der Rassismus sei ein Virus, das Europäer in Afrika gezüchtet hätten, um damit Amerika zu infizieren. Doch das ist nur das Schluchzen um Vergebung kolonialer Sünden. In Wahrheit haben fast alle Völker Afrikas eine feste Vorstellung von ihrem angeborenen Mehrwert gegenüber anderen und das meist aus Gründen der Hautfarbe.
Auftanken dauert anstatt 15 Minuten zwei Stunden. Wir passen hier mit unserem Avionic-Gas nicht so richtig ins System.

Nach vielem Hin und Her können wir unser schweres Rettungsboot im AIS-Büro auf einem alten Schrank ablegen. Jetzt sind andere Rettungshilfen angesagt. Hoffentlich werden wir es beim Rückflug wieder vorfinden.
Jeder ist sich selbst der Nächste. Den europäischen Überfluss gibt es nicht. Das Sicherheitsdenken unserer Zivilisation und das zur Verfügung stehende Material haben andere Maßstäbe.
Start in Tunis bei 6/8 Bewölkung um 13:48 Uhr. Mit über zwei Stunden Verspätung werden wir nach Tamanrasset "gecleared".
Zuerst über hohe Berge im Süden von Tunis, die geologisch dem Atlasgebirge zuzuordnen sind, über Gafsa, El-Oued, vorbei an Tuggurt. Wir sind nach einer

Stunde im algerischen Luftraum. FL 110 in dichter Bewölkung mit minus zwei Grad-Celsius, leichter Eisansatz mit rosarot/gelblicher Färbung, also Saharasand in der Luft, Sinkflug auf FL 90, dann weiter auf FL 80, nun plus 1 Grad. Der Funkkontakt zu Radar Algier bricht ab.
Hassi-Messaoud - zwei Flugplätze, eine Siedlung für Menschen, die hier in Containern und Hütten hausen, um nach Öl zu bohren. Der Radarlotse dieser Wüstenstation weist uns auf die Luftstraße Nr. R 978, die von Algier in den Süden direkt nach Tamanrasset führt.

Die Bewölkung ist zwischenzeitlich ausgedünnt, wieder Ölbohrstationen, Sand und nur Sand, kein Anzeichen von natürlichem Leben mehr. Um uns nur noch das Ergebnis von Winden, Erddrehung und einem allmächtigen Schicksal.
Dünen mit scharfkantigen, parallel in eine Richtung verlaufenden Kämmen oder solche, die sternförmige Hügel bilden. Andere wieder, die wie Plätzchen auf einem Kuchenblech aneinander gereiht zu sein scheinen.
Stunde um Stunde unterwegs ohne eine einzige Asphaltstraße, einen Fluss oder eine Stadt, die wir überfliegen.
Die Wüste Sahara hat hinter Tunis begonnen, sie ist eine in sich verschlossene Welt. Schon durch ihre Ausdehnung unterscheidet sie sich von anderen Wüsten dieser Erde. Sahara, im Arabischen ein gängiger Begriff, der übersetzt so viel wie Ödland bedeutet. Im täglichen Sprachgebrauch steht er für "Wüste außerhalb einer Oase" und wird in allen arabisch sprachigen Ländern

verwendet. Sie erstreckt sich etwa 3.000 km von hier aus nach Süden als ein Land totaler Trockenheit, in dem es nichts als Sand und Steine gibt, dann in Steppe übergehend bis an die Nordgrenze von Ghana. Neun Millionen Quadratkilometer, ein Gebiet größer als Westeuropa, aufgeteilt in zehn Länder, bewohnt von drei oder vielleicht auch fünf oder zehn Millionen, teilweise noch nomadisierenden Menschen der unterschiedlichsten ethnischen Abstammungen, die von der Sahara ernährt werden. Sie leben von der Bewirtschaftung weniger Oasen, Kamel-, Ziegen- oder Schafzucht und ein ausgewählter Teil von der Ölförderung im Auftrag der Multis.

Ölbohrstation in der Algerischen Wüste

Es geht an die Grenzen menschlicher Vorstellungskraft, die gewaltige Ausdehnung dieser Wüstenzone zu begreifen. Gebirgszüge, zerklüftete Zinnen, Irrgärten voller Sandsteine, natürliche Höhlen und Felsüberhänge, Wadis, Salzseen und Dünen. Eine lückenlose Radarabdeckung über der Sahara ist durch fehlende Sende- und Empfangsstationen nicht möglich. Die Flugsicherung stützt ihre Überwachung deswegen auf sogenannte Etas (estimated time of Arrival, voraussichtliche Ankunftszeiten), für die vom Piloten vorher niedergeschriebenen Ziel- oder Navigationspunkte, die dann regelmäßig per KW-Sender abgesetzt werden müssen.

Südlich von Hassi-Messaoud, in der Nähe einer Ölstation mit spärlichem Flugplatz, bleibt uns nach drei Stunden plötzlich der Motor stehen. Mit einer routinemäßigen Handbewegung, als sei es eine Alltagssituation, schaltet Michael die elektrische Benzin-Zusatzpumpe ein, wechselt mit dem Verstellen des Tankwahlschalters auf einen anderen Tank und der Motor läuft weiter wie ein Uhrwerk. Diagnose: Der rechte Zusatztank war leer. Im Falle einer Notlandung wären wir Strandgut für Diebe geworden. "Der Adrenalinstoß kommt immer nach der Aktion" sagt Michael, "und so habe ich bisher überlebt".

Bei Bord-Omar-Driss, etwa 1.000 Kilometer südlich von Algier, reißt auch hier der Funkkontakt zu Hassi-Messaoud ab. Die uns zugeteilte Kurzwellenfrequenz nützt uns nichts, da aus Kostengründen ein KW-Sender nicht vorhanden. Im strahlenden Licht der untergehenden Sonne Wellen eines zu Sand erstarrten Meeres. Die vom Wind bis zu dreihundert Meter hohen aufgehäuften Sanddünen werfen wunderbare rötlich schimmernde, lange Schatten. Der Gegenwind wird stärker als vorhergesagt.

Auf der Notfrequenz 121,5 und auf anderen verschiedenen Bord-Bord-Frequenzen 121,5/124,1/126,9 versuchen wir, Kontakt zu einem mit Kurzwellensender ausgerüsteten Flugzeug zu bekommen:
"This is D-EMKH - anybody can hear us?" - Niemand antwortet oder bietet uns seine Relay-Dienste an.

Restflugzeit bis Tamanrasset noch zweieinhalb Stunden, Höhe 3.500 Meter. Außentemperatur plus drei Grad. Sunset in zwanzig Minuten, also zwei Stunden Nachtflug über dem bis zu 3.000 Meter hohen Ahaggar-Gebirge, das jetzt schwarz am Horizont aus dem gelben Sand herauswächst.

Plötzlich haben wir Kontakt mit einem Verkehrsflugzeug, die Swissair Nr. 264, von Zürich nach Accra, die uns das ETA TMS 19:34 Uhr nach Tamanrasset übermittelt. Gegen 18:00 Uhr versuchen wir, mit dem Satellitentelefon Algier zu erreichen, aber in unseren Unterlagen finden wir keine Landesvorwahl.

Meine Privatsekretärin in Deutschland, die "Renate", hilft etwas aufgeregt, aber doch erfolgreich. "00213". "Danke, tschüss."

18:30 Uhr, dann Kontakt mit einer KLM-Maschine, die sich auf dem Weg von Lagos nach Amsterdam befindet.

Noch dreihundert Kilometer bis Tamanrasset. Unter uns schwarze Sahara, kein Licht. Über uns ein Nachthimmel, sternübersät. Mich ergreift das Gefühl, bisher nur unvollkommen gelebt zu haben, unbekannte Sternbilder, die Venus steht hier im Zenit, der Große Wagen mag wohl im Norden vollends hinter dem Horizont verschwunden sein, über uns herrscht der Orion.

50 Kilometer vor unserem Ziel der erste Funkkontakt. "Tamanrasset tower: ... clear standard approach runway 28."

Mitten in der Wüste eine Landebahn, ein längliches Rechteck, umrandet mit einer Lichterkette, wie Perlen in unregelmäßigen Abständen aneinandergereiht.

Sanfte Landung von Michael kurz hinter einem Learjet, unterwegs von London nach Brazzaville (Kongo). Die zwei netten jungen deutschen Piloten und ihre zwielichtigen Passagiere aus dem Jetset oder von der Öl-Mafia vertreten sich die Beine, bis ihre Maschine wieder aufgetankt ist.

Soeben landet noch eine viermotorige Hercules. Fotografieren strengstens verboten! Man zeigt hier im Süden von Algerien seine Wichtigkeit und Macht, mit der man versucht, die Infiltration von Flüchtlingen und Wirtschaftsgütern aus den ärmsten Ländern der Sahelzone zu verhindern.

Diverse Uniformierte begrüßen uns mit Handschlag, dann rechte Hand auf die Brust, an die Stelle, an der sie ihr weltliches Herz vermuten.

In Erwartung, schnell in unser von Mr. Graumann (AIS-Germany) disponiertes Hotel Tahat zu kommen, betreten wir ein staubiges, scheinbar in ständigem Umbau befindliches Flughafengebäude, dessen Fußboden mit Sand und Wandfarbe bedeckt ist.

Im ersten Stock ein Büroraum, eine Schreibmaschine, die nicht funktioniert, ein Wandschrank, der nicht schließt, Formulare, die nicht auf die Art unserer Einreise passen, endlose Telefongespräche eines Beamten mit irgendwelchen Vorgesetzten.

Nach und nach gesellen sich Zollbeamte, Polizisten und andere Uniformierte mit nicht zu ergründenden Aufgaben zu uns. In guter Absicht öffne ich eine Tüte mit 500 Gramm Seeberger Studentenfutter aus unserer Eisernen Ration, jeder greift mit seiner mehr oder weniger keimfreien Hand in die Tüte.

Ein Sprachengemisch von Französisch, Arabisch und Englisch, aber alles führt zu nichts. Wir dürfen den Flughafen nicht verlassen und bereiten uns gedanklich schon auf ein Nachtlager im Zelt neben unserem Flugzeug vor.

Umständliches Tanken in Tamanrasset

Noch ein Telefonat und dann die Wende: Pässe abgeben! Identitätsverlust.

Ein Ersatzdokument wird ausgehändigt, dann noch die Zollabfertigung. Höflich werden wir gebeten, auf Sesseln mit sichtbarem Innenleben (Sprungfedern) Platz zu nehmen.

Ab geht's mit dem Dienstwagen, sechs Polizisten, teilweise auf der Ladefläche hockend und wir zwei Germanen. So erreichen wir die nahegelegene Wüstenstadt Tamanrasset. Dunkle Seitengassen, Männer, bekleidet mit ihren langen Ganduras, ihr Gesicht verborgen hinter einem indigoblauen Tagelmust, dem traditionellen Turban und Gesichtsschleier der Tuaregs, huschen im Scheinwerferlicht zur Seite.
Dort werden wir zu einer letzten Kontrolle, einem Mann, in Zivil gekleidet, vorgeführt. Wie ein geblendetes Reh glotzen wir in den Lichtkegel seiner Taschenlampe. Und weiter, nur Männer in dieser Stadt, mitten in der Sahara, mich fröstelt. Ist das die Kühle in dieser Wüstennacht oder ist es die Sinnlosigkeit alles Menschlichen, mit seiner Sehnsucht nach einem Zuhause?
Tahat, das Hotel in dieser Stadt, 100 Zimmer und nur zwei Gäste (ohne Pass, ohne Identität). Eine Flucht würde die Natur vereiteln. Wüste, die Strafe der Evolution, soweit du fliehst, nur Sand und Staub und Steine.
Zimmer Nr. 65, ausnahmsweise zwei Liter Wasser vor Mitternacht für uns Ungläubige, es ist Ramadan, das härteste Kopfkissen und die sehnsüchtigsten Träume. 4:00 Uhr nachts, Aircondition, sonst Stille. Allein mit der Ziellosigkeit.
Donnerstag, 13.12.2001
Aufstehen. Ein Taxi fährt uns zurück zum Flugplatz. Es ist immer noch Nacht.
Der Mond, weder zu- noch abnehmend, hängt in der Morgendämmerung als Sichel wie eine venezianische Gondel über der Silhouette der sich abzeichnenden Gipfel des Ahaggar-Gebirges. Totenstille wie es sie nur in der Wüste gibt.
Der hilfsbereite Polizist vom Vorabend, er mag wohl hier übernachtet haben, empfängt uns und bittet uns nochmals, niemand von unserer Abwesenheit und dass wir den Flughafen verlassen hatten, zu erzählen.
350 Liter Benzin aus zwei Fässern füllen wir mit einer quietschenden Handpumpe mittels mitgebrachtem Trichter und Sieb in die Tanks unseres Flugzeuges. Es wird viel verschüttet- Michael bezahlt 325 Liter.
Flugplan, Landegebühren, Toilettengang und dann "request startup".
"Take off ", 8:01 Uhr. Steigflug 500 ft./min, Kurs 210 Grad, 11.000 ft., plus 20 Grad Celsius. Näher bei Gott. Kurze Zeit später keine Anzeichen von Leben mehr.

9:15 Uhr Brotzeit made in Höchstädt. Salami mit Essiggurken. "... die zuhause haben es aber gut gemeint mit uns."

Michael:" Da siehst Du, wie sie uns brauchen. Daheim meinen sie, alles besser zu wissen, aber was machen sie, wenn wir nicht mehr zurückkommen?"
Und unter uns ein Meer aus Sand, Dünen wie Wellen der Ozeane, nur scheinbar unbeweglich.
Bei N 15 Grad 37 Min E 2 Grad 57 Min. Das erste Lebenszeichen, eine Straße, jetzt ab und zu Buschwerk in den Wadis. Kurze Zeit später überqueren wir die nigrische Grenze.
Erste Wasserlöcher mit einem Durchmesser von 50 bis 100 Metern, verbunden durch ausgetrocknete Rinnen. Das ist der Süden von Niger.
Weiter nordöstlich von hier, im Zentrum dieses Landes, liegt die Ebene von Arlit, am Westrand des Aiir-Gebirges mit seinen Uranminen. Ein tragischer Reiz des Trostlosen. Hier ließ 1960 Präsident Charles de Gaulle in der Sahara die erste Atombombe zünden. In den Augen des Generals beruhte die Souveränität der Grande Nation auf der eigenen nuklearen Schlagkraft.
Dieser Umstand setzte dem Neokolonialismus im Niger ein präzises Ziel: Den Zugang zu den Uranminen zu sichern, Frankreichs strategischen Reserven in der Sahara.
In den besten Jahren, 1975 bis 1990, hat das Uran von Arlit die Skyline von Niamey, der 1000 Kilometer entfernten Hauptstadt, geschaffen. Und gleichzeitig eine Elite ernährt, die zu den Unersetzlichsten des Kontinents zählt. Die Uranexporte bestritten den größten Teil des nigrischen Staatshaushaltes.
11:15 Uhr - 15 Grad 01 Min. E 2 Grad 43 Min.
Die erste Ansiedlung, sie heißt Bani Bangou, Sandstraßen führen darauf zu.
Noch 70 NM bis Niamey und der erste Funkkontakt. 20 NM später erreicht uns per Satellitentelefon ein Gespräch aus Poznań (Polen). Ein Holzlieferant von Michael will wissen, ob der Preis für sein Holzangebot interessant genug sei.
Im Südwesten kommt der Niger in Sicht, der drittgrößte Fluss Afrikas, der den beiden Ländern Niger und Nigeria ihren Namen gab.
Er entspringt nahe der Grenze zwischen Guinea und Sierra Leone, durchfließt Mali, vorbei an dem sagenumwobenen Timbuktu und erreicht Niger, wo er anschließend zwischen Niger und Benin zum Grenzfluss wird und seinen Weg durch Nigeria nimmt und dann im Süden, in einem 25.000 Quadratkilometer großen Delta, mit zahlreichen Armen in den Golf von Guinea mündet.
Er ist 4.100 Kilometer lang und längst nicht so schön blau wie auf unserer Landkarte. Man fragt sich, warum dieser Fluss nicht unmittelbar in der trockenen Sandlandschaft und Dürre versickert und wodurch seine Fluten eigentlich gespeist werden. Es sind die tropischen Sommerregen im Ursprungsland.
Sinkflug auf 2.000 ft. 30 Grad Außentemperatur. 11:49 Uhr Landung in Niamey, 35 Grad warm. Prompte Auftankung unseres Flugzeugs mit 250 Litern von drei

Schwarzen in ihren blauen Ganduras, als hätten sie schon auf uns gewartet. Benzinpreis billiger als gedacht, dafür Fotografieren verboten!
Nach genau einer Stunde, 12:49 Uhr, heben wir wieder ab. Kurs 210 Grad Richtung Accra.
13:10 Uhr überfliegen wir in 8.000 ft. (20 Grad Außentemperatur) die Grenze von Niger nach Burkina Faso.
Das Gefühl, allein, weit weg vom Rest. Wer liebt wirklich, wer wird geliebt, wer befriedigt seine Seele?
Wieder stundenlang Wüste, 3.000 Meter hoch. Wir fühlen uns sicher in diesem hochtechnisierten Gerät, das man Flugzeug nennt, ausgerüstet mit drei verschiedenen Navigationssystemen, die zu jeder Sekunde genaueste Breiten- und Längengrade nach Bogensekunden angeben, Notsender, Zelt, Wasser, Sauerstoff, Medikamente. Und die Geschwindigkeit 300 Km/h, gegenüber den Kamelkarawanen, die hundertmal langsamer sind als wir.
Vorbei an Diapaga, einem kleinen Wüstenflugplatz. In der Nähe ein Stausee des Tapoa-Flusses, der im Norden bei Latapoa in den Niger mündet, wie fast alle anderen Flüsse der Südwestsahara auch.

Die Sicht, vorher 100 Kilometer weit, geht zurück auf 20 Kilometer. Die relative Luftfeuchtigkeit ist bei gleichbleibender Temperatur angestiegen und das ist der Grund dafür.
Wir nähern uns Arli am Doubodo-Fluß, eine Ansammlung von Wüstenstraßen und Funkfeuern. Wir überqueren die Landesgrenze nach Benin. Die Sicht nur noch 5 Kilometer, fast IFR-Bedingungen.
Ein Blick auf den künstlichen Horizont, der schief hängt. Die Kugellager haben wohl am Vortage Saharastaub geschluckt und mit ihren 10.000 Umdrehungen pro Minute bekam ihnen das gar nicht gut. Aber wir haben ja noch als Ersatzgerät einen Wendezeiger.
Die Überquerung des 11. Breitengrades auf der Luftstraße wird hier mit dem Pflichtmeldepunkt Batia bezeichnet, es ist zugleich auch der Name eines in der Nähe liegenden kleinen Dörfchens. Vorbei an Tanguieta und Boukombe.
Bei N 10 Grad 10 Min. E 1 Grad 10 Min. sind wir in Togo. Gleich drei Flugplätze in näherer Umgebung: Sarakawa, Niamtougou und Tohitchao.
Unsere Bitte, Funksprüche mit Standortmeldungen weiterzugeben, werden nicht erwidert, wahrscheinlich spricht man nur Landessprache.
Im Osten die Stadt Lama-Cara. Bis hierher führt die letzte aus dem Süden von Togo kommende Asphaltstraße.
Die steppenartige Sahelzone beginnt.
14:35 Uhr, noch etwa zwei Flugstunden bis ans Ziel. Im Westen, parallel zu unserem Kurs, nur schemenhaft sichtbar im starken Dunst, taucht der Lake Volta auf, die Bewässerungs- und Energiequelle von Ghana.

Entlang des nach Süden verlaufenden Shiene-Berglandes und der Akwapimtogo Ranges-Gebirgskette, mit bis zu 1.000 Meter hohen Bergen, bilden sich kräftige Kumuluswolken. Wir erreichen nun nach der Steppe die Savanne, die nördlichste, tropische Klimazone.
Bei N 8 Grad 25 Min. überfliegen wir die Grenze von Togo nach Ghana und noch eine Stunde bis Accra an der Goldküste, der größten Stadt in diesem Land.

Ghana Se`w Akwaaba! Willkommen in Ghana!
Geheimnisvoller Dschungel, Hitze, Gewitter, Schlangen, Moskitos, schwarze Menschen, überwuchert mit Wachstum irgendeiner Art. Armut, Krieg, Krankheit und doch ein Land, das versucht, sich von jahrhundertelanger Unterdrückung, Unterentwicklung und Vorurteilen zu befreien.
Ein Land mit einer Fläche in der Größe der alten BRD, allerdings mit einer weit geringeren Bevölkerungszahl von nur 15 Millionen Menschen. Von Nord nach Süd bis zur Küste hin etwa 700 Kilometer lang und maximal 450 Kilometer breit, mit Bodenerhebungen zwischen 150 und 450 Metern.
Das letzte Salami-/Essiggurkenbrot und ein halber Liter Mineralwasser (ohne Gas), die letzten Seeberger Datteln, aus den Oasen der Sahara stammend (nach Deutschland und zurück), werden genüsslich verspeist. Im Falle einer Notlandung wird die Nahrung nicht mehr das Problem sein.
An der Südspitze des Volta-Stausees sind wir im Endanflug nach Accra. Um 15:39 Uhr Überflug des Greenwich-0-Meridians. 10 Minuten später: "Clear to land, runway 22, wind 220, 10 kt, temperature 34 degrees". Die übliche Einreiseprozedur folgt.

Der Flugplan bei der AIS zu unserem eigentlichen Aufenthaltsort Kumasi wird freundlich angenommen und beurkundet. 5.500 Kilometer, 17 Std. und 28 Min. liegen hinter uns. Wir sind stolz auf unser erreichtes Ziel.
16:51 Uhr Start nach Kumasi, 320 Grad, 6.000 ft. Kumasi, die zweitgrößte Stadt in Ghana mit 800.000 Einwohnern. Die heutige Heimat der legendären Ashanti, die der Sage nach vor hunderten von Jahren aus Mali in diese fruchtbare Region eingewandert sein sollen und hier als berühmte, streitbare Krieger lebten bis zu dem unglücklichen Tag 1896, als die Briten deren König Prempeh II. verhafteten und ins Exil auf die Seychellen schickten.
Nach 40 Flugminuten erscheint südlich unseres Kurses der Bosumtari-See. Fast kreisrund mit einem Durchmesser von etwa sechs Kilometern und wie wir erfahren bis zu einer Tiefe von 100 Metern, nach den neuesten wissenschaftlichen Kenntnissen soll er vor eineinhalb Millionen Jahren durch einen Meteoriteneinschlag entstanden sein. Genau wie das Ries bei uns.
Gefischt wird hier auf einem Brett sitzend mit Netzen und die Beute soll reichlich sein.

Landung 17:39 Uhr. Vorher:" Request your clearance-number." Diese spezielle Nummer, die hier erfragt wird, haben wir nicht und haben für diesen Wunsch weder eine Erklärung noch Verständnis.
"Stand by in your aeroplane." Über 35 Grad und extrem hohe Luftfeuchtigkeit.
Dann werden wir in Begleitung eines Uniformierten auf den Tower gebeten und nach drei Stunden wird dieses leidige "Number-problem" für beide Seiten, durch Mithilfe unseres Gastgebers Imad Berbari, nicht ganz befriedigend beendet. Der General erhielt eine Fuhre Brennholz aus dem Sägewerk!

Freitag, 14.12.2001
Kumasi, die Stadt mit dem Konsuls-Palast, der Universität, die Stadt der Töpfer, Schnitzer, Färber, Weber und der Geier, aber auch für uns ganz wichtig, die Stadt der Sägewerke in den Händen der Araber.
Michael ist in seinem Element. Sägewerke, Sägewerke "left, right and center."
Händeschütteln, Holz wird begutachtet, nach Trockengehalt, Maserung, Länge und Breite ausgesucht. Es wird gefeilscht und gejammert. Man gibt Tipps für bessere Bearbeitungsmethoden, Maschinen werden als Gegengeschäft

Die Bonanza am Flugplatz Takoradi

angeboten. Es ist Michaels "ghanaisches Höchstädt."
Samstag, 15.12.2001, wieder auf dem Flugplatz Kumasi. Der rote Teppich wird ausgerollt. Eine Ehrengarde mit Musik erwartet, nicht uns, sondern den neuen Staatspräsidenten Kufour mit seiner zweistrahligen Fokker.
Ein schönes Schauspiel, dem wir auf dem Tower (ohne Radarequipment) sitzend in bester Position geduldig beiwohnen. Aber es kostet uns zwei wertvolle Stunden.

Unser Ziel heute, Takoradi, eine Küstenstadt im Südwesten von Ghana, die erst 1920 durch den Bau eines Hafens an Bedeutung gewann. Dort mussten vormals die auf Holzlieferungen wartenden Schiffe auf dem offenen Meer ankern, um ihre wertvolle Fracht mittels Flößen über das flache Ufer hinweg heran zu transportieren.

Nach einem kurzen Zwischenstopp in Accra, um das Flugzeug aufzutanken, landen wir in Takoradi um 14:46 Uhr. George, ein Syrer, jedoch ein Christ, Michaels Betriebsleiter in Ghana, erwartet uns schon am Flugfeld. Aber the same procedure: "request your clearence number", ruft's vom Tower durch den Äther.

Ich will in diesem Zusammenhang nicht mehr viele Worte machen. Das waren die quälendsten Situationen ohne jeglichen Sinn, die ich in Ghana erlebte.

Warten, immer nur unsinniges Warten.

Nach drei Stunden bequemt sich einer der Militärs, uns zu begutachten und gegen eine Gebühr von EUR 30.--, die am nächsten Tag zu verrichten seien, ziehen zu lassen.

Dann fahren wir durch den alltäglichen Markt von Takoradi. Staub, eine Verdichtung von Menschen, Waren, Gerüchen, Geräuschen, eingepfercht in

einer Pseudozivilisation, in einer Stadt, die eigentlich dort nicht hingehört.

Pflanzen, Plantinas, Geschrei, schwarze halbnackte Frauen. George empfängt uns zum Abendessen in seiner arabischen Dschlabiyah und mit Wasserpfeife. Das schwarze, männliche "Hausmädchen" (ein fleißiger Bediensteter, der als zwölfjähriges Bübchen hier ins Haus kam und zwischenzeitlich Vater von zwei Kindern ist), zaubert ein vorzügliches Abendmahl mit Prawns, Geflügel, Reis, Gemüse und Plantinas.

Nachts wird von ihm unsere Wäsche gewaschen und morgens liegt sie gebügelt, wie im besten Hotel, bereit. Nur Katzen und Hunde im Haus stören die Nachtruhe.

Sonntag, 16.12.2001. Frühmorgens fahren wir zu Sägewerken, vorbei an muslimischen Schwarzen, die auf großen Plätzen das Ende des Ramadan feiern. Kinder fangen Krebse, vielleicht als Sport, vielleicht als Nahrung. Frauen in nassen, an den Körpern klebenden Kleidern, mit prallen Brüsten, auf ihren Köpfen Körbe mit Sand, die sie durch den Fluss tragen.

Und wieder Sägewerke und immer wieder Sägewerke. Export, Import, JCM mit malariakrankem Libanesen als Chef.

Dann das Primewood-Sägewerk. Scheinbar ein gesundes Unternehmen, das sich von den anderen dadurch unterscheidet, dass die Büros ordentlich aufgeräumt, die Sekretärinnen hübsch, die Bilder an der Wand wertvoll und die Mitarbeiter deutschsprechend sind.

Hier treffen wir Walter Wörle (from Binswangen), für einen Moment fast heimatliche Gefühle.

Dann noch das Sägewerk GDC –lt.Michael= „Ghana-Disaster-Company", ein abgewrackter Betrieb. Ich habe Mitleid.

Aber da ist auch noch das Sägewerk mit dem Millowitsch-Doppelgänger, einer, der zwar 60 Jahre zählt, aber die Lebensfrische eines 40-jährigen besitzt.
Nachmittags Fahrt mit George zum Strand. Lobster, Bier und Badevergnügen.

Anflug auf Flugplatz Samartex - Samreboi

Wassertemperatur 26 Grad, Wellen zum Reiten.

Heimfahrt nach Takoradi auf staubigen Straßen.
Abends im African-Beach-Hotel mit Gin on the Rocks und Moskitos, die um diese Tageszeit und besonders hier allgegenwärtig sind.
Montag, 17.12.2001. Vorweihnachtszeit, 34 Grad im Schatten.

Samartex- Holzindustrie - Samreboi

11:30 Uhr. Abflug nach Samreboi: N 5 38 Grad 30 Min. W 2 Grad 34 Min. Distance 65 NM. Dann, nach 30 Minuten, mitten im leicht hügeligen Regenwald, tief hängende Wolken, extrem hohe Luftfeuchtigkeit.
Eine Asphaltlandebahn 1.000 Meter, Golfplatz, Sträßchen, Fluß, Hängebrücken und mehrere kleine Villen im altenglischen Kolonialstil.
Am Rand der Landebahn eine schöne weiße Do 28 und Steef Kogler, (alter Fliegerfreund aus Deutschland) wartet schon auf uns. Er träumt schon seit Tagen von einer Ein-Meter-Salami.
Samreboi, eine kleine Welt für sich.
Vielleicht sind es zweitausend Schwarze, die hier Arbeit haben. Besser Handarbeit und Brot, als computergesteuerte Maschinen und Entwicklungshilfe.
Vor den Toren dieses Sägewerks, das aus der englischen Kolonialzeit stammt und in den Wirren der Demokratisierung enteignet wurde und jetzt von einem deutsch/dänischen Konsortium betrieben wird, ist ein kleines Dorf entstanden.

Steef u. ich am Flugplatz Samreboi

Mit Hütten zum Wohnen, einem Markt, wo es vom Nähzeug bis zu den wohlbekannten Plantinas (große geröstete Speisebananen) alles gibt. Kinder baden ausgelassen im Fluss.
In einer dunklen Bretterhütte ein Lohnmüller mit modischer Sonnenbrille und seiner alten Dieselmaschine. Er ist der "King" für uns Besucher.
Michael rennt sich vor Begeisterung fast das Hirn ein - left, right and center.

Mr. Dietz (from Bayrisch Eisenstein) ist im Sägewerk der Chef, macht Geschäfte mit Michael und bewirtet uns fürstlich in seiner englischen, stilvoll eingerichteten Villa.
In gutem Oxford-Englisch smalltalk mit weiteren Gästen, einem englischen Sperrholzhändler und seiner Begleiterin.
Wehmütiger Abschied von unserem Steef. Gerne wäre er mitgeflogen.
Am Rollfeld hat sich im Schatten unseres Flugzeuges eine Glucke mit ihren Jungen eingefunden, quasi als Kollegin.

Die Bonanza am Buschflugplatz

Anflug auf Kumasi. Die neue und alte leidige Geschichte beginnt: "request your clearence number". Zwar eine freundliche Stimme der Dame vom Tower (nicht ganz so schwarz wie die anderen, ausgebildet in Südafrika), mit Fernglas (made by Zeiss-Jena), nimmt uns mit Hilfe der hier vorherrschenden militärischen Präsenz in Gewahrsam.

Kurze Zeit später jagen zwei Mannschaftswagen übers Vorfeld. 30 schwerbewaffnete Soldaten, ihre Kalaschnikows im Anschlag, umzingeln uns und nehmen uns gefangen. Im Konvoi geht es ab ins Militärgefängnis.
Das Militär hat in diesem Land das Sagen. Eine zivile Luftfahrt ist hier nahezu unbekannt, zumindest fehlt die Schnittstelle zwischen beiden Systemen, der Demokratie und dem Militär.
Zwischenzeitlich ist es Nacht geworden im Militär-Head-Quarter von Kumasi.
Moskitoweibchen machen Jagd auf unser Blut, um uns dabei auch noch mit ihren tödlichen Malariaparasiten zu infizieren.
Nach stundenlangem Verhör: Michael hält sein Plädoyer über "ICAO-AIS-Zivilluftfahrt und clearence-number". Ständig wird nachgefragt, weil nicht verstanden wurde und immer wieder, the same procedure, left, right and center.
Im Laufe der Nacht werden wir bei unserem freundlichen, libanesischen Gastgeber bis zum nächsten Tag unter Hausarrest gehalten. Er garantiert für uns mit Verschiedenem. Wir werden sehen, was der Morgen bringt.
Dienstag, 18.12.2001. Morgens gedämpfte Stimmung, trotz reichlichem Frühstück, serviert von der schwarzen Mama aus der Küche.
Um 9:00 Uhr werden wir in Kumasi dem BNI (ghanaischer Geheimdienst) vorgeführt. Wieder eine Stunde Verhör. dreiseitiges Statement von Michael. Unverständiges Getue auf beiden Seiten. Wir wissen eigentlich gar nicht, was wir verbrochen haben sollen, aber die clearence-number! Keiner kann uns sagen, wie oder woher man sie erhält.

Zwar sind wir nicht in einem tiefen Verlies bei Wasser und Brot gelandet, der Charakter der Schwarzen ist vielleicht besser, als der ihrer früheren englischen Kolonialherren, doch wir verlieren wertvolle Zeit.
Der Captain hier erklärt uns, wir könnten nun zurück nach Takoradi fliegen, aber unsere Stimmung ist gedämpft.
Auf dem Flughafen dann das alte Problem. Vier Soldaten bewachen weiterhin unser Flugzeug und sind nicht über die geänderte Situation informiert. Kurzerhand sind wir und das Flugzeug erneut in Gefangenschaft geraten.
Soldaten sind eben Menschen, die nur Befehle ausführen, ohne über den Sinn und Zweck nachdenken zu dürfen. Dann endlich eine Order von oben und 16:46 Uhr Start nach Takoradi mit Zwischenlandung zum Auftanken in Accra.
Aber in Accra angekommen machte die Airforce erneut die gleichen Probleme. Wir resignieren und geben auf.
Da hilft auch der gute Rat einer mütterlichen, dicken, schwarzen Mama im Büro der Abfertigungsbehörde nichts: "Habe Geduld, dann gewinnst du Freunde."
Uns fehlt einfach die Zeit, um Geduld zu haben und Freunde zu gewinnen.
In der Nähe des Flughafens finden wir eine kleine Bleibe im View-Hill-Hotel.
Diverse Biere, aber was Michael sich wünscht, bekommt er nicht. Er wird zum HB-Männchen, ich war etwas erschrocken, wo er das Land doch so liebt.
"A Paradise-Country, but ...". Ein Aber, das wir in unserem perfekten Deutschland verlernt hatten.
Mittwoch, 19.12.2001. Immer noch Vorweihnachtszeit. Köstliches Frühstück, aber einfach, Maisbrot, Marmelade und schwarzen Tee.
Morgen soll es zurückgehen in die Heimat. Michael trifft sich noch mit Geschäftsleuten und versucht, bei der algerischen Botschaft einen 24-Stunden-Aufenthalt für Tamanrasset auf der Rückreise zu erbitten, beordert seinen Samy, der Gehilfe des Gehilfen George, nach Takoradi, um unser dort liegen gebliebenes Gepäck herzuholen.
Der Luftfilter unseres Flugzeuges wird vorsorglich vom Wüstenstaub befreit, Öl gecheckt, die Tanks bis zum Rand gefüllt, Flächen gereinigt, Sauerstoffflaschen überprüft.
Dann folgen unendliche, unnütze Sicherheitkontrollen. Flugpläne nach Niamey und Tamanrasset werden aufgegeben.
Am Nachmittag noch als besonderer Leckerbissen: der Markt von Accra, ähnlich wie der von Takoradi, nur noch viel grösser.
Fische, Stoffe, Christbaumkugeln, Schuhe, und und und, das alles bei 35 Grad.
Filmen und fotografieren wird zum Abenteuer. Aufgebrachte Marktweiber strecken mir den blanken Hintern zu.
Zurück zum Hotel, vorbei am Fußballstadion (hier wurde vor Jahren die Militärregierung innerhalb von zwei Stunden zur Zivilregierung, in dem der

regierende General die Uniform mit einem normalen Anzug vertauschte. Das Volk brüllte vor Begeisterung).
Am Abend trifft sich Michael noch mit dem Kultusminister von Ghana. Michael wirbt für seine Holzfachschule nach dem "Rosenheimer Modell".
Donnerstag, 20.12.2001. Unser Rückreisetag. 5:00 Uhr, es ist noch Nacht in Accra.
Im stockdunklen Frühstücksraum liegen vier schwarze Bedienstete auf dem mit Zeitungspapier abgedeckten Fußboden und schlafen. Ich stolpere über den ersten und trete ihm auf die Hand.
"Oh, excuse me, please", stammle ich erschrocken. Frühstück mit Maisbrot. Die Hotelrechnung ist doppelt zu hoch.
"They shit us!" Michael läuft zur Höchstform auf und erledigt das auf seine Art. Er rechnet ja schneller als Staatsanwälte und Richter und mit dem Ausdruck seiner Hände, mal stechen diese nach vorn, Handflächen nach oben, dann wieder knallen sie auf den Tisch, Handflächen nach unten. Es gibt nichts zu entgegnen.
6:00 Uhr Taxi. Noch im Laufschritt durch verschiedene Kontrollpunkte des Flughafens, dann zu unserem Stück Heimat, unserer Bonanza.
"Request start up please, holding position 21, stand by for clearance".
Dann eine lähmende Frage: "Do you have filed a flightplan?" Daraufhin Michael: "Wenn die uns jetzt Probleme machen, geben wir Gas und verlassen das Land im Tiefflug."
Aber dann: "cleared ....bla, bla, bla ....route change by FPIS expected."
Start 7:40 Uhr. Erst 170 Grad Richtung Süden übers Meer hinaus. 4.000 ft. steigen, dann left turn to PAM-VOR.
Bei Flugfläche 70 durchsteigen wir die erste Inversionsschicht, wobei auch der Gegenwind zunimmt. Bei Erreichen von FL 110 haben wir dann wieder den Wind aus Süden im Rücken. In den oberen Luftschichten befinden wir uns in einer Luftmasse, die am Äquator aufsteigt und Richtung Norden zieht und in den unteren Schichten bläst dann der Harmattan, der von den Rossbreiten her in Richtung Südwest zurück zum Äquator zieht und somit den Kreislauf schließt. Das führt dann zu einer Geschwindigkeitsdifferenz von ca. 50 Knoten.
N 9 Grad 37 Minuten - E 1 Grad 02 Minuten - 9:35 Uhr am Sat-Phone telefoniert Michael mit seiner Helma und wir sind nach 1 Stunde 55 Minuten nördlich des Regenwaldes, hier und da noch einige Ansiedlungen. Es ist die Steppe von Togo.
9:45 Uhr erreichen wir Benin.
Die letzten Sandstraßen mit etwas Buschwerk und wieder nur Wüste.
10:10 Uhr - N 11 Grad - E 1 Grad 25 Minuten.
10:20 Uhr sind wir über Burkina Faso.

Alles Gebiete, die wir fast auf den Meter genau auf unserem Flug nach Ghana bereits einmal überquert hatten.

11:07 Uhr Landung in Niamey bei wiederum 35 Grad im Schatten. Flugzeug auftanken, Landegebühren bezahlen, Toilettengang. Noch kurzer Smalltalk mit zwei Genfer Piloten, die neben ihrer blütenweißen Falcon 900 mit der Kennung 3 B-XLA rauchend im Sand sitzen und vielleicht auch etwas mit der Ölmafia zu tun haben, weil doch weit und breit keine Passagiere zu sehen sind.

11:44 Uhr, nach einer Startstrecke von 700 Metern (bei dieser Hitze), sind wir bereits wieder in der Luft. Mühsamer Steigflug auf FL 110 bei einem Kurs von 21 Grad auf der Luftstraße G 855.

Nördlich des Flugplatzes beginnt die Wüste und nur ein paar Meter links und rechts des Nigers noch spärliches Grün. Einzelne runde Hütten neben Tümpeln mit gelblich sandfarbigem Wasser, der Lebensquell für Mensch und Tier.

Cirren am Himmel und die Temperatur ist auf plus 10 Grad Celsius gesunken.

Die Sicht wird schlechter, der Gegenwind wird zum Seitenwind, unsere Groundspeed steigt auf 165 kt. Allmählich wird aus der Cirrus- eine Stratusbewölkung.

12:35 Uhr passieren wir die Grenze nach Mali.

Kaum noch der Hauch einer Sandstraße oder ein anderes Lebenszeichen.

"Wenn man hier notlanden müsste und ...".

Im Osten jetzt die nördlichste Spitze des "Dallo Basso", ein mächtiger, durchschnittlich 20 Kilometer breiter und 400 Kilometer langer Wadi, der hier in dem Mount Sakarezou und Mount Akadamou seinen Ursprung hat und zu einem weiteren System, beispielsweise des Valley de Azavaak in der Zentralsahara gehört und im Süden in den Niger mündet.

Riesige Wassermengen werden unter der sandigen Oberfläche vermutet.

Auf der Frequenz 126,9 meldet sich plötzlich eine Boeing 747 auf dem Weg von Lagos (Nigeria) nach Heathrow. "... for all stations overhead Inama-point,
Fl 360 ..." Die Separation über Afrika wird von den Piloten selber gemacht.

Den Kontrollern traut man nicht.

In einer Höhe von 3.000 Metern gibt es hier weder Wolken noch Turbulenzen, der Motor läuft wie ein Uhrwerk.

Ich war kurz eingeschlafen und auch Michael schläft. "George", der Autopilot fliegt. Da der westliche Seitenwind nun auf Süd gedreht hat, korrigiere ich den Kurs um 10 Grad nach Ost. Die Groundspeed nimmt um weitere 5 kt. zu.

Michael schnarcht (sägt) genüsslich, wahrscheinlich träumt er von seinen ghanaischen Sägewerken.

Nach etwa zwei Stunden, um 14:00 Uhr, überqueren wir dann den 18. nördlichen Breitengrad. Wolkenloser Himmel, trockene, heiße Luft. Sicht etwa 100 bis 200 Kilometer, eine unendliche Weite, in der Himmel und Horizont in einen Raum verschmelzen.

15:00 Uhr erreichen wir die Grenze von Algerien. Und nun, nach diesen ausgedehnten Sandflächen makelloser Glätte und Reinheit, dass man an optische Täuschungen glauben möchte, Fata-Morganas, Trugbilder der Luft, Salzseen von schimmerndem Weiß, das Plateau Tassili des Ahaggar.
Bis zu 200 Meter hohe Sandsteinfelswände. Diese Sandsteinformationen, die heute im heißesten (bis zu 50 Grad Celsius) und trockenstem Teil der größten Wüste der Erde aufragen, entstanden vor hunderten von Millionen Jahren, in der Kreide- und Karbon-Zeit, auf dem Grund eines riesigen Binnenmeeres.
Hier regnet es durchschnittlich einmal in 40 Jahren.

Noch 200 Kilometer bis Tamanrasset und schon wird man in der flimmernden Luft des Mount Tahat (9.573 ft./2,908 m), dem höchsten Berg des Ahaggar-Gebirges, gewahr, der im Winter gelegentlich eine Schneedecke tragen soll.
Je näher wir unserem Tagesziel kommen, umso mehr Sandstraßen und Ansiedlungen, hauptsächlich entlang der Wadis.
15:25 Uhr landen wir ein zweites Mal, nun auf unserer Rückreise, in Tamanrasset.
Wir rollen über den Taxiway A auf das Vorfeld und der Controller auf dem Turm beantwortet unsere erste, ganz lebenswichtige Bitte, hier auftanken zu wollen, in recht gutem Englisch, negativ : "no fuel with AV-Gas possible!" Aber der Rest von den auf dem Herflug zurückgelassenen vier Benzinfässern müsste doch noch irgendwo lagern?
Wir glauben an einen Diebstahl, aber Gott sei Dank wird Michael nach einer viertelstündigen Suche fündig. Die größte Tugend der Wüste ist Geduld. Schon halbverdeckt vom Sand zwischen zwei Schuppen liegen unsere vier Fässer und

warten hier, um vielleicht als Schwarzhandelsgut zur Aufbesserung der allgemeinen finanziellen Situation dieser armen Menschen beizutragen.
Auch die zweite Bitte, zwei Tage hier bleiben zu dürfen, wird verneint.
"Technical stop, 24 hours only!"
Zwei Polizisten in leuchtend blauer Uniform, doch gelblich braunen Schneidezähnen. Der Mann vom Zoll in grau, erzählt von seinem Enkel, der in der Nähe von Frankfurt lebt und versucht uns mit "gudden Dak, wie geht's?" aufzuheitern.
Meine Antwort, die er nicht versteht:" Nicht so gut!"
Dann noch einer in Zivil, vielleicht vom algerischen Geheimdienst, der sich in sehr gutem Englisch nach unserem Anliegen erkundigt. Wir erzählen ihm von unserem Besuch in der algerischen Botschaft in Accra und dem Wunsch nach einem 48-Stunden-Aufenthalt. Nach ca. 10 Minuten ist alles klar. Wir erhalten von diesem Mann in Zivil die Aufenthaltsgenehmigung. Der Botschafter in Accra hat Wort gehalten, eine Stange Westzigaretten wechselt unbemerkt den Besitzer, die üblichen Einreiseformalitäten folgen.

Unser Wüstenfahrer

Wir sind wieder in Tamanrasset, die Stadt der Männer, kein Kinderlachen, keine Frauen, kein Anzeichen von Weichheit und Sanftmut. Tamanrasset, Hauptstadt eines algerischen Regierungsbezirks von der Größe Frankreichs. Die Einwohnerzahl hat sich in den letzten Jahren auf mehr als 80.000 verdoppelt.

Ein Kamel muß hier schon sehr genügsam sein.

Der Bürgerkrieg zwischen Armee und muslimischen Fundamentalisten im Norden des Landes, der Tod von etwa 150.000 Menschen in den vergangenen zehn Jahren, macht die Wüste attraktiv.
Einst wurden Beamte nach Tamanrasset zwangsversetzt; heute zahlen sie dafür, hierher ziehen zu dürfen.

Einchecken ins Tahat-Hotel, dieses Mal Zimmer Nr. 53, zwei Tage 100 US-$. Abendessen in einem der zahlreichen Restaurants. Kamelgeschnetzeltes und reichlich Zwiebeln. Wasser kostenlos aus einem großen Fass (vorsichtshalber schlucken wir noch eine Tanintablette dazu). Besuch im Basar. Souvenirs für Helma, Kaffee für Monika. Zwischenzeitlich ist es Nacht geworden. Die Beleuchtung ist spärlich. Die Nase ist nun wichtiger als die Augen, man riecht mehr als man sieht.

Der Geruch von Sellerie und abgehangenem Fleisch, wir stolpern weiter. In einem der arabischen Cafés, in dem nur Männer verkehren, um zu rauchen, zu trinken oder einfach nur dazusitzen, den Blick auf ständig flimmernde Bildschirme geheftet, denn überall stehen Fernsehgeräte, trinken wir ein klebriges, überzuckertes Glas Tee. Mehrmals werden wir heimlich nach „Magazin" gefragt. Die Jungens sind ausgehungert nach Frauen.

Der Notwasservorrat für die Wüstenfahrt

Für den nächsten Tag engagieren wir an der Rezeption für weitere einhundert Dollar einen Tuareg mit Toyota-Allrad. Sein Alter ist schwer zu schätzen, er ist dunkelhäutig. Nur seine dunklen Augen und seine negroide Nase sind nicht bedeckt von seinem Tagelmust. Seine Größe und sein aufrechter Gang werden noch betont durch die typische indigoblaue Gandura, die bis zu den Knöcheln reicht. Obwohl wir nicht seine Sprache sprechen, verstehen wir uns gut.

Freitag, 21.12.2001. Abfahrt am Hotel 8:00 Uhr. Noch innerhalb der Stadt versorgen wir uns mit Dieseltreibstoff, füllen die am Kühler hängenden Ziegenhäute mit Wasser. Auf einem großen freien Platz stehen, hocken und liegen Männer, meist schwarzer Hautfarbe. Es sind Migranten. Sie kommen aus einem Gebiet südlich der Sahara. Dort wo es immer irgendwo Probleme gibt. Kriege in Liberia, Sierra Leone und der Kongo-Region, Putsche und Unterdrückung in der Elfenbeinküste, Togo, Nigeria.

Sie träumen den alten Traum der unbegrenzten Möglichkeiten, vielleicht als Bauarbeiter, Erntehelfer oder Fabrikarbeiter nach Libyen, Nordalgerien oder sogar Europa zu gelangen. Manche werden verdienen, andere sterben.

Unser Fahrer mit seiner jungen Frau

Dann plötzlicher Stopp an einem typischen Bancohaus. Voll Stolz zeigt uns der Tuareg eine mädchenhafte, unverschleierte Frau, sehr jung, vielleicht seine Tochter? Nein, wie er sie in den Arm nimmt, ist es seine Frau. Eine Kanne Tee, eine Tüte mit Zucker gibt sie ihm mit auf den Weg.

Wir verlassen Tamanrasset in Richtung Wüste, ein Stück des Weges auf der Trans-Sahara-Straße, die von Algier kommend von hier aus weiter Richtung Niger im Südosten die Wüste durchquert. Vorbei am Friedhof der Stadt, auf einer Sandpiste mit tief eingefahrenen Reifenspuren.

Allmählich wird der Sand zum Geröll, wir nähern uns den Bergen. Noch einige dornige Sträucher und wir stehen vor einem der zentralen Gebirgszüge der Sahara, dem Ahaggar-Massiv. Von den gewaltigen tekto-nischen Kräften der Erde aufgeworfen, wurde vor zwei Millionen Jahren das kristalline Herz dieser Region gleichsam

Wasser aus einem trockenen Flussbett

entzwei gerissen und es formten sich Aschefontänen aus flüssigem Magma auf der Wüstenkruste. In den Schloten der Feuerberge aufgestiegene Lava erkaltete, und bildete polygonale Basaltsäulen, härter als umliegende Gesteins-schichten. Und hier, im Ahaggar, trugen Erosionskräfte die äus-seren Hüllen der Vulkankegel ab

Wasser-Pumpstation für ein ganzes Dorf

und ließen jene bizarren, gotischen Felszinnen zurück, die wir jetzt bestaunen können. Wer in der Sahara überleben will, muss die Grammatik der Wüste beherrschen. Die Lehre des Windes, der Steine, der Pflanzen und Tiere. Es ist die Sprache des Durstes.

Hier über-lebt nur, wer in der Lage ist, ausreichend Flüssigkeit zu speichern.
Dort im Schatten einer Felsennische ein gelbes Blümchen, vorbei flattert ein Vogel, der seinen Flüssigkeitsbedarf und seine Nahrung durch Jagd auf Insekten deckt.

Freilaufende Kamele. Sie finden trotz spärlicher Vegetation Nahrung. Ihr Hals, ein Geschenk der Evolution, unterstützt die Nahrungssuche vom Boden bis hinauf in drei Meter hohe Bäume. Bis zu einhundert Liter Wasser kann ihr Körper aufnehmen und damit drei Wochen haushalten. Das Kamel schwitzt erst bei über 40 Grad und sondert täglich nur bis zu einem Liter extrem konzentrierten Urin ab.

Karger Gemüsegarten von Tamanrasset

Ein Skorpion unter einem Stein, der älteste Wüstenbewohner, der ein Jahr ohne Nahrung auskommt.
Dort kleine, grüne Gemüsefelder, die von einem 60 Meter tiefen Brunnen mit Wasser gespeist werden.
Zwei Viehhirten am Rand eines Wadis haben einen temporären Brunnen gegraben, um ihre Tiere zu tränken. Verarmte Nomaden, die sich für ein paar Dollar zur Schau stellen.

Tuaregfamilie stellt sich gegen Bezahlung für ein Photo auf

Ein französischer Legionär, der an einem Steilhang über einer Quelle ein "Restaurant" erbaute und uns süßen, heißen Tee anbietet.
Andächtig fühlen wir den unaufhörlich in Bewegung befindlichen Sand in einer Welt, die keinen Irrtum erlaubt und keine Nachsicht hat.
Soldaten spielen an einem Wasserloch zwischen den Felsen Krieg.

Müde kehren wir in die Stadt zurück. Abendessen, ein halbes Hähnchen mit 200 Gramm rohen Zwiebeln. Auf Salat verzichten wir, denn: "Schäl' es, koch es oder vergiss es!".
Wir schlafen schlecht, vielleicht bläht uns das abendliche Mahl.

Michael träumt von seiner "Maria Schnürschuh", die er samt Verwandtschaft heiratet und Helma rät ihm noch dazu. Mein Urteil: "Ein ganz spezieller Fall für den Tiefenpsychologen". Wir lachen mitten in der Nacht.
Samstag, 22.12.2001. Und wieder um 5:00 Uhr aufstehen. Spärliches Frühstück. Taxi (30 Jahre alt). Flughafen.
Start 6:19 Uhr. Wir haben das letzte Teilstück, das uns nach Tunesien führt, vor uns. 1.800 km, 6 Stunden Flugzeit.
Steigflug auf 3000 m. Wir überfliegen das bizarre Ahaggar-Gebirge.
Nun schließt sich im Nordosten das Tassili der Adjer an, ein Zeugnis der Kräfte unseres Erdinneren.

Bei bestem Wetter erreichen wir Tunis. Landung 11:58 Uhr. Das Tankprocedere: zweieinhalb Stunden, wie gehabt.
Sogar unsere Seenotausrüstung liegt noch auf dem Schrank des AIS-Office.
Sonnenschein, aber kühler Wind, der vom Golf herüberweht.

Die Zeit verrinnt. Wir wollen noch nach Calvi auf Korsika.
Michael mit seiner Null-Start-Vorbereitung will wieder alles mit Erfahrung kompensieren, fast hätten wir zu guter Letzt noch Streit bekommen.
Gleich nach dem Start erreichen wir das offene Meer und verlassen Afrika. Steigflug auf 3.000 Meter.
Der Mittelmeerraum und Europa liegen im Bereich einer starken, kalten, östlichen Kontinentalströmung, am südlichen Rand eines riesigen Hochs, das Deutschland vorweihnachtliche Stimmung mit Schnee und Kälte beschert.
Starker Wellengang mit Schaumkronen, wenige Schiffe, weil bald Weihnachten ist. Im Südwesten nähert sich die orange gefärbte Sonne dem Horizont. Die Zeit fliegt, wir fliegen.

Starker Seitenwind, wir müssen 30 Grad dagegenhalten, kostbare Zeit geht verloren. Nun in der Dämmerung Cagliari an der Südspitze von Sardinien.
Zwischenzeitlich ist es Nacht geworden. Durch Wolkenlöcher blinken Lichter der Inselstädte. Radar Rom übernimmt uns. Die freundliche Stimme der Controllerin, Englisch mit italienischem Akzent: "Good evening D-EMKH, maintain FL 100 ………. but no light in Calvi Sir!" - "Thank you for this information, in this case, we take Ajaccio."
Ajaccio liegt etwa 90 km vor Calvi. Im Holding von Ajaccio sinken wir auf 4.000 ft. und landen 16:48 Uhr. Mit einem 105-Francs-Taxi zum Hotel Dauphin.
Es riecht nach Europa, nach Heimat, mich fröstelt.
Vorm Rathaus ein Eislaufplatz, welch ein Gegensatz zu den vergangenen Tagen. Die Gassen geschmückt mit blinkendem Weihnachtsschmuck, gebrannte

Mandeln, ein gemütliches korsisches Lokal. Michael labt sich an einer Pizza und trinkt "furztrockenen" korsischen Weißen.
Sonntag, 23.12.2001. Frühstück in einer korsischen Hafenkneipe.
Tee mit Zitrone, Toast mit Butter, Marmelade mit Geschmack.
Taxi, Flugplatz. Dann noch der aufgeregte Zöllner, der anscheinend noch nichts vom Schengener-Abkommen gehört hat und immer noch vom Schmugglerfang vergangener Zeiten träumt.
Das letzte Teilstück unserer Reise soll über Genua-Mailand-Zürich-Friedrichshafen nach Donauwörth führen.
7/8-Bewölkung, Dunst, minus zwei Grad Celsius. Wir starten mit leichtem Rückenwind aufs Mittelmeer hinaus, Rechtskurve Richtung Calvi, Steigflug auf 15.000 ft., Sauerstoffmasken vorbereiten. Marseille Radar reicht uns an Radar Rom weiter. Die wollen von unserer geplanten Strecke nichts wissen und

Winter über Norditalien

"zwingen" uns, über Elba-Pisa-Verona-Bozen–Innsbruck Richtung Donauwörth zu fliegen. Völlig unverständlich diese Anweisung, aber viele Wege führen in die Heimat.
Die im Südosten aufgehende Sonne lässt Elba mit verschneiten Gipfeln als Trauminsel erahnen. Die Außentemperatur sinkt zwischenzeitlich auf minus 35 Grad. Die Öltemperatur sinkt auch - der

Ölverbrauch dagegen steigt. 100 km Sicht. Die Poebene trägt eine dünne Schneeschicht, als wären venezianische Zuckerbäcker am Werk gewesen. Am Hauptalpenkamm Wolkenstau vom Norden her. Wir steigen auf 16.000 ft. Außentemperatur jetzt minus 40 Grad Celsius. Wir werden vom Radar Padua an Innsbruck weitergereicht.
"Servus Innsbruck - wie sieht's bei Euch da unten aus?"
Dann Luftraum München. Kontinuierlicher Sinkflug zwischen Wolkenbergen Richtung Augsburg. Mit fünf Minuten Verspätung Eindrehen in das Endteil 09, Donauwörth. Landung auf schneebedeckter Bahn. Abrollen zum Hangar, als wäre nichts gewesen.
Helma, Monika und der Flugleiter begrüßen uns glücklich. Sie sind neidlos, vielleicht etwas stolz auf ihre zwei Piloten. Es war ein Traum und doch Wirklichkeit.

Zweiter Deutschlandflug 1977

Wir hatten wieder mal Gelegenheit, beim Deutschlandflug mitzumachen. Wir nahmen die MS 880, meine Morane. Die war mit dem Handicap bei der Geschwindigkeit etwas im Nachteil, besonders wenn viel Wind war. Bei Gegenwind hat sich das so ausgewirkt, dass wir die Grundgeschwindigkeiten aus den Vorgaben von 120 km/h nie einhalten konnten.

Da kam ich auf die glorreiche Idee, einfach den Propeller von einer 170er Cessna auf den 100-PS-Motor draufzuschrauben. Wir probierten das schon ein paar Wochen vorher aus und es funktionierte prima. Die Startstrecke war etwa 100 m länger. Bei der Reisegeschwindigkeit konnten wir im Notfall bis ca. 180 km/h kommen, was ca. 20% schneller als normal war. Wir hatten die Morane mit dem Propeller schon ca. 25 Stunden geflogen. Manche mit einer 180er Commodore wunderten sich, wenn wir an ihnen vorbeirauschten. Nur die Öltemperatur mussten wir im Auge behalten und wenn diese an den roten Strich ging, die Leistung zurücknehmen.

Wir waren den ersten Tag beim Wettbewerb unterwegs und kamen gut voran bis Koblenz. Das Wetter war zu schlecht. Tiefhängende Wolken und Regen machten den weiteren Verlauf der Rallye unmöglich. Also entschloss sich die Leitung, die nächste Etappe ausfallen zu lassen und die Teilnehmer unserer Gruppe sollten sich in Donaueschingen für den weiteren Verlauf am andern Tag einfinden und auf eigene Entscheidung vorankommen.

Wir entschlossen uns, am späten Nachmittag abzufliegen. Wir konnten gerade über die Berge von Koblenz huschen und ins Rheintal hinab fliegen. In niedriger Höhe folgten wir erst dem Rhein und dann an der gerade im Bau befindlichen linksrheinischen Autobahn entlang Richtung Worms. Alles in einer Höhe von ca. 300 m über Grund.

Kurz vor dem Ort Alzey gab es einen Knall mit Schütteln im Motor. Ich zog das Gas zurück, es war keine Leistung mehr zu spüren. "Gib Gas, der Motor läuft doch noch", sagte Ernst. Ich schob wieder den Hebel nach vorne, aber es schüttelte mächtig und die erwartete Leistung blieb aus.

Wir müssen landen und zwar sofort, aber wo? Da vorne an der Autobahn wird ein Parkplatz gebaut, den nehmen wir. Also drauf zu, die Höhe nur noch 200 m. Im selben Moment fährt ein LKW mitten auf den Platz und die Möglichkeit, dort sicher runterzukommen, war weg.

Wir mussten noch über das Städtchen Alzey hinweg und gleich dahinter nach rechts, hinter den Pappelbäumen war ein Acker. Wir drauf zu, reicht es drüber oder nicht? Ganz knapp, ein wenig gezogen, drüber und wieder nachdrücken auf den Acker zu. Kurz vor dem leicht ansteigenden Acker eine Böschung. Es reicht womöglich nicht ganz hoch, doch mit dem letzten Lift am Knüppel reichte die Fahrt gerade noch, den Acker zu erreichen. Das Adrenalin rauschte durch den Körper. Die Reaktionen kommen superschnell. Man kann sich auf sich selbst verlassen in so einem Moment. Aktion bis zum Stillstand ist da gefragt.

Das linke Fahrwerk grub sich in das weiche Erdreich. Wir kamen zum Stopp. Der Motor blubberte noch vor sich hin. Hörte sich an, als liefe er nur noch auf einem oder zwei Zylindern. "Ausschalten, Zündung aus", rief Ernst. Natürlich, das ist das erste, was man tun sollte. An die Nerven, die bei so einer Landung angespannt sind, denkt da keiner, der solch gute Vorschläge macht.

Als der Motor ausging, hörten wir ein leises Plätschern unter dem linken Flügel. Jetzt wurden wir hellhörig und sprangen raus aus der Kiste. Da läuft ja Benzin aus. Hat es den Tank erwischt?

Nein, der Tank lief über die Entlüftung aus. Der Flügel hängt zu weit nach unten, es war das Fahrwerksrohr geknickt. Wir hatten ja in Koblenz vollgetankt und inzwischen nur ein paar Liter verbraucht.

Wir müssen den Flügel anheben, um das Auslaufen zu stoppen. Aber wie?

Zum Wettbewerb hatten wir uns eine Kiste mit vielen Fächern für die Navigationsutensilien und Karten gebaut, die wir auf dem Rücksitz stehen hatten. Die haben wir zwischen das Rad und den Boden geklemmt und es hat gehalten. Das Flugzeug stand gerade auf dem Maisacker und niemand sah die Beschädigung.

Wie immer bei einer Außenlandung kommen eine Menge Leute angerannt. Nach ca. 15 Minuten auch die Polizei. Es ist nichts passiert, meldeten wir offiziell. Der Herr Polizist hatte mit einer Außenlandung noch nie was zu tun gehabt. Ich habe ihn aufgeklärt, wie das jetzt läuft. Er hatte ein großes Buch dabei, wo scheinbar alles für einen solchen Fall drinsteht. "Wir rufen auf Ihrer Dienststelle das LBA in Braunschweig an. Melden die Angelegenheit und der Fall hat sich."

nach der Notlandung im Maisfeld bei Alzey

Der Beamte vom LBA hat ihm auch bestätigt, wenn kein Personenschaden vorläge, sei die Sache erledigt.

Von mir wollte er wissen, wie es zu dem Problem gekommen sei. Er war mit der Erklärung, der Motor sei beschädigt, einverstanden und wollte nur später eine Erklärung über die mögliche Ursache haben. Diese habe ich ihm zugesagt.

Unter keinen Umständen wollte ich einen Fachmann am Platz haben. Bei den vielen Zuschauern war auch eine Gruppe mit jungen Leuten vom THW. Diese habe ich mit der Aufsicht des Flugzeuges betraut und sie ordentlich bezahlt. Sie versprachen, beim Flugzeug zu bleiben, bis meine Abrüstmannschaft einträfe.
Ich rief meine Frau an und erklärte das Missgeschick. Blöd gelaufen, gerade 14 Tage vorher hatte ich sie beauftragt, die Kaskoversicherung abzumelden für die Morane. Jetzt bleibt der Schaden halt an uns hängen. Sie sagte nichts dazu.
Bei meinem Wartungsbetrieb in Donauwörth, Berger u. Gerstmeier, rief ich an und meldete den Unfall. "Am besten, Du fährst gleich nach Höchstädt, holst unseren kleinen 7,5 t Mercedes LKW mit der fünf Meter langen Brücke und nimmst etwas Holz zum Verladen mit.
Noch am Abend, 21 Uhr, war die Demontagemannschaft vor Ort.
Der vorher gestartete PKW traf bei uns schon um 17:00 Uhr ein. Nach turbulenter Nacht zuhause wollten wir wegen dieses Vorfalls nicht gleich aufgeben. Wir waren ja noch ganz gut im Rennen für den Deutschlandflug. Also habe ich die 100er Morane vom Fliegerclub Donauwörth gechartert und gleich morgens um 6:00 Uhr sind wir nach Donaueschingen geflogen, haben die Änderung des Fliegers bekannt gegeben und wurden wieder registriert.
Es hatte sich sehr schnell rumgesprochen, was passiert war.
Die havarierte Maschine war am folgenden Tag abends schon in Donauwörth und wurde in die Werft gebracht.
Nach Beendigung des Wettbewerbs, der noch durch ganz Süddeutschland führte und in Eggenfelden endete, ließ meine Frau durchblicken, dass die Kasko-Versicherung nicht abgemeldet worden war. Unser Versicherungsmakler und Freund seit mehr als 20 Jahren hatte ihr abgeraten, zu kündigen. "Der fliegt doch wie ein Wilder durch die Gegend, das lass mal sein", war seine Anmerkung dazu. Wie Recht er doch hatte.

Nach Reparatur und Neulackierung

Wir holten noch den 13. Platz und bekamen auch einen Preis für den größten Pechvogel auf dem Deutschlandflug.
Die WS konnte neu aufgebaut werden, bekam einen neuen Motor und eine neue Lackierung und stand da wie aus dem Ei gepellt, nach nur drei Monaten.

Bei der Untersuchung des Motors hat sich herausgestellt, dass bei einem Zylinder der Kolbenboden durchgebrannt war und das Öl aus den Ventilen gedrückt wurde. Die hohe Temperatur durch den Propellerwechsel ist ihm nicht bekommen. Er hat nur 26 Stunden durchgehalten. Man kann einen Esel halt auch nicht fürs Pferderennen hernehmen.

Teddybärenrallye mit Elly Beinhorn.

Ein schönes Erlebnis hatten wir ein Jahr nach unserem Sieg beim Deutschlandflug. Der Sieger sollte einen Wettbewerb veranstalten. Das war so Brauch. Wir mussten also eine Rallye ausschreiben.

In Giengen ist die bekannte Firma Steiff beheimatet mit ihren weltbekannten Stofftieren. Also nannten wir die Rallye Teddybärenrallye und wurden deshalb auch von der Firma Steiff etwas gesponsert. Vor allem mit schönen Stofftier-Preisen. Der erste Preis war eine Giraffe mit mehr als zwei m Höhe.
Die Ausschreibung wurde auch in der Aeroclubzeitschrift bekannt gegeben und

es kamen 35 Besatzungen zu uns nach Giengen auf die Irpfel.

Es meldete sich, sehr zu unserer Freude, auch die weltbekannte Fliegerin Elly Rosemeyer-Beinhorn. Sie erzählte uns einen ganzen Abend lang Fliegergeschichten von ihren Flügen nach Afrika und Asien. Es war schon mutig, überall hinzufliegen, wo alles noch in den Kinderschuhen steckte und meist noch gar kein Flugplatz vorhanden war. Unter anderem berichtete sie von einem Flug von München nach Berlin, auf dem sie 13 Mal gezwungen war, notzulanden und die

Elly mit ihrer Co-Pilotin in der Piper D-ECAS

verrußten Zündkerzen zu putzen, bevor sie dann wieder starten und bis zum nächsten Acker oder Wiese fliegen konnte.

Elly Beinhorn bei einer Zwischenlandung in Donauwörth mit Clubkameraden

Sie hatte allerdings kein eigenes Flugzeug auftreiben können. Wir stellten ihr unsere Piper J3C zur Verfügung. Ihre Co-Pilotin war Frau von Bülow.
Ich hatte dann die Ehre, Frau Beinhorn die Piper J3C zu erklären. Wir flogen drei Platzrunden in Giengen. Wenn man bei dieser Piper das Gas zu schnell zurückzog, dann setzte der Motor aus. Man musste sich vom hinteren Sitz nach vorne an den Anlasser strecken und wieder starten. Beim dritten Mal in der Runde hat mich Elly angewiesen: "Lassen Sie den Motor ruhig aus, die Landung geht auch ohne Motor." Sie hatte es wirklich drauf, das Fliegen. "Junger Mann, bei mir ist sehr oft ein Motor stehen geblieben, das regt mich nicht auf", war ihre Erklärung. Dann verlangte sie, dass ich aussteige und sie jetzt alleine fliegen könne.

Die neue Bonanza F33A – D-EMKH

Bis zum Jahre 1989 hatte ich mehr als 2900 Std. in meinem Flugbuch stehen, die vielen Flüge im Verein mit Rundflügen gar nicht dazugerechnet.

Das Geschäft lief hervorragend, wir hatten uns von dem Brand in unserem Sägewerk wieder erholt. Das Geschäft mit Exotenholz war immer weiter angestiegen und die Reisen in ganz Europa nahmen zu. Die Flüge sollten auch möglichst bei jedem Wetter durchgeführt werden und so entschloss ich mich, ein neues Flugzeug mit neuen Instrumenten und Propellerenteisung zu erwerben.

Nach Landung in Donauwörth im Februar 2005 mit Andreas

Beechcraft hatte den Bau der Bonanza einige Jahre vorher eingestellt. Wegen großer Nachfrage wurde aber Ende 1988 eine Serie von 100 Bonanza 33A neu aufgelegt. Als mir der Verkäufer von Beech dieses mitteilte, bestellte ich sofort. Meine spezielle Ausrüstung bestand aus einem Flight-Director, doppelter Ausstattung fürs ILS und aus mehreren Doppel-Instrumenten zur Sicherheit. Dazu einen aufschaltbaren Autopiloten, mit dem das ILS und

Das Innenleben

der Kurs nach den VOR geflogen werden konnte. Der Preis für das Flugzeug betrug 148.000 US-$, was damals umgerechnet ca. 230.000,00 DM entsprach.

Das Flugzeug wurde fertig gemeldet und am 22.4.1989 kam es in Augsburg an. Kennzeichen D-EMKH. – Ich hatte es ausgesucht für Michael Kimmerle Höchstädt.
Der bekannte Weltrekordflieger Dieter Schmitt hatte diese Maschine von Beechcraft in Wichita-Kansas, USA, nach Deutschland überführt. Eine Woche saß er in Reykjavik auf Island wegen schlechter Wetterbedingungen fest und hatte noch, als er ankam, einen gehörigen Schnupfen.
Am 23.4.1989 habe ich ihn nach Mannheim, wo er zuhause ist, geflogen. Mit meiner alten ME. Er beglückwünschte mich zum neuen Flugzeug und sagte, er freue sich, dass ich das Flugzeug fliegen werde. "Warum das?" "Na, ich sehe doch, wie Sie fliegen! Da ist das Flugzeug in guten Händen."

Ich musste noch zwei Monate warten, denn ich hatte Sonderwünsche für einige Instrumente und wollte auch noch Zusatztanks an den Flügelenden angebaut haben. Das wurde werkseitig nicht angeboten.

Zu allem Übel kam auch noch ein Kabelbrand bei der Installation hinzu. Ein Mitarbeiter hatte gelötet und es brannte. Es war nicht schlimm, aber er rannte sofort zum nächstbesten Feuerlöscher und das Pulver war dann in jeder Ecke der Kabine. Das Ausbauen und Putzen des ganzen Innenraumes hat mehrere Tage gedauert.

Am 17.6.1989 war es dann soweit. Ich konnte die D-EMKH in Augsburg übernehmen. Bis Ende desselben Jahres war ich schon wieder 97 Stunden auf Reisen, ca. 30.000 km.

Jetzt standen zwei Bonanza im Hangar von Donauwörth. Die ME musste verkauft werden. Für 105.000,00 DM interessierte sich ein Clubmitglied. Er hatte ein millionenschweres Erbe erhalten. Große Investitionen in der Türkei hatte er getätigt, schweres Gerät für Mineralienbergbau eingekauft. Er wollte die Maschine in der Türkei dafür verwenden.

Er bezahlte im Beisein seiner türkischen Partner gleich 5.000,00 DM an. Die Abnahme und Zulassung für die Türkei zog sich hin. Nach 5 Monaten, länger wollte ich nicht mehr warten, stellte sich heraus, dass er einem großen Schwindel aufgesessen war und alle Millionen weg waren. Er hatte auch noch eine Beteiligung an einer Mooney M20, die auch zurückgegeben werden musste. Auch so kann's gehen.

Also habe ich die ME wieder angeboten. Um sie attraktiver zu machen, habe ich die Maschine neu lackieren lassen. Im gleichen Farbschema wie die neue Bonanza. Nur die Randbögen an den Flügeln waren die alten geblieben.

Durch den Umbau der neuen Bonanza auf die Tipp-Tanks waren die moderneren Randbögen noch vorhanden. Ohne den geringsten Aufwand konnten diese umgetauscht werden. Die Schrauben passten perfekt. Die Bohrlehre dafür war wahrscheinlich dieselbe wie jene 23 Jahre zuvor.

Nach fast einem Jahr konnte ich die ME endlich verkaufen. Für 95.000,-- DM ging sie an einen Hotelier aus Füssen. So habe ich im Prinzip den gleichen Betrag erhalten, den ich 15 Jahre zuvor bezahlt hatte. Flugzeuge sind eine gute Geldanlage. Ca. 2.500 Flugstunden oder 750.000 km war ich mit der Maschine unterwegs gewesen. Mit dem Auto wären das mehr als eine Million gefahrene Kilometer gewesen.

Es wären mehr als drei oder vier Autos verbraucht worden, ohne einen solch guten Rückkaufswert. Außerdem wären viele Geschäftsabschlüsse nicht zustande gekommen, weil man lange Autoreisen oft vermieden hätte.

Noch einige Jahre war die Maschine in Wartung bei Schorsch in Donauwörth. Sie hatte einen neuen Motor erhalten und ich war zufällig eines Tages am Platz, als der Werkstattflug anstand. Mit Schorsch als Schreiber konnte ich die ME dann eine Stunde lang fliegen. Es war wie das Wiedersehen mit einem alten, vertrauten Freund.

Ein Arzt aus Augsburg hat kurz danach eine Reise nach Spanien, Mallorca und Italien unternommen. Auf der Rückreise wollte er noch günstig in Portoroz/Slowenien tanken. Aus großer Höhe kommend, flog er im Sinkflug auf den Flugplatz zu. Fünf km vor dem Platz musste er noch etwas Gas nachschieben, aber der Motor nahm das nicht an. Mit Schrecken realisierte er, dass der Flugplatz nicht mehr erreichbar war. Ein kleines Fischerboot war in der Nähe, er kreiste er um das Boot und setzte die Bonanza aufs Wasser. Er machte alles richtig und kam ziemlich nahe am Boot zum Stillstand.
Die Bonanza ist ein guter Schwimmer, vor allem mit leeren oder fast leeren Tanks. Der Fischer mit seinem Boot kam schnell näher und so konnte zuerst seine Frau, dann sein Sohn und zuletzt der Pilot trockenen Fußes auf das kleine Schiff umsteigen.
Ganz langsam, es dauerte nach seinen Angaben über 10 Minuten, ist die Bonanza versunken und in ca. 15 m Tiefe auf Grund gegangen. Das slowenische Militär hat die Bonanza dann fünf Tage später geborgen. Es waren noch über 50 Liter Benzin an Bord. Ein Mangel an Treibstoff war es also nicht, was den Motor nicht weiterlaufen ließ. Was war es dann? Man stellte sehr schnell fest, dass der Mixer gezogen war, somit die Benzinzufuhr komplett abgestellt wurde. Das bedeutete, dass beim Sinkflug anstelle des Gashebels der Mixer zurückgezogen wurde. Durch den schnellen Sinkflug hat sich der Propeller in der Strömung weitergedreht wie eine Windmühle. Der Augsburger Arzt hat den Unterschied zwischen Leerlauf und abgestelltem Motor nicht bemerkt.

So ist die schöne Maschine zerstört worden. Schorsch Gerstmeier hat den Motor zurückgenommen in der Hoffnung, noch etwas damit anfangen zu können. Aber das Salzwasser war überall eingedrungen und hatte das Aluminium angegriffen. Der Motor war also auch Schrott. So gab es vorläufig keine D-ECME mehr.
Viel später wird das Kennzeichen wieder auftauchen.

Sturm Wiebke - Holzpreisverfall 1989-1990

Im Jahr 1990 war die Geschäftseuphorie vorbei. Nur 100 Stunden geflogen. Der Sturm Wiebke brachte das Preisgefüge für Holz zum Zusammenbruch. Unsere Bestände wurden über Nacht um 70% abgewertet. Vorher kostete ein Kubikmeter Rundholz ex Wald 200,00 DM, nachher nur noch 30,00 DM.

Gleichzeitig fielen auch die Schnittholzpreise und unser gesamter Bestand von ca. 5.000 cbm. Ein Buchverlust von ca. drei Millionen DM musste verkraftet werden.

Nicht genug damit, im Jahre 1989 wurden auch die Ostgrenzen geöffnet und aus Tschechien und Polen kam eine große Menge billiges Holz auf den Markt. Es war gar nicht abzusehen, wann die Preise wieder steigen sollten. Die Verluste waren unvermeidbar.

Natürlich kauften wir auch billiges Rundholz, soweit wir es finanzieren konnten. Das hat die Situation aber nicht wesentlich verbessert.

Als wären diese zwei Tiefschläge nicht schon genug gewesen, es kam noch ein dritter hinzu. Im Jahre 1990 setzte eine Riesenkampagne gegen Tropenholz ein. Fast jeden Tag im Fernsehen ein anderer Bericht. Filme wurden gezeigt von irgendeinem Feuer im Busch und der Holzhandel sei Schuld daran. Wir hatten doch keinen Vorteil bei verbranntem Holz. Aber die Kunden wurden verunsichert.

Wenn drei Unglücke zusammenkommen, dann ist das vierte auch nicht weit. Und es kam ganz dick. Die ghanaische Regierung hatte den Wechselkurs endlich freigegeben. Darauf hatten wir jahrelang gewartet. Aber gleichzeitig wurde eine Kommission gegen die vorher getätigten Abschlüsse mit den Doppelrechnungen eingesetzt. Die Strafen für die Sägewerke waren gigantisch. Von fünfhundert Tausend bis eine Million Dollar sollten sie bezahlen wegen angeblicher Devisenvergehen. Dabei war ein Geschäft zum Überleben ohne diese Tricksereien gar nicht möglich gewesen.

Wir hatten zu dieser Zeit ca. 15 Mio DM Umsatz im Jahr mit Tropenholz gemacht. Zirka 2.000 cbm Schnittholz hatten wir im Hafen von Takoradi stehen. Der Export wurde über Nacht gestoppt. Nach Ghana reisen, um irgendetwas zu regeln, ging auch nicht. Einer meiner Kollegen, der zufällig dort weilte, wurde verhaftet und sollte über die Geschäfte aussagen. Das heißt, seine Lieferanten anschwärzen.

Der Rechtsanwalt der ghanaischen Regierung kam eines Tages nach Deutschland und besuchte einen meiner Kollegen in Osnabrück. Als ich das hörte (der Buschfunk funktionierte auch in Deutschland), bin ich sofort nach Osnabrück geflogen und habe vor dem Büro gewartet, bis der Anwalt mit seinem Kollegen heraus kam.

Ich sprach ihn an, sagte meinen Namen. "Für Sie habe ich auch alle Papiere dabei." "Das trifft sich ja prima", sagte ich, "dann fahren wir gleich zu mir in die Firma." "Ist das nicht sehr weit von hier?" "Nein", sagte ich, "das ist nur etwas mehr als eine Stunde." Ich wurde von meinem Kollegen zum Flugplatz Osnabrück/Telgte gefahren und da staunte er, weil wir am Flugplatz standen. Er akzeptierte und wir flogen in gut einer Stunde nach Donauwörth und waren an diesem Samstag gegen 14:00 Uhr in meinem Büro.

Ich erklärte die Situation aus meiner Sicht und es leuchtete ihm dann auch ein. Es kam sogar so weit, dass ich ihm drohte: "Was würden Sie jetzt tun, wenn ich veranlassen würde, dass Sie hier ins Gefängnis müssten. Bitte rufen Sie jetzt an und lassen Sie meinen Kollegen in Ghana frei." Er hat es getan und die Kollegen sind mir noch heute dankbar für diese Aktion. Das Flugzeug hatte sich wieder mal gelohnt.

Beim Tanken in Bialystok - Polen

Es vergingen zwei Jahre, bis sich herausstellte, dass mit dem Sägewerk kein gewinnbringendes Geschäft mehr zu machen war. Im Jahr 1992 haben wir das Werk stillgelegt, obwohl wir nach dem Brand in 1984 eine neue Anlage für acht Millionen DM installiert hatten. Ein ostdeutscher Unternehmer hat das Werk für drei Millionen gekauft, komplett abgebaut und in der Nähe der polnischen Grenze wieder aufgebaut.

Wir verlegten uns ganz auf den Handel und fertigten verleimte Fensterkanteln aus Lärche, Fichte und Kiefer. Das Rohmaterial holten wir aus Polen. Fanden dort einen Fachmann als Aufkäufer und wir besuchten zusammen in ganz Polen Sägewerke, um die Lamellen für die Fensterkantelfertigung einzukaufen. Natürlich alles mit dem Flugzeug. Von Breslau bis Lublin, nach Olsztyn in der Nähe der „Wolfschanze" bis Rzeszów und Krakau führten uns die Flüge.

In der Nähe von Žilina kooperierten wir mit einem Hersteller von fertigen Fensterkanteln und kamen auch regelmäßig zum Flugplatz Žilina mit seinem anspruchsvollen NDB-Anflug, umgeben von mehreren 3.000 ft. hohen Bergen. Inzwischen hatte mein Sohn Andreas sein Studium zum Holzingenieur in Rosenheim abgeschlossen und während dieser Zeit seinen IFR-Flugschein erworben. Immer samstags und sonntags fuhr er direkt von Rosenheim nach Nürnberg zur Flugschule. Nach ein paar Monaten hatte er den Schein in der Tasche. Jetzt war ein weiterer Pilot für die Bonanza in der Familie.

Das Rallye–Fliegen war wegen der Arbeit im wachsenden Geschäft nicht mehr von Interesse. Deshalb wurde die Morane-WS verkauft. Der Verein in Donauwörth hat sie übernommen. War es doch ein besonders preisgünstiger Flieger mit guter Ausrüstung.

Im Verein ist sie dann zwei Jahre lang geflogen worden. Neue Mitglieder wollten aber eine neuere Morane, weil sie dachten, die wäre weit besser. Also wurde die WS wieder verkauft und eine Morane mit 105 PS erworben.

Da gab es aber ein böses Erwachen. Die Leistung war wegen des höheren Baugewichts sehr viel geringer als mit der WS. Man konnte sie fast nur mit zwei Personen fliegen.

Zwei junge Flieger haben die D-EFWS gekauft für nur 15.000,00 DM. Leider sind sie nach ein paar Monaten in Marokko in den Bergen des Atlas tödlich verunglückt.

Liberia

Im Jahr 1990 war noch nicht klar, wie es in Ghana weitergehen sollte mit dem Holzexport. Die Investigation durch die Regierung war immer noch im Gange. Mein damaliger Einkäufer war in Ghana auch im Visier. Er hielt sich zufällig in der Schweiz auf, als die Angelegenheit explodierte. Er konnte also nicht zurück nach Ghana, ohne Gefahr zu laufen, in Untersuchungshaft zu geraten.

Ein Schweizer Investor hatte zu dieser Zeit das Sägewerk eines Griechen gebraucht gekauft. Das war eine Fehlinvestition von über 20 Millionen US-$ gewesen. Der Betrieb kam nicht zum Laufen. Die perfekten Maschinen wurden abgebaut, nach Monrovia verschifft und sollten im Hinterland, ca. 100 km von der Küste entfernt, aufgebaut werden. Die erste Linie mit einer Bandsäge war bereits angelaufen und Mike Fässler, mein Mann vor Ort, flog hin und nahm unsere Interessen wahr.

Vor dem Palmenhangar in Monrovia

Wir unterstützten den Investor Schneiderhaan mit unseren holztechnischen Kenntnissen.

Mike und ich flogen im Sommer 1990 zusammen nach Monrovia. Wir hatten das Kurzwellenfunkgerät von Mike dabei und das sorgte schon am Flughafen bei der Zollkontrolle für Aufregung. Mit 100 DM Schmiergeld verschwand das Gerät dann wieder in unserem Koffer. Die Verbindung nach außen war nur damit möglich. Im Busch gab es kein Telefon, Satelliten-Telefon war damals auch noch nicht in Gebrauch. Wir mussten aber Verbindung haben, um unsere Geschäfte abwickeln zu können. Mike bezog im Busch einen einfachen Bungalow und installierte die Funkanlage. Wir haben dazu einen Code geschrieben, um die Nachrichten zu verschlüsseln und nicht beim Amateurfunk aufzufallen. Das hat mit wenigen Ausnahmen gut funktioniert. Nur zwei Mal mussten wir Strafe bezahlen. Kommerzielle Nachrichtenverbreitung ist bei Amateurfunk nicht erlaubt.

Als wir in Monrovia ankamen, waren schon Gerüchte im Umlauf, dass von der Elfenbeinküste her eine Rebellengruppe unter einem Major Taylor im Begriff war, eine Revolution anzuzetteln. Wir waren höchst beunruhigt. Von einer Fahrt ins Buschsägewerk hat man uns nachdrücklich abgeraten. Einen Tag vorher war ein Fahrer auf dieser Straße ausgeraubt und umgebracht worden.

Der Sägewerksleiter, ein Österreicher, war gekommen, um uns abzuholen. Er hatte mit der Katholischen Mission in Monrovia vereinbart, die Cessna 182 STOL zu chartern. Ein deutscher Pilot stand zur Verfügung. Wir fuhren also zur Missionsstation und zwischen den Hühnerställen und unter einer Bambus- und Palmhütte war eine Cessna 182 STOL geparkt.

Zwischen den Hütten und an einem Maisfeld entlang war eine Wiese von 350m

Länge als Flugplatz eingerichtet. Mir wurde ganz mulmig, als ich die hohen Bäume rings herum sah und gleich dahinter auch noch einen Hügel. Also ein richtiger Buschflugplatz. Wir sind zu dritt eingestiegen. Im Gepäckraum lag ein langes zusammengerolltes Seil. Ich fragte, wofür das gebraucht würde. Wenn wir notlanden müssen, dann geht das nur, wenn wir uns auf einen Baum fallen lassen. Den Abstieg müssen wir an dem Seil machen. Ein notgelandeter Kollege sei vor ein paar Jahren auf dem Baum verhungert. Er kam an dem glatten, 40 m hohen Stamm nicht herunter. Er war unverletzt gewesen. Nur hat man ihn erst drei Monate nach seinem Verschwinden gefunden.

Der Flug ging los, wir hoben ab mit pfeifender Stol-Warnung und nach wenigen Minuten war unter uns nur noch grüner Urwald. Ist fast ein noch mulmigeres Gefühl, als ein Flug über Wasser. Nach einer dreiviertel Stunde waren wir am Sägewerk. Die einzige Lichtung weit und breit. Der Pilot flog über die hohen Bäume auf eine ca. 5 Grad geneigte Landebahn zu und setzte auf der Graffelpiste auf. Nach ca. 300 m rollten wir vor der Schlosserei des Sägewerks aus. Von dort haben wir danach ca. 600 cbm Schnittholz übernommen.

Camp mit Flugpiste unten links.

Kimmerle, Pilot u. Sägewerksleiter

Das Werk war nur ein halbes Jahr in Betrieb, dann gab es politische Probleme. Der Bürgerkrieg in Liberia brach mit brutaler Gewalt aus. Es herrschte Anarchie im Land. Einer brachte den anderen um für weniger als ein paar Dollar. Der Rückflug und vor allem die Landung zwischen den Bäumen und dem Mais war wieder ein sehr spektakuläres Abenteuer. Das Flugzeug wurde mit einer Spende finanziert, die in Augsburg für die Mission gesammelt wurde.

Vor dem Start an der Piste, Mike Fässler unter dem Flügel

Schon bei der Abreise nach meinem einzigen Besuch wurden wir auf der Fahrt vom Flughafen, dort hatte die Swissair zu einem Brunch eingeladen und 20 Jahre Flugbetrieb nach Liberia gefeiert, von einer Patrouille angehalten und kontrolliert. Dabei streckte der schwarze Soldat seine Kalaschnikow durchs offene Fenster und roch ganz gehörig nach Alkohol. Das war eine gefährliche Situation und nur durch die schnelle Antwort des Piloten entschärft worden mit dem Hinweis: "Officer, we have one crate of beer for you on the Pickup-back. Will you take it?" Da zog er seine Kalaschnikow aus dem Fenster zurück, grinste, nahm die Bierkiste und verschwand mit seinen drei Kollegen.

Wir atmeten erleichtert durch und fuhren zur Mission, wo wir übernachten konnten. Das schöne Bier für den Abend war allerdings nicht mehr verfügbar.

Mit der Crew der Swissair flog ich am nächsten Tag von Monrovia über Accra zurück nach Zürich. Wir vereinbarten mit Mike, dass wir uns über sein Kurzwellengerät melden würden. Das hat auch noch geklappt. Ich war bei den Swissair-Piloten im Cockpit über der Sahara und konnte den Kontakt in den Urwald von Liberia herstellen.

Nach fünf Monaten kam Mike, alarmiert durch die Verhältnisse in Liberia, kurz entschlossen und gerade noch rechtzeitig, mit einer der letzten Swissair-Maschinen zurück, bevor der Flugverkehr nach Monrovia eingestellt wurde. Sein schönes Funkgerät und seine persönlichen Sachen sind alle im Busch geblieben.

Mehr als 10 Jahre lang tobte der Bürgerkrieg in diesem Land. Die schrecklichen Bilder davon gingen um die Welt.

Zum Glück hatte sich die Angelegenheit Ghana zwischenzeitlich wieder beruhigt und wir konnten wieder, wie vorher, in Ghana arbeiten.

Der Sägewerksbesitzer Schneiderhaan hatte einen Malariaanfall während eines kurzen Trips nach Ghana und ist im Krankenhaus von Accra daran gestorben. Böse Zungen behaupteten, er habe 20.000 US-$ in seiner Tasche gehabt und nach seinem Tod sei nichts mehr davon aufzufinden gewesen. Ob da jemand nachgeholfen hatte, ist in Ghana nicht zu klären gewesen.

Als es wieder etwas ruhiger wurde in Liberia, ist ein Kollege zu dem Sägewerk gefahren, um herauszufinden, ob es weiter gegangen war. Alles, was nicht niet- und nagelfest gewesen war, war ausgebaut worden. Nur noch rostige Gerippe von Maschinen waren aufzufinden. Kein Kabel, kein Schalter, rein gar nichts mehr war vorhanden. Die Landebahn und das Sägewerksgelände war wieder vom Busch in Besitz genommen worden.

Ein paar Zwischenfälle gab es natürlich auch wieder mit der Bonanza. Es geht nicht immer alles so superglatt.

Der Motortausch – D-EMKH

Im Februar 1992, als man schon eine Weile in den Ostblock fliegen konnte, besuchte ich einen potenziellen Lieferanten in der Nähe von Katowice/Polen.
Dort gab es kein 100 L-Flugbenzin. Auf meine Frage, ob die bei ihnen stehenden Wilgas und Antonows kein Benzin bräuchten, gab es zur Antwort: "Das ist Militär." Die freundliche Dame hat auf mein Drängen hin beim Militär angerufen. Die Soldaten kamen mit einem uralten Tankwagen angefahren. Auf meine Frage nach den Kosten für das Benzin, kam als Antwort: Mit Quittung 1,00 DM/Ltr., ohne 0,50 DM/Ltr. Ich nahm das günstige Angebot an und füllte 250 Ltr. für nur 125,00 DM ein.
Es war am Ende das teuerste Benzin aller Zeiten, das ich je getankt hatte.
Ein paar Tage später hatte ich einen Termin in Blankenhain und war in der Nähe von Weimar auf einem kurzen Platz mit 400 m Betonpiste gelandet. Auf dem Rückweg ging es über komplett verschneites Land zurück nach Donauwörth. 15 Minuten vor der Landung änderte sich der Ton des Motors drastisch. Irgendetwas ganz Ungewöhnliches war zu hören.

Vorsichtig zog ich das Gas zurück und konnte die Leistung so weit drosseln, dass sich leichtes Sinken einstellte. Ich hangelte mich von einem Notlandeplatz zum nächsten voran. Der Motor klapperte immer mehr und ich war auf einen plötzlichen Stillstand gefasst. Es reichte dann aber doch zum Platz zurück. Nach der Landung sah man die von Öl verschmierten Seiten des Rumpfs. Nach Öffnen der Cowling war klar, was passiert war. An zwei Zylindern waren die Stehbolzen abgerissen. Die Zylinder waren lose, Schrauben fehlten an mehreren Stellen. Fast das gesamte Öl war aus dem Motor ausgelaufen. Der Flug wäre vielleicht noch ein paar Minuten weitergegangen, mehr aber nicht.
Bis dahin hatte der Motor nur ca. 800 Stunden Laufzeit.
Der Motor wurde ausgebaut. Zur Ursachenforschung hat ihn Schorsch von der Werft in Donauwörth an Dussel nach München geschickt. Die Firma hat nur eine große Rechnung geschrieben und ihren Verdacht geäußert, dass das eventuell mit schlechtem Benzin zu erklären sei. Der Schaden ist durch zu frühe Detonation des Treibstoffes in den Zylindern entstanden. Das Benzin aus Polen hatte offensichtlich eine Oktanzahl von weniger als 80 und war so für den IO520 nicht geeignet. Eine russische Antonow verträgt so was, aber eine Bonanza halt nicht.
Zu dieser Zeit gab es Informationen, man könne in die Bonanza einen größeren Motor einbauen. Also habe ich mich bei Beech in Augsburg erkundigt. Dort war

man sehr interessiert, diesen Einbau erstmals auszuführen. Sie machten mir aber auch klar, dass ich womöglich wegen der vorläufigen Zulassung eine gewisse Zeit nur mit Einschränkungen fliegen könne.
Ich gab mein Einverständnis und erhielt einen sehr günstigen Preis für den Umbau vom IO520 auf den IO550 Contimotor mit der erhöhten Leistung von 300 PS. Nach drei Wochen war der Umbau getätigt und das Flugzeug wieder einsatzbereit. Es war jetzt ein richtiger Spaß, damit zu fliegen. Man konnte gar nicht glauben, dass die kleine Differenz von nur ca. 20 PS so viel ausmachen würde. Die Erklärung war ganz einfach. Der IO520 war nach alten Richtlinien gebaut mit der Auflage, die Leistung bei maximal 285 PS zu begrenzen. Der IO550 hatte die Auflage, mindestens 300 PS zu erzielen. Ich hatte so das Gefühl, dass der alte Motor nur 250 PS brachte und der neue mehr als 300 PS.
Die Bonanza stürmte beim Start los wie ein Rennpferd. Ich machte einen Test für einen Kurzstart mit voll ausgefahrenen Klappen und war nach 150 m in der Luft.
Auf kurzen Plätzen habe ich das dann immer wieder gemacht und keiner konnte glauben, dass man mit drei Personen und voll getankt mit der Bonanza nach 200 bis 250 Metern abheben konnte. Natürlich musste man dabei vorsichtig vorgehen und gleich nach dem Abheben die Räder ein- und die Klappen zurückfahren und danach erst in den Steigflug gehen.
Zusätzlich ließ ich gleich noch einen Radarhöhenmesser einbauen. Mit Feineinstellung für die letzten 50 Meter Höhe. Es kam ja immer wieder vor, dass man an einem Platz ankam und die Bedingungen waren unter Minimum.
Einmal bin ich nach Zürich geflogen, hatte das Wetter mit 300 m Sicht und Nebel mit 100 ft. erhalten. Die Sonne schien in Donauwörth und die Sicht würde schon noch etwas besser werden bis zur Landung, dachte ich.
Ich bin also losgeflogen, natürlich IFR und nach Kempten VOR hat München übergeben an Zürich Radar. Ich hörte gerade, wie der Lotse einen Lufthansa-Piloten fragte "What are your minimums?" Der Lufthanseat nannte 300 m. "In this case direct to Schaffhausen holding at 8.000 ft. We have RVR 200 m." Die Sicht hatte sich noch verschlechtert. Ich rief den Lotsen an und bekam prompt die gleiche Frage. Darauf antwortete ich frech: "No Limit", bekam meine Radar-Vectors für die Bahn 14 und die Anweisung, dass ich hinter einem Heavy flog. "Keep caution due to wake turbulence". Ich flog den ILS hinunter und sah das Leitwerk eines Jumbos durch den Bodennebel herausragen.
Dachte mir, warum sinkt der nicht weiter? Da realisierte ich, dass er ja schon gelandet war und die Seitenleitwerk-Spitze aus dem Nebel ragte.
Jetzt nur nicht nervös werden. Sauber war ich auf Gleitweg und Localizer. 30 Meter über der Bahn tauchte ich in den Nebel, verzögerte den Sinkflug und wartete auf die Lichter. Kaum waren diese zu erkennen, saß ich schon auf der Bahn. Das Problem war jetzt nur noch, bei weniger als 200 m Sicht die

Abrollbahn zu finden. Ein Follow-Me-Wagen holte mich an der Bahn ab und führte mich zum GA-Parkplatz.

Niemand regte sich auf oder sprach mich an. Der Radarhöhenmesser, den ich hatte einbauen lassen, hat diese Landesituationen möglich gemacht. Man konnte die letzten Meter sauber ablesen und es wurden auch in Zukunft immer gute Landungen. The problem starts after the landing. In Straßburg stand ich mal zum Parken auf dem Frachthof. Habe das erst gemerkt als ich wieder zurückkam.

Vogelschlag

Ich flog einmal im Frühjahr von Antwerpen zurück nach Worms. Dort bauten wir Maschinen ab für meine afrikanischen Lieferanten. Ich war in der Gegend südlich von Lüttich in 9.000 ft. Höhe, und IFR unterwegs dicht unter einer Wolkenbank mit guter Sicht nach vorne. Plötzlich ein Vogelschwarm, den ich erst Sekunden vor dem Ein-

Der kleine Kibitz ist durchgeschlagen bis zum Holm

schlag sah. Ich wollte mich noch unter die Windschutzscheibe bücken. Es reichte nicht und ich hörte mehrere dumpfe, nicht sehr harte Aufschläge. Anscheinend war nichts passiert. Alles lief weiter wie normal. Motor, Instrumente, alles im grünen Bereich. Nochmal Glück gehabt, dachte ich. Beim Aussteigen in Worms kam von vorne jemand zum Flugzeug und fragte ganz

spaßig, ob ich immer so die Vögel fange? Ich ging um die Maschine rum und sah dann das ganze Malheur. Beschädigungen am Ölkühler, an den beiden Tragflächen, sogar an den stabilsten Teilen des Flächenprofils waren die Vögel eingeschlagen. Einige sind bis auf den Holm durchgedrungen. Auf einer Seite schauten nur noch die beiden Füße unten heraus.
Ich erledigte meine Arbeit in Worms und bin dann mit der lädierten Maschine zurück nach Donauwörth geflogen. Auch dort standen dann einige meiner Freunde ums Flugzeug herum und wunderten sich über die heftigen Schäden, welche die kleinen Vögel verursacht hatten. Es waren Kiebitze auf Rückweg von ihrem Winterquartier.

Wir mussten die Flächen abbauen, zu einem Spezialbetrieb bringen und für viel Geld reparieren lassen. Der Schaden belief sich auf ca. 30.000 DM. Eine Kaskoversicherung hatte ich bis dahin nicht für die Bonanzas abgeschlossen. Ich war immer der Meinung, da ich nur alleine flog, mir könne nichts Schlimmes passieren. Es hätte ja auch die Benzinleitung gerissen sein können. All' das war aber nicht geschehen, es war also auch mal wieder gut gegangen.

Instrumentenklau

Eines Morgens, der Flugplan nach Antwerpen war aufgegeben, fuhr ich mit einem Mitarbeiter unserer Firma zum Flugplatz. War etwas verwundert, als sich das Hallentor aufschieben ließ, es war nicht ins Schloss eingerastet. Auf dem Drehteller ließ ich meinen Flieger vor das Tor rollen. Wollte die Türe der Bonanza aufsperren, um meine Tasche hineinzulegen, aber auch diese war nicht im Schloss. Ein ganz ungutes Gefühl kam in mir auf und erst da wurde ich gewahr, dass alle Einschubinstrumente fehlten.
Beide Funkgeräte, Radiokompass mit DME, Transponder, GPS 430 waren ausgebaut. Ungläubig schaute ich bei den anderen Flugzeugen nach und bei weiteren vier war dasselbe passiert. Die Mooney, die Cessna 182R, eine Piper und noch eine weitere Mooney waren ausgeräumt worden. Der Flug musste verschoben werden. Die Polizei kam. Der Schaden wurde festgestellt und dokumentiert.

Schorsch half schnell aus, steckte mir ein 430er GPS und ein Funkgerät in die Einschübe. So hatte ich wenigstens das Nötigste und flog eine Stunde später los. Zum Glück hatte ich nach dem Vogelschaden eine Kaskoversicherung abgeschlossen, dadurch wurde die Schadenshöhe reduziert. Aber alt gegen neu brachte nur 50 % Erstattung. Die neuen Geräte waren auch nicht besser als meine alten. 25.000,00 EUR hat der Spaß dann doch gekostet. Gerade das GPS 430 war noch fast neu gewesen. Es war kurz zuvor auf den Markt gekommen und mein Fliegerfreund Franz Kraus und ich waren die ersten gewesen, die das in Deutschland einbauen ließen. Das Gerät revolutionierte die Navigation für Kleinflugzeuge. Mit ihm konnte man jeden Punkt der Erde mittels Koordinaten anfliegen und damit wurde sogar der Autopiloten gesteuert.

Bei zwei meiner Kollegen ohne Versicherung betrug der Schaden bis zu 60.000,-- EUR. Die Diebe wurden nie gefasst. Kein Gerät tauchte irgendwo wieder auf.

Bis zum Frühjahr 2005 waren 5.600 Flugstunden in meinen Büchern verzeichnet. Die meisten natürlich mit den Bonanzas. Viele hundert Flüge durch ganz Europa waren eingetragen.

Aus dem Unternehmen hatte ich mich größtenteils zurückgezogen und Andreas übernahm auch die Bonanza. Er hatte aber keine Ambitionen, sich mit dem Flugwetter so auseinanderzusetzen, wie ich das tat.

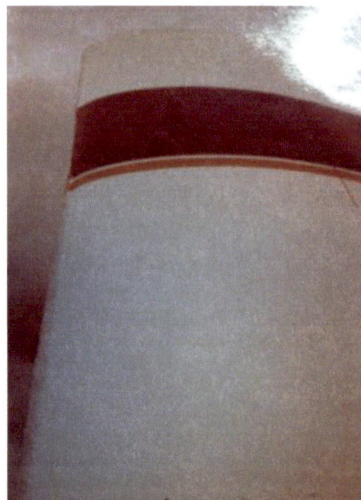

Eisansatz am weißen und abgetaut am dunklen Teil

Die vielen Flüge, vor allem im Winter mit meistens viel Eis auf den Flügeln, waren nicht seine Sache. Man musste ja höllisch aufpassen, dass das Eis nicht zu dick wurde. Also entweder hoch in niedrige Temperaturen unter -10°C, wo die Luftfeuchtigkeit geringer wird oder über 0°C bleiben. Eine Feststellung allerdings hatte ich im Winter immer machen können: Wenn man bei Eis und Schnee und Nebel 5.000 bis 6.000 ft. erreicht hatte, war man zu 90% in der Sonne. Deshalb hatte ich auch die Nasen der

Bonanza dunkelblau lackieren lassen. Das Eis, das sich beim Durchstieg durch kalte Wolken oder freezing fog gebildet hatte, ist sehr schnell in der Sonne sublimiert worden oder auch weggerutscht. Die Sonnenstrahlen erwärmten durch das Eis hindurch die dunkle Profilkante und das Eis schmolz weg.

Diese Erfahrung hatte ich mal auf einem Flug mit einer Beech Sierra vom Giengener Fliegerclub auf einem Flug nach Holland gemacht. Diese hatte weiße Flügel und einen Streifen von ca. 50 cm mit dunkler Lackierung auf den Flügeln. Das Eis war dort weg und an den hellen Stellen nicht.

Es war ein Flug geplant nach Berlin Tempelhof. Wir wollten mit zwei Mitarbeitern zur Holzmesse. Frühjahr, tiefer Stratus, Eiswetter. Ich rief beim Flugwetterdienst in München an. Starke Vereisung wurde gemeldet im Raum südlich des Mains bis zu den Alpen in Höhe von 3.000 bis 15.000 ft. Das hörte sich nicht gut an. Der Wetterberater fragte mich noch, was ich zu tun gedenke. "Ich fahre zum Flugplatz und fliege los." Er war wie vor den Kopf gestoßen. "Haben Sie denn nicht zugehört"?, fragte er. "Doch, ich werde bis Höhe Nürnberg in 3.000 ft. bleiben und dann geht's nach Berlin!"

Ich flog los, stieg in die Wolken, bekam meine Clearance von Radar und sollte auf 10.000 ft. steigen. Ich dachte, probier es mal, kann ja wieder runter, wenn's brenzlig wird. Wir stiegen bei minus zwei bis minus drei Grad durch 5.000 ft. Es setzte etwas Eis am Flügel an und wir stiegen weiter. Bei 8.000 ft. immer noch minus 2 bis minus drei Grad. Jetzt wird's gefährlich, dachte ich; ich hatte gehofft, dass die Temperatur schneller abfiele, um das Aufeisen zu verringern.

Mittlerweile waren wir in Höhe von Bayreuth und es gab kräftig Eis. Erst einmal sagte ich zu Andy, meinem Sohn und Co.: "Such schnell das Blatt von Hof raus, wir müssen landen. Es wird zu gefährlich mit dem Eis." Ich meldete dem Radarlotsen unsere Absicht und wurde zum Sinkflug auf 4.000 ft. aufgefordert. Andy hatte das Blatt rausgesucht und wir flogen in Richtung ILS-Anflug mit einem weiten Bogen rechts rum zum Anflug.

Als wir in den Queranflug zum ILS flogen, waren wir plötzlich in der Sonne. Wir hatten die Front durchflogen. Unter uns Nebel und Sicht bis zum Horizont. Wir kamen in 5.000 ft. an und stoppten den Anflug nach Hof. Teilten dem Radarlotsen mit, dass wir jetzt nicht mehr landen müssten.

Die Temperatur stieg über dem Nebel auf plus fünf Grad Celsius an und in kurzer Zeit waren wir vom Eisbelag befreit. Wir flogen nach Tempelhof und landeten im Nebel. Das Restaurant am Fernsehturm in Berlin schaute oben aus dem Nebel heraus.

Tradewind-PropJet-Bonanza

Klaus Ellenberger ganz links im Bild

Alle die tollen Erfahrungen haben Sohn Andreas nicht überzeugt. Er wollte sicherer fliegen und möglichst höher hinauf, um über dem Wetter zu sein. Er suchte im Internet herum und fand, dass eine Bonanza mit Turbine eine Möglichkeit dafür bietet. In Dornbirn, Österreich, war eine solche Maschine stationiert und wir konnten diese Probe fliegen.

Auch erhielten wir technische Voreinweisung vom mehrmaligen Earthrounder Klaus Ellenberger aus Nürnberg. Er hatte mit seiner Bonanza ORION schon zwei Mal die Welt umrundet.

Es dauerte nicht lange und Anfang 2005 hat Andreas mit „Tradewind Turbines" in Amarillo/Texas Kontakt aufgenommen und Angebote für eine Prop-Jet-Bonanza erhalten. Also wurde eine Reise nach Amarillo geplant zu einer Besichtigung von

Probeflug in Dornbirn

drei verschiedenen Maschinen.
Im März noch flogen Andreas und ich nach Texas. Die N51MW stand sauber in der Halle und für unser Budget finanzierbar.

Die Auserwählte

Natürlich feilschten wir mit Mr. Boith, konnten den Preis leicht drücken, aber nicht viel. Es standen noch ein paar Überprüfungen und Wartungsarbeiten an. Ein paar Probeflüge führten wir durch und diese überzeugten uns dann, das richtige Flugzeug für unsere Vorstellungen zu haben.

Wir reisten wieder ab, bereiteten zuhause die Finanzierung vor.

Am 1. Mai 2005 war es dann soweit. Wir flogen wieder nach Amarillo mit großem Gepäck. Die Überlebensausrüstung von Jürgen Brockfeld, Deimatec, war dabei. Warme Kleidung für den Fall einer Landung auf dem Gletscher von Grönland. Das Rettungsschlauchboot sollte uns in Bangor von einem Kollegen von Jürgen Brockfeld übergeben werden.

Der Wintereinbruch in Amarillo

Wir kamen am 1. Mai 2005 abends in Amarillo an. Strahlender Sonnenschein, Temperaturen von 20°C und mehr erwarteten uns. So richtiges Texaswetter, wie wir uns das vorstellten. Wir quartierten uns in einem Motel ein und Mr. Boith holte uns am nächsten Tag ab. Wir wollten ja so schnell wie möglich mit der Umschulung beginnen.

Es war noch dunkel, als ich den Vorhang an unserem Zimmer zur Seite schob und

glaubte meinen Augen nicht zu trauen. Es schneite wie im tiefsten Winter. 20 cm Schnee oder mehr lagen bereits auf dem Parkplatz. Heute wird es wahrscheinlich nichts mit Fliegen.

So war es dann auch. Wir saßen beim Theorieunterricht im Büro von Tradewind und saugten das neue Wissen für die Allison

Einweisung in die Turbinen-Geheimnisse

Turbine ein. War schon eine Menge, was man da wissen musste. Nach zwei Tagen Büffeln und Einweisung in den Flieger machten wir eine kurze Reise bei wirklichem IFR-Wetter von Amarillo nach Lubbock. Ich war am Steuer, der Instructor von Tradewind neben mir. Ich war sehr mit den neuen Charakteristika der Maschine beschäftigt. Alle Überwachungen gingen etwas langsamer, sodass ich gar nicht registriert hatte, dass der Gleitweg für den Anflug auf das ILS von Lubbock schon durchgelaufen war. Ein Durchstart mit neuem Anflug wurde notwendig. Hat mich schon geärgert, dass das mir passiert war. Aber deswegen hatten wir ja einen Einweiser dabei.

Letzter Check vor der Abreise

In Lubbock hat die FAA ein Büro. Um die amerikanisch zugelassene Maschine zu fliegen, musste ich meinen vor 30 Jahren eingetragenen amerikanischen Schein aktivieren lassen. Wir waren uns nicht sicher, ob das noch ginge. Andernfalls hätten wir eine neue Prüfung über uns ergehen lassen müssen. Aber, Computer sei Dank, meine Daten waren der FAA noch alle bekannt und ich bekam den Schein innerhalb von einer Stunde ausgestellt; sogar mit dem eingetragenen IFR. Im Nachhinein hat sich herausgestellt, dass das IFR gar nicht so einfach eingetragen werden durfte. Aber das amtliche Papier war nun mal in meinen Händen.

Bei Regenwetter vor dem Start in Amarillo

Am 4.5.2005 sind wir in der Früh um 8:00 Uhr in Amarillo gestartet. Bei miesestem Regenwetter und tief hängenden Wolken. So richtiges IFR-Wetter. Und das mit einem Flugzeug, mit dem das Handling noch nicht in Fleisch und Blut übergegangen war. Viele Griffe waren noch neu. die Instrumente anders als bei unserer KH.

Wir maßen die Flugstrecke bis nach Bangor/Maine und teilten diese dann in drei Teilstrecken auf, um die Reichweite auszunutzen und wenig Bodenzeit zu verlieren. Am Abend wollten wir in Bangor sein. Dort sollte am nächsten Tag der Zusatztank mit 300 Litern eingebaut werden.
Wir suchten einfach irgendeinen Flugplatz auf der Strecke aus, der unserer Planung nach passte. Der erste war ein Platz namens Medisonville, Kentucky.
Wir starteten also hinein ins miese Wetter und waren nach 20 Sekunden im Regen verschwunden. Wir stiegen mit bisher nie gekannter Steigleistung von ca. 1.500 ft./min, obwohl wir ziemlich voll beladen waren. In 10.000 ft. kamen wir in die Sonne. Wir hatten bereits eine Clearance bis 13.000 ft. bestätigt erhalten. Als ich links aus dem Fenster sah, erschrak ich. Am Tankdeckel trat der Treibstoff aus und sprühte über die Fläche.
Sofort verständigte Andreas, er war der Funker, den Controller über unser Problem. Wir wurden zurück an Radar Amarillo gegeben und der führte uns mit Vektors zum ILS. Wir kamen am Minimum aus den Regenwolken, landeten und rollten wieder zu Tradewind. Der Tankwart hatte den Deckel nicht richtig eingerastet und verschlossen. Es fehlten nach 15 Minuten Flug 160 Liter.
Etwas beschämt füllte die Firma wieder auf. Mr. Boith stritt mit dem Tankwart, wer wohl schuld gewesen sei und die 160 Liter bezahlen sollte. Wir jedenfalls nicht. Also sind wir mit 40 Minuten Verspätung ein zweites Mal gestartet zu unserem ersten Zwischenlandeplatz.
Als wir nach 3:15 Stunden ankamen, sahen wir einen ganz kleinen Platz inmitten einer Universität. Wir landeten, am Funk war keine Antwort zu erhalten, und fragten ob wir hier tanken könnten. Es gab nur Benzin, kein Jet-Fuel. Das könnten wir nur in Paduca, dem Hauptflugplatz KFIO, erhalten. Nach einer Pinkelpause sind wir dann den kleinen Hopser von. 20 Miles dorthin gedüst.
Wir wurden, wie in Amerika üblich, sehr

Fuelstopp in Paduca- Midwest-Airport

freundlich empfangen. Es ist ein Platz mit einem FBO mit allem Service, der zum Fliegen gehört. Auf unser Drängen, wegen der weiten Reise, die wir vor uns hätten, wurden wir sofort versorgt, aufgetankt, und bezahlten mit EURO-Master-Card. Nach 40 Minuten waren wir wieder in der Luft und stiegen auf 13.000 ft.

Die Flightlevels in Amerika beginnen erst bei 15.000 ft. Man fliegt immer mit Regional QNH. Wir hatten einen Flugplan nach KPSB Philippsburg aufgegeben, ein Platz, den wir, wie vorher, willkürlich festgelegt hatten. Nach 2:40 Stunden waren wir angekommen. Wir flogen auf das Ziel mit GPS zu und sahen nichts als Wald, weit und breit kein Flugplatz.

Wir hatten aber Funkkontakt und plötzlich, mitten in den Eichenwäldern der Appalachen, tauchte der Platz auf. Diesmal eine riesenlange Landebahn. Ein kleines Gebäude am Ende, sonst nichts. Wir waren wieder auf einem einsamen Platz gelandet, der nur für die Waldüberwachung benützt wird. Jedenfalls bekamen wir dort unseren Sprit. Es war auch noch der günstigste auf der ganzen Reise. Hatte nur ca. 0,60 US-$/Ltr. gekostet. Dazu gab es noch ein Sandwich und weiter ging's nach nur 25 Minuten.

Der nächste Abschnitt war der letzte und führte uns nach Bangor/Maine. Als wir in Philippsburg starteten und unseren IFR–Plan aktivierten, wurden wir nach einer halben Stunde von Center New-York gefragt, ob wir denn entsprechend unserem Flugplan unsere Route fliegen möchten oder ob wir direkt nach Bangor wollten. Das ließen wir uns ja nicht zwei Mal fragen. "No, we like direct to Bangor"."O.K.", kam es zurück, "you are cleared direct to Bangor." 1.200 km direkt.

Auf der Strecke nach Bangor in 15.000 ft.

Es war uns recht, so sparten wir 50 Miles. Es wurde auf halbem Weg schon dunkel. Wir hatten auf dieser Strecke nur Wolken unter uns. Als wir dann zum Sinkflug aufgefordert wurden und in den tiefen Stratus eintauchten, dann setzten wir auch noch etwas Eis an. So konnten wir gleich die Eisprotektion für die Turbine ausprobieren. Wir landeten im Dunkeln in Bangor.

Strecke am ersten Tag 3.300 km in 8:15 h

Dort war der Einbau eines Zusatztanks geplant. Die Werft ist darauf spezialisiert.
Alle möglichen Flugzeuge standen dort, um für den Atlantiküberflug gerüstet zu werden.
Für die Bonanza hatten sie die Einbauteile für Boden und Leitungen im Regal auf Vorrat.
Es dauerte einen ganzen Tag, von Donnerstag 5.5.2005 bis 6.5.2005 vormittags. Da trat ein

bürokratisches Problem auf. Für die Überladung des Flugzeuges durch den

Das hat der Monteur täglich zu tun.

Zusatztank fachmännisch fest verankert.

Bis unters Dach geladen, die Notausrüstung griffbereit

Probefüllung des Zusatztanks

Zusatztank brauchte die Einbaufirma die schriftliche Genehmigung der FAA. Das nächste Büro dafür war in Portland/Maine. Es war 07:30 Uhr. Das Büro schließt freitags um 11:00 Uhr. Es waren mehr als 250 km zu fahren. Ich holte wieder den bereits abgegebenen Mietwagen. Zum Glück war er von

Avis noch nicht abgeholt worden. Ich fuhr los, wenn ich es nicht schaffte, dann müssten wir warten bis Montag 9.5.2005.

Auf der Autobahn nach Portland kam eine Mautstelle, ich dachte ich sehe nicht recht, Maut in Amerika? Ich hatte keinen Cent in der Tasche, nur die Mastercard. Die Papiere und Dollars hatte ich vergessen mitzunehmen. Die Mastercard wollte er nicht anerkennen. Es staute sich hinter mir der Verkehr. Der „Mauterer" gab nicht nach. Ich versprach ihm, auf dem Rückweg zu bezahlen. Ich drängelte, die Zeit läuft mir davon. Er ließ mich schlussendlich fahren. Das Hupen der Fahrer hinter mir hat ihn womöglich doch mehr genervt, als ich.

15 Minuten vor 11:00 Uhr habe ich das Büro der FAA am Flughafen von Portland betreten.

Es war alles vorbereitet. Nach drei Minuten habe ich das Büro wieder verlassen. Ein neues Problem am Ausgang des Flughafens. Eine Schranke, Parkgebühren wurden fällig, ein Dollar, um zu öffnen. Niemand weit und breit, den ich anbetteln konnte. Verflixt. Am Ende der Straße war ein Büro für Mietautos. Ich rannte hin. Eine Frau, eine sehr korpulente, versuchte ich zu bewegen, mir 50 US-$ von meiner Master Card abzuziehen und mir 30 davon wiederzugeben. Ungläubig sah sie mich an "20 US-$ for exchange only, something must be wrong with you", meinte sie.

"No, there is nothing wrong, I am in a hurry and this is for your quick help." Sie akzeptierte mit einem ungläubigen Gesicht und gab mir die 30 US-$. Ich war wieder ein Mensch.

Ich raste über der Grenze des Erlaubten auf der Autobahn zurück nach Portland. An der Mautstelle entrichtete ich meinen Obolus und auch er war zufrieden und gab mir den Zettel, auf dem er meine Adresse etc. aufgeschrieben hatte, zurück. Ob die Amerikaner wirklich den Dollar von mir eingezogen hätten?

Um exakt 13:15 Uhr kam ich in Bangor an. Das wichtige Dokument wurde übergeben, unsere Papiere abgestempelt und unterschrieben.

Über der Labradorsee nach Goose Bay

Andreas hatte alles schon verladen und den Flugplan nach Goose Bay aktiviert und wir sind um Punkt 15:00 Uhr LT. gestartet.

In Goose Bay angekommen sind wir um 18:15 Uhr LT und bekamen gleich einen Anpfiff. Wir hätten anrufen müssen und unsere Landezeit angeben wegen des Zolls. Jetzt ist niemand mehr da und das gibt Probleme.

Die Probleme hören nicht auf, wenn man so wenig Erfahrung hat. Jedes Land hat seine eigenen Vorschriften. Da ist es manchmal sowieso besser, sich 15 Minuten lang Ausreden einfallen zu lassen als zuvor fünf Stunden Notams zu studieren. Die Ausreden halfen und der Zoll kontrollierte am anderen Morgen.
Ein Tankwart kam und füllte unseren Flieger auf. Er sprach uns in bestem Deutsch an. Wir waren überrascht. Es war ein Deutscher, der seit 10 Jahren in Goose Bay lebte und hier geblieben ist, nachdem die deutsche Luftwaffe abgezogen wurde. Diese war mehr als 20 Jahre hier, um mit der Phantom Tiefflüge zu üben. Als die Kanadier mit den Standortpreisen immer unverschämter wurden, hat man aufgegeben. Die schöne große

Im Anflug auf Goose Bay

Halle, mit der Aufschrift "Luftwaffe", wurde von unserer Regierung verschenkt.
Es war noch eisig kalt im Mai und überall lag noch Schnee.
Gemütlich am Samstag 11:20 Uhr brachen wir auf nach Narsarsuaq/Grönland. In 17.000 ft., über dem Wetter.
Für die Verständigung mit der Flugsicherung hatten wir ein Satellitentelefon dabei. Beim Abflug in Goose Bay hat der Tower einen Telefonkontakt hergestellt. Wir haben aber das Telefon nicht

Kurz vor der Landung in der Dämmerung

einzusetzen brauchen. Es gab immer eine fliegende Relaisstation für die Standortübermittlung. Die kostete nichts.
Dafür haben wir mehrmals auf dem Flug mit Helma und Sylke, unseren Frauen, die zuhause bangten, telefoniert.
Als wir mit Narsarsuaq Funkkontakt aufnahmen und das Wetter angegeben wurde, war uns schon ein wenig mulmig. Die Wolkenhöhe war mit 3.500 ft. angegeben, genau die Höhe des Minimums für einen NDB-Anflug. Es hat dann auch ganz genau gepasst. Wir sahen wieder Boden, und was für einen, nur Schnee und Eis und Fels.

Gar nicht so einfach, mit diesem Überlebensanzug!

Die Instrumentierung der Bonanza 36T

ADF-Anflug auf Narsarsuaq, gerade in 3.500 ft. aus den Wolken

Landebahn kommt in Sicht

Als die Landebahn in Sicht kam, stellte ich fest, dass mitten auf der Runway Baufahrzeuge oder ähnliches standen. Ich fragte den Tower, was auf der Landebahn los sei? Lapidar kam die Antwort. "There is work in progress, but you can land before with 700 m runway or behind with 800 m. Is this enough for you or do you want to go to your alternate? It's just as simple as that."

Wir entschlossen uns, ganz am Anfang zu landen, wir hatten ja jetzt Reverse-Bremsschub, und rollten dann gemütlich an der Baustelle vorbei.

Das war wieder so ein Versäumnis. Wir hätten das beim Notam-Lesen erfahren können. Ob wir dann allerdings hergeflogen wären, ist wieder eine andere Frage.

Wir hatten für Ausweichplätze nach Nuuk und Sondrestormfijord oder notfalls gleich bis Reykjavik genügend Treibstoff an Bord. Als wir landeten, waren noch 430 Liter in den Tanks. Der Zusatztank war nur für den äußersten Notfall eingebaut worden.

Eine vor uns in Goose Bay gestartete Cessna 337 stand auch schon da, aber vor der Werkstatt. Der hintere Motor hat sich auf halbem Weg verabschiedet. Der coole Pilot denkt sich nicht viel dabei. Jetzt läuft er wieder. Er weiß nicht, woran's gelegen hat. Er muss den Flieger in den IRAK bringen, für's Militär.

Nach dem Tanken und dem obligatorischen Gang zum Häuschen flogen wir nach einer Stunde wieder ab nach Reykjavik. Problemlos ging's über die tief verschneiten und vereisten Berge von Grönland. Wir hatten solches Vertrauen in die gleichmäßig laufende Turbine, dass wir an einen Ausfall nicht im Traum dachten. Trotzdem hatten wir für eine Notlandung vorgesorgt.

Ganz schön eisig und kalt, diese Gegend

Warme Kleidung, lange Unterhosen, Pelzmütze und Handschuhe, eben alles was man so braucht zum Überleben, wenn's minus 20°C oder noch kälter wird.

Die Bewölkung lockerte auf und bei schönstem Wetter landeten wir um 18:45 Uhr.

Übernachtung gleich im Flughafenhotel Lofleidier. Abends gönnten wir uns ein Island-Lachs-Menü vom Feinsten. Dazu ein richtig teures Bier, hat trotzdem wirklich gut geschmeckt.

Der Taxifahrer erzählt uns, dass die Isländer den zweithöchsten Lebensstandard in Europa hätten. Dieser wird sich noch weiter verbessern, denn einige Projekte zur Herstellung von Wasserstoff mit Hilfe der reichlich vorhandene Erdwärme werden die Isländer zu den modernen Arabern machen. Er ist vor Stolz fast geplatzt.

Um 11:05 Uhr sind wir am Sonntag wieder abgeflogen mit Plan nach Prestwick in Schottland. Als wir näher kamen, türmten sich CB's bis auf FL 150 und wir verlängerten deshalb unsere Reise gleich bis nach Wevelgem Kortrijk in Belgien. Dort war ich schon sehr oft geschäftlich hingeflogen und dort gab es am Platz auch ein Hotel und ein gutes Restaurant.

Kurz nach einem starken Gewitter mit Hagelschauer sind wir um 17:15 Uhr gelandet. An allen Hallenecken lagen noch die Hagelbälle. 30 Minuten vorher

hätten wir nicht landen können, sagte uns der Mann vom Tower. Auf dieser Strecke haben wir den Zusatztank leer geflogen.Er hatte seinen Dienst getan.
Im Restaurant am Flugplatz trafen wir einen Geschäftsfreund, Herrn Vandecasteele, der die schönste Holzhandlung von Europa betreibt. Wir vereinbaren einen Flug mit der Turbine mit ihm am anderen Tag.

Er ist auch ein begeisterter Flieger und hat selbst eine Bonanza A36 seit vielen Jahren. Am Morgen machte ich dann den versprochenen Rundflug mit Vandecasteele über seine tolle Holzhandlung mit 30.000 cbm Vorräten aller Hölzer dieser Welt.

Als wir danach die Turbine starten wollten für unsere letzte Etappe nach Hause, rührte sich erst mal gar nichts am Anlasser. Kein Strom! Wir waren ratlos. Alle Klappen vorne aufmachen, alles prüfen, ob etwas lose ist. Im Gepäckfach wurden wir nach 20 Minuten des Suchens fündig. Ein kleines Massekabel war aus der Klemme gerutscht. Da wären wir ganz schön aufgeschmissen gewesen über dem Atlantik! Die Turbine wäre zwar weitergelaufen, aber alles andere wäre ohne Strom gewesen. Wir hätten nicht mal die Tipptanks umpumpen können.

Großer Empfang in Donauwörth durch unsere Frauen und Enkel

Es war eben nicht ein ganz neues Flugzeug. Die Zelle hatte schon 1500 Stunden, die Turbine 900 Stunden hinter sich. Aber mit so etwas Banalem hatten wir nicht gerechnet.

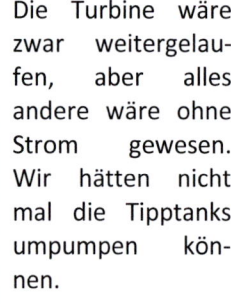

Zuhause angekommen.

Ein paar Kurztrips waren am folgenden Wochenende angesagt, einmal nach Venedig und Portoroz. Mit einem Charterkunden nach Zadar/Kroatien. Da hat der Autopilot nicht mehr richtig die Querlage gehalten. Ich musste ständig dagegen drücken, hoffte, dass der Kunde nichts merkte. Die Werft hat dann eine lockere Befestigung an den Steuerseilen entdeckt.

Gleich am nächsten Tag, am 19.5.2005, meinem Geburtstag, sind wir nach Barcelona/Sabbadel geflogen, um einen Kunden von Andreas zu besuchen. Am späten Abend gleich wieder zurück. Als ich merkte, dass wieder in der Querlage etwas nicht O.K. war, stellte ich fest, dass die Zusatztanks sich nicht gleichmäßig entleert hatten. Der Linke Tank war fast leer und der rechte noch dreiviertel voll, also ca. 70 kg zogen am äußersten Ende die rechte Fläche nach unten. Handfliegen war erforderlich.
Etwas schiebend im Seitenruder, um den Sprit aus dem rechten Haupttank etwas mehr zur Entnahmestelle zu drücken. Nach einer Stunde Fliegen ging das in etwa. Das war das nächste Problem, das uns grübeln ließ. Die rechte Spritpumpe war auch hinüber. Sie wurde ausgetauscht.
Die nächsten Flüge waren O.K.
Einige Ingenieure aus der Nachbarschaft wollten nach Amsterdam. Wir flogen sie nach Lelystad. Dort hatte ich einen Tag Zeit und machte einen Abstecher nach Stade, um einen meiner Holzkunden zu besuchen. Auf dem Rückweg tankten wir in Leer und besuchten meinen alten Segelfliegerfreund Klaus zur Nieden. Großes Hallo, als wir rückwärts mit Reverse von der Tankstelle wegrollten, das hatten sie noch nie gesehen.
Zehn Minuten nach dem Start, wir waren VFR nach Lelystad unterwegs, sind wir, auch mein Fliegerfreund Walter Koch, ganz gehörig erschrocken, als plötzlich der Lärm explosionsartig zunahm. Die Seitenscheibe hinter meinem Sitz war aufgegangen. Sie stellte sich ca. 10 cm aus. Die Kälte war gehörig, Freund Walter schnallte sich ab und zog die Scheibe zurück, aber die rastete nicht ein. Er hat sie gehalten bis wir in Lelystad gelandet waren. Er war ganz steif vor Kälte und wegen der gekrümmten Haltung. Wir reparierten notdürftig den Verschluss. Die Kunden hatten das nicht mitbekommen.
Die Fensterhalterung musste erneuert werden. Wenn das auch beim Flug übers Wasser bei minus 30°C passiert wäre? Wir merkten erst jetzt, im Nachhinein, wie gefährlich so ein Transatlantik-Flug hätte werden können.
Es kamen noch eine Menge kleinerer Fehler dazu. Instrumente, Schalter, Stromversorgung, Anlasser etc. Nach einem Jahr und. 400 Flugstunden waren wir sicher, dass jetzt alle wichtigen Teile in Ordnung seien. Wir kannten das Flugzeug nun in- und auswendig. Meinten wir jedenfalls. Bis zum Ende waren es 32 Reparaturen, kleine und auch größere. So viel zu Gebrauchtflugzeugen.

Noch im Juni 2005 wurde die N-51MW umgetauft zur D-ECME. Das war wieder das Kennzeichen meiner alten Bonanza. Andy hatte das heimlich arrangiert. Nach der Notwasserung der alten Bonanza im Mittelmeer war das Kennzeichen wieder frei geworden. Jetzt war die Maschine in Deutschland zugelassen.

Das Fliegen mit der Turbine war schon etwas anderes als mit der Kolben-Bonanza. Die Kraft beim Start gab ein sicheres Gefühl für jeden Platz und man konnte endlich mit etwas besserem Empfinden über die Alpen fliegen. 17 bis 20.000 ft. waren für den Flieger kein Problem. Ich hatte nur immer nach einer bis eineinhalb Stunden in solcher Höhe ein Unwohlsein verspürt. Erst dachte ich, es läge an zu wenig Sauerstoff, der durch die Kanülen kommt. Oder hatte vielleicht das Frühstück mit zu wenig Getränk etwas ausgemacht? Jedenfalls war ich immer erleichtert, wenn wir wieder in niedrigere Höhen unter 14.000 ft. kamen. Die Symptome sind wieder vergangen. Da die meisten der Flüge zwischen einer und knapp zwei Stunden lagen, fiel das nicht immer auf.

Als wir mal von Elba zurückflogen, wegen des Wetters gleich nach dem Start auf 17.000 ft. stiegen, ging es kurz vor Erreichen der Alpen los. Erst wurde mir übel, dann flimmerte es vor den Augen und nach weiteren 30 Minuten zeigten sich am linken Arm Lähmungserscheinungen. Andy flog sofort tiefer, allerdings ist die Mindesthöhe FL 150. Es besserte sich nicht wesentlich. Andy bestellte in Augsburg per Funk den Notarzt und wir waren 30 Minuten später da. Es war wieder alles normal, trotzdem kam ich ins Augsburger Klinikum.

Diverse Untersuchungen wurden gemacht. Verdacht auf Schlaganfall, Verdacht auf alles Mögliche und Unmögliche wurde geäußert. Nach einer Nacht wurde ich ohne ein Ergebnis entlassen.

Ich gab keine Ruhe, wollte es endlich wissen, was diese Symptome bedeuteten. Ich ließ ein Gehirnspin machen. Es wurde nichts gefunden. Wahrscheinlich hatte ich schon immer dieses Problem mit der Höhe. Irgendetwas schnürte in meinem Körper bei bestimmtem Druckabfall etwas ab. Da ich selten längere Zeit über 14.000 ft. geflogen bin, ist das nie aufgefallen.

So hatte ich jetzt mit Andreas immer die Diskussion im Flieger. Er wollte möglichst hoch fliegen und ich möglichst niedrig. Wenn ich alleine oder zur Sicherheit mit anderen Piloten unterwegs war, dann habe ich mir die Höhe selbst ausgesucht.

In den Jahren von 2005 bis 2012 sind wir mit der D-ECME mehr als 1400 Stunden geflogen. Sehr oft haben wir das Flugzeug verchartert und waren damit in ganz Europa von Rom bis Bergen und von Warschau bis Malaga unterwegs.

Die Landebahn auf 2.000 m Höhe mitten im Schnee

Rückflug am Abend am Montblanc vorbei

Courchevel mit der Gefällepiste

Tolle Flüge waren auch die Skiausflüge nach Courchevel. Jeder, der das mal erlebt hat, war davon begeistert. Unsere Passagiere waren immer erstaunt und happy.

Im Juni 2008 sollte ich mit Kunden nach Trenčín in der Slowakei fliegen, es pressierte, die Kunden wollten zu einer Betriebseinweihung um 11:00 Uhr dort sein. Wir starteten um 7:10 Uhr in Augsburg. Beim Startlauf bei ca. 70 kt. ging die kleine Gepäckklappe vorne links auf und wurde abgerissen und flog über das Flugzeug von links nach rechts weg. Sofort bremste ich und zog Reverse. Wir standen 200 m vor dem Ende der Bahn. Dem Tower meldete ich, dass eine Klappe verloren gegangen sei und sie sollten diese bitte suchen. Ich hatte diese nicht vorschriftsmäßig verschlossen.!
Peinlich, peinlich, vor den Passagieren. Ich rollte zur Servicestelle Beechcraft, ließ die Passagiere aussteigen und ging mit ihnen zur Cafeteria. Sagte, das würde gleich erledigt, ich riefe wieder, wenn wir fertig seien. Es gab nur ungläubige Gesichter. Aber irgendwie hatten sie sich doch beruhigt. Es waren eben Unternehmer, hart im Nehmen.
Die Klappe war nahezu ohne Beschädigung. Nur die Nietleiste war ausgerissen.

Beechcraft half sofort und nietete die Klappe wieder an. Klebte zur Sicherheit noch ein stabiles Aluklebeband über den Verschluss. Keine 30 Minuten hatte es gedauert und ich holte meine drei Passagiere in der Cafeteria ab. Sie hatten sich schon Gedanken gemacht, wie sie nach Trenčín kommen könnten. Es gab aber keine andere Möglichkeit als mit dem Flugzeug, um rechtzeitig hinzukommen. Also haben sie gewartet.

Erst als ich mit den Leuten zum Flugzeug zurückkam und sie glücklicherweise von der anderen Seite um den Flieger herumgehen ließ, sah ich, dass auch die Fläche neben dem Tankdeckel ein Loch hatte. Die Nase war komplett durchgestoßen vom Aufschlag eines Deckelecks. Noch bevor jemand es merkte, hat mir der Monteur dieses Loch mit dem Klebeband verschlossen.

Wir kamen pünktlich zur Betriebseröffnung nach Trenčín. Aber beim nächsten

Flug hat der Kunde verlangt, dass Andreas mit dabei sei. Er hat dem Alten nicht mehr genug Aufmerksamkeit zugetraut!

Die Reparatur war teuer. Die halbe rechte Fläche musste neu genietet und lackiert werden. Hat viel Geld gekostet, trotz Schadensregulierung durch die Versicherung.

Gewitter und Hagelflug

Das Flugzeug stand noch in der Werft im Siegerland bei Air-Alliance zur Kontrolle, als ein Auftrag von einem Dauerkunden kam. Wir sollten ihn wieder mal von Köln nach Locarno bringen und eine Woche später wieder zurückholen.

Ich charterte die Bonanza von meinem Fliegerclub in Giengen und holte die Passagiere mit viel Gepäck in Köln ab und brachte sie nach Locarno. Die leicht verschnupften Passagiere, wegen des kleinen Flugzeugs, munterte ich auf mit einem attraktiven Flug über die Alpen, über den Gotthardpass bei herrlich sonnigem Wetter.

"Aber abholen müssen Sie uns mit der großen Maschine!", war der Kommentar nach Ankunft in Locarno. O.K., wir hoffen, dass die Maschine dann aus der Werft zurück ist.

Sie war natürlich nicht fertig. Wie bei allen solchen Terminen, vor allem, wenn man drängt, geht meistens etwas schief. Ich holte notgedrungen wieder die

Bonanza aus Giengen. Flog sie schon am Samstag vorher nach Augsburg wegen der Zollausflugprozedur für die Schweiz.

Am Sonntag war marginales Wetter vorhergesagt mit einer aufziehenden Gewitterfront über der Westschweiz. Ich holte mehrmals die Flugwetternachrichten ein mit den Radarbildern, um den Verlauf der Gewitterfront zu verfolgen.

Das verbeulte Leitwerk

Es schien noch sehr gut zu passen für einen Flug von Augsburg Richtung Zürich und auf der Luftstraße zu dem Wegpunkt "Odina" bei Locarno. Also bin ich losgeflogen und kurz vor Zürich in die Wolken. Stieg auf 14.000 ft., die Minimumhöhe für diesen Alpenüberflug. Das eingebaute WX 9 zeigte auf der rechten Seite Gewitter an, sodass ich mir sicher war, vorher noch links dran vorbeizukommen.

In der Gegend von Luzern kam ich in heftige Turbulenzen und nach einigen Sekunden prasselte es los. Ich war in einem gewaltigen Hagelschauer. Er traf mich mit voller Wucht. Ich dachte, ich fliege durch einen Kieshaufen. Der Hagel schlug so heftig gegen die Windschutzscheibe, dass ich Angst hatte, sie könnte brechen. Deshalb bückte ich mich, den

Als hätte jemand mit dem Hammer draufgehauen

Kopf unter das Instrumentenbrett, um beim Brechen der Scheibe nicht voll getroffen zu werden. Steuerte das Flugzeug nach dem Horizont, der wild von links nach rechts drehte. Obendrein musste ich den Autopiloten ausschalten. Die Turbulenzen hätte er nicht ausgehalten. Er gab seine Funktion auf. Der Hagel hat nach

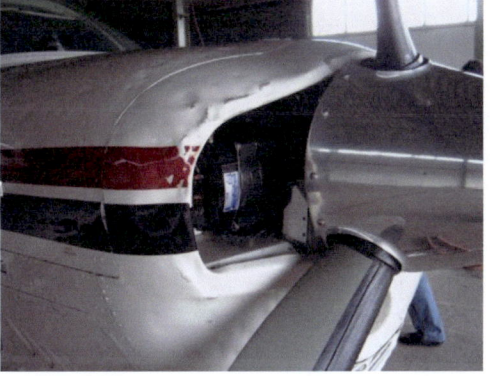

weniger als 20 oder 30 Sekunden wieder auf-gehört, aber die Turbulenzen wurden eher stärker als schwächer. Es schleuderte mich hoch auf 16.000 ft. Die

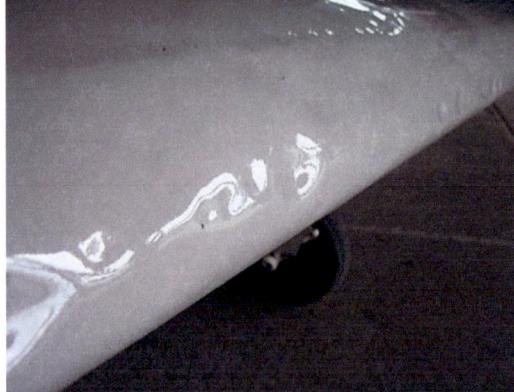

Radarüberwachung machte mich aufmerksam. Ich sagte, dass ich das auch wisse, aber ich könne die Maschine nicht überlasten und müsse sie nach Gefühl steuern. Das heißt, beim Aufwind steigt die Fahrt an und man nimmt die Leistung zurück. Dann kommt wieder der Abwind und man fällt fast ohne Fahrt auf der Anzeige in den Keller. Vollgas ist dann erforderlich und man ist nach kurzer Zeit wieder 2.000 ft. tiefer. In solch einer Situation verbraucht man mehr Adrenalin als das Flugzeug Treibstoff.

Das ganze Spektakel hat vielleicht 10 Minuten gedauert, dann waren wieder blauer Himmel und weiße Wolken über mir. Rückwärts sah ich noch drohend die hohe Gewitterwolke, die ich gerade durchflogen hatte.

Nach der Landung in Locarno bin ich ausgestiegen und erschrak beim Anblick der Maschine. Sie sah aus, als wenn jemand mit einem Vorschlaghammer draufgedroschen hätte.

Meine Fluggäste kamen gerade angefahren und standen neben dem Flugzeug, schon etwas grantig, weil ich wieder mit der kleinen Bonanza zum Abholen gekommen war, als mehrere Leute aus der Werfthalle von nebenan auf uns zukamen und erstaunte Gesichter machten. So etwas hätten sie noch nie gesehen, war ihre einhellige Meinung.

Erst da haben meine Fluggäste das Dilemma gesehen. Nein, jetzt wollten sie nicht mehr einsteigen. Ich habe das akzeptiert und für sie einen Rückflug mit einer PC12 arrangiert, die gerade angekommen war.

Meinen Rückflugplan, den ich über Mailand und Bozen gefiled hatte, um der Gewitterfront zuvorzukommen, wurde geschlossen. Ich blieb über Nacht und bin mit der lädierten Maschine am andern Tag nach Giengen geflogen.

Es gab dann mit dem Vorstand und seinen Beratern einige heftige Debatten.
Man wollte, dass ich den ganzen Schaden bezahlen sollte. Ich hätte keine korrekte Flugvorbereitung gemacht und mich nicht über das Wetter informiert. Ich hätte mich grob fahrlässig verhalten.
Ich ließ mir vom Wetteramt die Bestätigung für meine Einblicke im Internet in die Wetterdaten schicken. Diese bekam ich kurzfristig mit einer Rechnung von 300,00 €. Ich vermochte also jeden Schritt zu belegen, den ich unternommen hatte, um das Wetter für den geplanten Flug einschätzen zu können. Es war zu erwarten gewesen, dass das Gewitter noch 100 km weiter im Westen geblieben wäre.

Das Tribunal des Vereins, wie ich es seitdem nenne, war davon nicht überzeugt und dachte an eine Manipulation der Unterlagen. Sie intervenierten auch noch beim Deutschen Wetterdienst und ließen sich ihrerseits die Daten zuschicken und gaben nochmals die 300,00 € aus. Sie kamen zu keinem anderen Ergebnis.
Es war einigermaßen verständlich, dass sie nach einem Vorwand suchten, mir grobe Fahrlässigkeit für den Unfall anzulasten.

Beim Fliegerverein in Giengen gab es zu dieser Zeit eine Flotte von ca. 15 Flugzeugen, inclusive Segelfliegern.
20 Jahre vor dem Unfall hatte die Vorstandschaft beschlossen, die hohen Kaskogebühren zu sparen. Man kalkulierte mit wenig Ausfall und sparte so mehr als 30.000,00 € pro Jahr Versicherungsbeiträge.
Unfälle sollten so abgewickelt werden, als bestünde eine Kaskoversicherung.
Es gibt in so einem Verein eine ganze Reihe von Schlaubergern, die alles besser wissen. Natürlich auch in Giengen. Alle Leistungen, die man in 45 Jahren für so einen Verein erbracht hat, sind da null und nichtig, wie an meinem Fall zu sehen war.
Ich schrieb einen offenen Brief an die Mitglieder und warnte sie, in Zukunft besser nicht mit vereinseigenen Flugzeugen zu fliegen, wenn sie ihre Familie nicht in den Ruin treiben wollten. Nachzuweisen, ob Fahrlässigkeit oder grobe Fahrlässigkeit für einen Unfall vorliege, sollte nicht von einem Vereinstribunal abhängen. Das Tribunal regte sich furchtbar auf über meine Einlassungen. Es endete mit meinem Austritt aus dem Verein. Es wurde trotzdem keine Kaskoversicherung abgeschlossen. Als die Bonanza wieder repariert war, es hat ca.30.000 € gekostet, flog man weiter auf gut Glück wie bisher.

Es dauerte nur zwei Monate, da flog ein Mitglied, ganz neu im Verein, zu seinem Verein in Gundelfingen, um seinen Aufstieg in die Bonanzaklasse zu demonstrieren. Er ließ sich feiern, obwohl in den Vereinsstatuten festgeschrieben stand, dass mit der Bonanza keine Grasplätze angeflogen werden durften. Dennoch landete er auf dem Grasplatz Gundelfingen. Nach kurzem Aufenthalt flog er stolz wieder ab.

Er hatte aber keine gute Einweisung erhalten, denn die Türe war nicht voll eingerastet und hat sich beim Start geöffnet. Da hat der Pilot wohl einen gehörig großen Schreck bekommen, als der Lärm plötzlich einsetzte und ihm der Wind um die Ohren pfiff. Er machte eine Platzrunde und wollte wieder landen. Vor lauter Unsicherheit ist er im Anflug zu langsam geworden, es kam zu einem Strömungsabriss und die Maschine ist 15 Meter vor dem Beginn der Bahn abgestürzt.

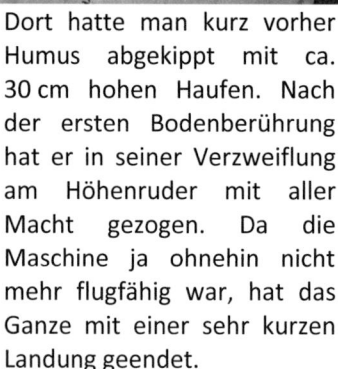

Dort hatte man kurz vorher Humus abgekippt mit ca. 30 cm hohen Haufen. Nach der ersten Bodenberührung hat er in seiner Verzweiflung am Höhenruder mit aller Macht gezogen. Da die Maschine ja ohnehin nicht mehr flugfähig war, hat das Ganze mit einer sehr kurzen Landung geendet.

Aus der schönen Bonanza war ein hundertprozentiger Totalschaden geworden.

Das Peinliche daran war noch, dass das Tribunal der sogenannten Sachverständigen vom Club dem Platzhalter die Schuld zugewiesen und von der Platzhalterversicherung einen hohen Betrag erstritten hat. Angeblich wegen unzulässiger Hindernisse vor der Bahn.
Jetzt stand wieder ein Pilot am Pranger. Warum auf einen Grasplatz geflogen? Wie war das mit der Einweisung? etc. etc. Und wieder keine Versicherung.
Man knöpfte dem armen Unglücksraben 10.000 € ab. Mehr trauten sie sich nicht mehr nach meinen schriftlich vorgebrachten Gründen.
Aber jetzt sind die Flugzeuge versichert. Endlich haben die „Sachverständigen" kapiert. Seit dieser Zeit bin ich nie mehr nach Giengen gekommen.

Eisansatz

Folgendes passierte auf einem Flug mit unserem Dauerkunden, einem Bauunternehmer, für den wir fast jede Woche am Freitag unterwegs waren, damit er seine Baustellen in Österreich besichtigen und kontrollieren konnte. Es war derselbe, mit dem ich mal mit der KH die Landung nach dem Spritverlust in München durchgezogen hatte.

Es ging meistens in der Frühe nach Klagenfurt, von dort manchmal nach Graz oder Wien und anschließend nach Linz.

Es war im Dezember 2005. Kurz vor Weihnachten. Beim Rückflug von Linz wurde es Nacht und als wir das Wetter von Augsburg hörten, war von 500 m Sicht und 200 ft. Untergrenze die Rede. Wir flogen in klarem Wetter auf VOR Maisach zu für den ILS Anflug der 25 in Augsburg. Bei 3.500 ft. flogen wir in den Nebel ein. Es war freezing fog,

Das geht nur mit dem dicken Bonanzaflügel!

leichtes Eis setzte sich an.

Wir waren nur noch fünf Minuten vom Platz entfernt, also ging es weiter. Es wurde ziemlich viel am Ende, so dass ich mich nicht mehr traute, die Klappen zu fahren. Mit 120 kt. rauschte ich den Gleitpfad hinunter und als die Bahn kam, runter bis ca. 50 cm über der Bahn, zog ich den Gashebel langsam auf Reverse. Wir setzten auf und bei vollem Reverse kamen wir nach dreiviertel der Bahn zum Abrollen.

Aber das konnten wir mit den Kunden nicht länger machen und da hat sich Andreas entschieden, eine TKS-Enteisungsanlage einbauen zu lassen. Wir sind dann etwas beruhigter bei eisigen Wetterlagen losgeflogen, aber ganz zufrieden waren wir mit der TKS-Enteisung nicht. Manchmal kam nicht genug Enteisungsmittel durch die kleinen Poren oder der Druck war zu hoch und die Sicherung sprang raus. Man musste eine Weile warten, um wieder einzuschalten. Keine gute Sache. Erst als wir dann den Filter ausgebaut haben und ohne geflogen sind, ist genügend Mittel ausgetreten um gut zu wirken. Man verbrauchte aber auch wesentlich mehr Enteisungsflüssigkeit.

Turbinen – Flameout

Andreas hatte ein Erlebnis, an das er sein ganzes Fliegerleben denken wird.
Er war mit einem Freund und Charterkunden auf einem Flug von Amsterdam zurück nach Augsburg. Es war widerlich schlechtes Wetter. Sommer 2012. Er flog in den Wolken und hatte Eisansatz.

Mit der eingebauten TKS-Enteisungsanlage sind wir etwas risikobereiter geworden und fliegen bei solchen Bedingungen. Als nach Passieren der VOR DKB der Sinkflug eingeleitet wurde und in 10.000 ft. das Eis abtaute, hat er die TKS-Enteisung abgestellt und auch die elektrische Propellerenteisung. An dieser hängt auch die elektrische Enteisung des Turbinenlufteinlaufs. Diese hat einen Regler, der in Zeitintervallen einschaltet und wieder ausschaltet. Im Cockpit sieht man das Aktivieren des elektrischen Intervalls an einer Anzeige.
Kurz nach dem Ausschalten blieb die Turbine stehen. Flameout in IMC! Kurz vorher hatte er noch mit seinem Kunden über die Zuverlässigkeit einer Turbine im Vergleich zu einem Kolbenmotor gesprochen!

Er meldete der Flugsicherung Mayday an und erklärte das Problem. Die ganze Aufmerksamkeit des Radarcontrollers hatte er jetzt. "Kommen Sie nach Augsburg?" "Nein, zu weit weg. Wo ist der nächste Flugplatz?" "Aalen, er liegt links hinter Ihnen, 6 NM entfernt." – "O.K.", sagte Andy, "das reicht." Vom Radarlotsen erhielt er die nötigen Kursangaben und den Airport Code, um ihn ins GPS 430 einzutippen. Dabei ging es mit ca. 1.000 ft. in der Minute abwärts mit 120 kt. Beste Gleitgeschwindigkeit auf der Anzeige.

Andy ist ein schneller Rechner. Die Sinkgeschwindigkeit mit Entfernung zum Landeplatz, die er jetzt auf dem GPS hatte, musste mit der verbleibenden Höhe ständig abgestimmt werden.

Die Flugsicherung hatte in der Zwischenzeit per Telefon die Flugleitung in Aalen verständigt, dass in 10 Minuten eine Notlandung bevorstehe. Es regnete in Strömen. Am Flugplatz hätte an diesem Sonntag ein Flugtag stattfinden sollen, der nun ins Wasser gefallen war. Die Besucher standen an der Landebahn und erwarteten die Sensation. Auch Rettungswagen und Feuerwehr waren des Festes wegen am Platz in Alarmbereitschaft.

Andy kam auf Anflugrichtung 27 in 500 Fuß einen Kilometer vor dem Platz aus den Regenwolken. Er fuhr das Fahrwerk aus, setzte die Landeklappen und war mit etwas Überfahrt am Rollfeldanfang. Mit Aquaplaning, ohne Reverse, die ging ja nicht, musste er heftig bremsen und kam am Ende der Bahn zum Stehen. Es hat geklappt. Er rief mich sofort an und sagte: "Du glaubst es nicht, was mir gerade passiert ist." Ich war von den Socken und gratulierte ihm zu diesem Glanzstück.

Ich fuhr sofort nach Aalen. Traf ein, als man mit einem Schlepper die Maschine die Landebahn entlang zurücktransportierte. Der Charterkunde und seine Frau saßen bereits in der Halle, wo das Flugplatzfest noch im Gange war und

stärkten sich mit Bier und einer Bratwurst.

Nach dem Befinden habe ich sie gefragt. "Der Andy ist ein guter Pilot", hat er gesagt. Jetzt fliege er noch lieber mit ihm. Die Frau sagte, sie habe nach vorne geschaut und nichts von der Sache mitbekommen, nur dass der Propeller so langsam drehte. "Der wird schon wieder laufen, wenn er gebraucht wird", war ihre Überzeugung.

Wir haben unsere Werft verständigt, man war ratlos. Der Monteur kam, um die Turbine zu untersuchen. Man fand nichts. Alle Treibstoffsysteme wurden ausgebaut und nach England geschickt. Es fand sich dort auch nichts.
Alles wurde wieder zusammengebaut und die Turbine lief anstandslos an.
Es beruhigte uns aber nicht. Wir ließen die Turbine laufen, spritzten mit einem Schlauch Wasser in den Lufteinlauf bei Standgas und mit Leistung. Die Turbine lief als würde sie das nicht im Geringsten stören. Also der Regen war es bestimmt nicht.
Wir holten unseren Betriebselektriker und Elektroniker, Thomas Hartmann, ein gewiefter Ingenieur. Er schaltete die Enteisung am Gummiwulst ein und stellte schließlich fest, dass dieser nur zu einem Drittel beheizt wurde.
Jetzt waren wir sicher, die Ursache des Triebwerkstopps gefunden zu haben.
Beim Flug hatte sich an zwei Dritteln des Einlaufs Eis angesetzt. Nach Einflug in die wärmere Luft beim Sinkflug hatte sich dieses Eis mit einem Ruck gelöst und ist in den Turbineneinlauf gezogen worden. Dort ist ein grobes Gitter vor den ersten Turbinenrädern und dort hat das Eis kurzzeitig der Turbine die Luft und somit den Sauerstoff genommen. Deshalb war sofort das Feuer aus. Wenn die Zündung, die automatisch mit dem Einschalten der Heizung mitläuft, noch eingeschaltet geblieben wäre, dann hätte der Treibstoff sofort wieder gezündet und die Turbine wäre wohl weitergelaufen.
Der Heizungswulst wurde neu installiert und wir stiegen bei schlechtem Wetter wieder mit mehr Vertrauen in die Maschine.
Im Jahr darauf, an Pfingstsonntag, flogen wir nach Courchevel, um unseren Halbjahresnachweis für die Landeerlaubnis zu erfüllen. Wir landeten und starteten zwei Mal. Nach der letzten Landung stellten wir die Turbine ab, um am Platz jemanden zur Bestätigung zu finden. Leider war weit und breit niemand zu sehen. Also entschlossen wir uns wieder zum Rückflug nach Augsburg.

Fehlersuche in Courchevel

Der Anlasser gab allerdings keinen Laut von sich. Kein Kontakt. Wir stiegen wieder aus, um nachzusehen. Alle Kabel waren am richtigen Platz. Wir versuchten, mit einem hinter der Halle gefundenen isolierten Draht eine Verbindung zwischen dem Anlasser und dem Startregler herzustellen. Auch das ohne Erfolg.

Wir riefen bei Uhl an, erreichten ihn in USA. Er meinte, vielleicht sind die Kohlen am Anlasser hängen geblieben. Wir sollten mal versuchen, die Turbine mittels der vorderen Einlassschaufeln rückwärts zu drehen und gleichzeitig auf den Anlasser klopfen. Da hörten wir einen kleinen Klick. Ich drückte auf den Anlasser und er arbeitete wieder. Wir stiegen ein und flogen nach Hause. Dachten, das sei ein einmaliger Fall gewesen. Wir wären ohne das Telefonat wohl in 2.000 m Höhe über Nacht geblieben. Bei der nächsten Wartung wollten wir nachsehen lassen. Weitere Flüge verliefen problemlos, wie gehabt.

Der nächste unangenehme Fall kam im April 2012.
Ein Charterkunde, der seit einigen Jahren mit uns regelmäßig geflogen war und im letzten Jahr kein einziges Mal unseren Service in Anspruch genommen hatte, rief eines Nachmittags an, dass er dringend nach Nizza müsse und frühestens um 17:00 Uhr abfliegen könne. Wir sagten zu und bereiteten uns für den Abflug vor. Das Flugzeug stand fertig getankt vor der Halle. Der Kunde kam an den Durchlass am Zaun in Augsburg. Ich sagte zu Andreas "Lass schon mal laufen, ich hole Herrn X ab." Er kam mit seinem Köfferchen und setzte sich in die Maschine und ich hörte, wie die Turbine im Leerlauf auslief. Was ist los?
Die Turbine läuft nicht an. Der Anlasser dreht nicht genug hoch, wir riskieren einen Kaltstart und die Turbine ist hinüber.
Der Kunde musste wieder aussteigen, war erbost, dass sein Termin in Nizza platzte. Wir versuchten, ein anderes Flugzeug aufzutreiben. Aber das ging zu dieser späten Stunde nicht mehr. Der Kunde hat seitdem nicht mehr bei uns angerufen.
Der Anlasser war hinüber. Beim letzten Flug sind die Kontaktkohlen eingebrannt und die Drehzahl zum Turbinenstart wurde nicht mehr erreicht.
Der Fehler von Courchevel hatte uns eingeholt. Ein neuer Anlasser wurde eingebaut.
Wir flogen ein paar Stunden und wollten im April noch einmal mit Freunden nach Courchevel zum Skifahren. Wir sind in Augsburg gestartet, waren auf 3.000 ft. gestiegen und wieder mal war der verflixte Tankdeckel nicht richtig eingerastet. Wir mussten zurück, tankten die fehlenden 50 Liter nach und sind wieder gestartet. Wir waren in der Nähe von Zürich, wurden kurz vorher vom Radarlotsen an Zürich übergeben, da leuchtete das Ladelicht auf. Heißt, kein Ladestrom zur Batterie. Kein Strom für die Instrumente, alle Leistung aus der Batterie. Wir beratschlagten nicht lange. Wir müssen wieder zurück, Skifahren fällt aus. In Courchevel auf dem Berg erhalten wir keine Reparatur, wenn sie überhaupt möglich wäre.
Der neue Anlasser, der einige Stunden zuvor eingebaut worden war, war falsch auf den millimeterkleinen Flansch aufgesteckt worden und war nicht ganz parallel zur Aufsteckachse. Deshalb ist die Welle abgebrochen. Es musste wieder ein neuer Anlasser her und ein kleiner Streit wegen des falschen Einbaus war auch noch ausgebrochen. So ein Anlasser ist nicht gerade billig zu

haben. Bis September 2012 sind wir noch 50 Stunden ohne Zwischenfälle geflogen.

Herzinfarkt

Am Freitag, 16.5.2008, war ich mit einem LKW zur Auslieferung von Terrassendielen im Raum Stuttgart unterwegs. Es war heiß, 30° C oder mehr. Die 4 Tonnen mussten von Hand entladen werden. Mir war einige Male richtig übel und ich musste pausieren. Ziemlich entkräftet habe ich den Heimweg angetreten und mir den Schweiß von der Stirn gewischt. Es war später Nachmittag und eine Geburtstagseinladung meiner Schwägerin Ilse zu einer Party stand auch noch auf dem Programm. Schnell unter die Dusche, umgezogen und etwas verspätet kam ich zum Fest. Ich war erschöpft, solch' eine Schwäche kannte ich bisher überhaupt nicht. Zunächst hatte ich keinen Appetit und trank nur zwei Gläser Rotwein. Nach und nach kam ich wieder zu Kräften.

Am anderen Morgen, einem Samstag, wollten Andreas und ich ein 200-Liter-Fass mit Enteisungsflüssigkeit zum Flugplatz nach Donauwörth fahren. Wir wuchteten das Fass in den Fiat Scudo und fuhren damit zum Flugplatz. Auf der Fahrt dorthin waren wieder ähnliche Symptome wie am Vortag zu spüren. Ich war einfach malade.
Wir luden das Fass noch aus und Andreas fuhr nach Hause. Samstags besuche ich regelmäßig unseren Fliegerstammtisch mit unseren alten Kameraden zum Austausch von Erinnerungen und auch, um die neuesten Nachrichten zu debattieren. Wir saßen im Freien vor der Gaststätte. Ich spürte plötzlich wieder leichte Übelkeit und sagte zu meinen Freunden: "Ich glaube, der Wein von gestern Abend war nicht ganz einwandfrei." Bestellte ein Wasser, habe nur daran genippt und schon wurde mir speiübel. Schmerzen setzten ein, ganz fürchterlich am Rücken zwischen den Schulterblättern. Ich legte mich auf ein paar zusammen gestellte Stühle und musste mich plötzlich übergeben. Die Putzfrau, die mit Fensterputzen beschäftigt war, hat die Situation richtig erkannt und den Eimer vor mich hingestellt.
Sie meinten um mich herum, es sei nur ein Schwächeanfall. Die Schmerzen wurden aber immer schlimmer. Eine anwesende Zahnärztin aus Höchstädt, die auch zu der Zeit den Flugschein machte, meinte nachdrücklich: "Das ist kein Schwächeanfall, das sieht nach Herzinfarkt aus!" Da rief einer meiner Freunde den Notdienst an. Die Schmerzen im Rücken waren fast nicht mehr auszuhalten. Ich krümmte mich immer mehr zusammen. Der Krankenwagen kam, ein Notarzt war nicht dabei. Der Sanitäter wollte meinen Blutdruck

messen. Das Gerät war aber nicht dicht und seine Versuche scheiterten. Da wurde er von meinen Freunden aufgefordert, doch endlich zum Krankenhaus zu fahren. Dort angekommen fuhr man mich in die Notaufnahme und der diensthabende Arzt erkannte sofort: "Sie haben einen Herzinfarkt." "Sind Sie da sicher?" war meine Frage. "Ganz sicher", sagte er, "eindeutigere Anzeichen gibt es nicht." Er schimpfte noch auf das Notfahrpersonal und kritisierte, dass kein Arzt zur Abholung mitgefahren war. Eine Entschuldigung wurde abgegeben, die nicht ganz verständlich für mich war. "Wo möchten Sie hin?" fragte der Arzt, "nach Ingolstadt oder nach Augsburg?"
Ich wollte nach Augsburg, weil ich dachte, da ist die Autobahn und das geht sicher schneller. Die Schmerzen waren zwischenzeitlich so stark, dass es mir egal war, ob ich jetzt sterben würde. Nur ein paar Gedanken waren noch da, was ich alles versäumt hatte zu erledigen. Wie geht das wohl ohne mich in der Familie weiter? Eine Todesangst hatte ich nicht. Auch ging mir durch den Kopf, dass jetzt das Fliegen zu Ende sei. Gleichzeitig mit dem Krankenwagen kamen auch meine Frau Helma und Andreas an, obwohl sie 20 km fahren mussten. Freund Walter Koch hatte sie angerufen.

Der Arzt fuhr gleich mit, mir wurde eine Infusion gelegt, und ab ging die Post mit Sirene nach Augsburg. Die Notaufnahme am Zentralklinikum wurde aus dem Wagen informiert und als wir nach 30 Minuten ankamen, war schon alles alarmiert und bereit. Als ich auf der Bahre aus dem Wagen geschoben wurde, standen schon Helma und Andy wieder daneben, sie waren dem Krankenwagen hinterher gefahren. Sie machten ganz besorgte Gesichter. Sagten später, ich hätte ganz weiß ausgesehen und sie befürchteten auch mein Ende.
Im Operationssaal ging es ruck, zuck. Ein Katheder wurde eingeführt und zwei Stents gesetzt. Der Schmerz war sofort weg und ich fühlte mich in der nächsten Sekunde wieder bestens. Die Operation hatte nur 20 Minuten gedauert.
Als man mich auf dem fahrbaren Bett zur Station brachte, standen Helma und Andy auf dem Gang und schauten ganz ungläubig, weil ich lachte und meinte: "Ihr seht, ich lebe noch!" Da hellte sich ihre Stimmung auch sichtbar auf.

Nach vielen Medikamenten, guten Ratschlägen für die Lebensweise nach dem Herzinfarkt und Zwangsruhe für mich ging es ab in die Reha zur weiteren Behandlung und Überwachung in die Lauterbacher Mühle an den Ostersee in der Nähe des Starnberger Sees.
Dort lebt es sich wie in den Ferien. Drei Wochen fühlte ich mich wie im Urlaub. Die Anwendungen mit täglichem Sport taten gut und auch das Radfahren in Kolonne mit den anderen Infarktpatienten. Zur Vorsicht begleitete uns ein Arzt mit Defilibrator im Rucksack.

Meinem Fliegerarzt musste ich notgedrungen Mitteilung machen. Er musste den Fall nach Braunschweig melden. Da kam dann auch sehr schnell, viel schneller als von dort zum Beispiel Verlängerungen kommen, die Aufforderung, meinen Flugschein einzuschicken. Fliegen war jetzt nicht mehr möglich.

Der Arzt in der Rehaklinik Lauterbacher Mühle hatte jede Menge gute Ratschläge, wie das Herz wieder auf Vordermann gebracht werden könne. Ich hatte viel Glück gehabt, dass ich innerhalb einer Stunde ins Krankenhaus gebracht worden war. Es war kein weiterer Schaden am Herz entstanden. Die Werte waren seiner Ansicht nach sehr gut. Man kann, wenn man regelmäßig angemessenen Sport treibt, ein Herz ertüchtigen. Es werden dann Nebenkanäle im Herz als Ersatz für die verkalkten aktiviert und nehmen eine Hauptfunktion ein.

Was könnte ich tun? Regelmäßig, am besten täglich, eine Stunde Radfahren, jedoch ohne mich zu arg anzustrengen.

"Woher soll ich denn diese Stunde täglich bei meiner Arbeit nehmen?" fragte ich ihn. "Wann stehen Sie denn morgens auf?" "So gegen 6:30 Uhr." "O.K., dann stehen Sie eben um 5:00 Uhr auf, dann haben Sie eineinhalb Stunden Zeit für ihren Sport."

Also beschaffte ich mir zuhause ein E-Bike. Legte wirklich täglich los und nur an Steigungen oder bei Gegenwind wurde der E-Motor zugeschaltet. Die ersten Tage ging es nur 10 km. Die zweite Woche dann 15 km und nach vier Wochen waren täglich 25 bis 30 km in den eineinhalb Stunden machbar geworden. Zusätzlich ging ich noch jeden Montag zum Teakwondo-Gymnastiktraining. Ich fühlte mich fitter als jemals vor dem Infarkt.

Ich erinnerte mich an einen Bericht im Fliegermagazin vor längerer Zeit, in welchem ein Fliegerarzt aus Hamburg einen Bericht schrieb über "Fliegen nach dem Herzinfarkt." Ich rief bei ihm an und er machte mir Hoffnung, dass ich den Schein wieder bekommen könnte.

Mit dem Fahrrad habe ich in dieser Zeit ca. 6.000 km runtergestrampelt. Winters sogar mit Spikesreifen. Das wurde bis heute zu meinem Dauersport.
Montags dann noch eine Stunde zum Teakwondo-Gymnastiktraining, das alles hat mich fitter gemacht als ich vorher war. Ich wusste gar nicht, in welch' schöner Landschaft wir wohnen. Tolle Bilder von Sonnenaufgängen sind im Archiv. Eine Erfahrung, die ich ohne den Infarkt nicht gemacht hätte. Man kann natürlich auch ohne Infarkt mit dem Rad seinen Spaß haben.

Ein paar zusätzliche Untersuchungen waren noch erforderlich und dann, nach einem Jahr (Fliegen war nur als Co-Pilot bis dahin möglich gewesen), erhielt ich von meinem Fliegerarzt wieder die Tauglichkeitseintragung für den Schein. Ich konnte wieder, auch alleine, los. Die Welt war für mich erst von da an wieder in Ordnung.

Das Ende der D-ECME

Im Jahr 2012, am 10. September, bin ich mit Andreas wieder einmal nach Courchevel geflogen, um unsere Übungsflüge für die Landeerlaubnis auf dem dortigen Flugplatz durchzuführen. Wir machten ein paar Platzrunden und ließen das bestätigen.
Eine Familienangelegenheit stand bei Andreas an und er wollte das mit mir in Ruhe besprechen. Dazu flogen wir nach Elba. Eine Strecke von nur einer Stunde und 30 Minuten. Wegen des Flugs von einer Stunde über das Mittelmeer zogen wir die Schwimmwesten aus der Packung und legten diese bereit. Ich habe diese gleich angezogen.
Nach einem ruhigen Flug landeten wir auf Elba. Wir fuhren in die Stadt nach Marina de Campo und suchten uns ein Hotel. Anschließend wanderten wir am Strand entlang und besuchten dort ein Kaffee. Andreas eröffnete mir da seine Probleme in aller Ruhe und wir überlegten die möglichen Auswirkungen. Wir saßen dort lange von 17:00 Uhr bis 24:00 Uhr nachts.
Am nächsten Tag fuhren wir zum Flugplatz, ließen auftanken, und putzten das Kondenswasser von der Maschine. Es war 9:30 Uhr, als ich zum Start rollte. Alles lief wie immer.
Wir starteten aufs Meer hinaus Richtung Süden, verabschiedeten uns vom Tower und wollten die zugewiesene Radarfrequenz rasten, waren ca. 2.500 ft. hoch in einer Linkskurve zum VOR–ELB. Da erhöhte sich plötzlich die Drehzahl, der Zug am Propeller war weg. Ich drückte nach und kehrte sofort wieder um Richtung Flugplatz. Versuchte mehrmals, Gas zu geben, aber es regelte sich nicht ein. Es ging weiter nach unten. Andreas meldete dem Tower, dass wir in Schwierigkeiten seien und zurückkämen. Aber das war nicht mehr möglich, wir waren schon zu tief, um den Platz zu erreichen. Andreas hantierte noch mit Propellerverstellung und Gashebel herum, aber es lief nicht wieder normal.
Inzwischen waren wir auf 200 Fuß über dem Meer. "Wir müssen ins Wasser", meldete Andreas noch dem Tower von Elba und ich versuchte, das Flugzeug so gerade wie möglich zu halten und bereitete mich auf das Aufsetzen vor. Gurte konnten wir noch straffen. Andy öffnete die Tür und schaltete den Crashsender ein. Da sind wir nochmal erschrocken, weil dieser einen Höllenlärm machte.
Aufgeregt debattierten wir noch kurz über die Klappenstellung. Ich wollte keine setzen, Andy die vollen Klappen. Ich setzte die 10°-Startstellung.

Zwei oder drei Meter über dem Wasser habe ich die Maschine dann hingleiten lassen und die Geschwindigkeit hat sich verringert. Ganz langsam auf einen Meter über dem Wasser habe ich mehr und mehr gezogen bis die Fahrt gefühlsmäßig zum Aufsetzen reichte. Ganz weich war die ME im Höhensteuer. Auf den Fahrtmesser habe ich nicht mehr gesehen. Vielleicht flogen wir noch um 60 kt. oder darunter.

Dann kam das Aufsetzen aufs Wasser. Ein heftiger Ruck ging durchs Flugzeug. Die Nase tauchte ab und Wasser rauschte über das Cockpit. Es machte einen Lärm als wenn Metall auf Stein kracht. In den Fußraum drückte sofort das Wasser. Nach geschätzten 30 Metern waren wir zum Stillstand gekommen. Wir saßen schon bis zu den Knöcheln im Wasser. Durch alle Öffnungen hat sich das Wasser ins Innere gedrückt.

Die Nase kam wieder hoch und wir stürmten aus der Maschine. Andreas sprang gleich ins Wasser, obwohl das Flugzeug ruhig auf dem Wasser lag und nur ganz langsam zu sinken anfing. Ich blieb auf der Fläche stehen. Meine Füße waren wie Gummi. Ich musste mich an der Antenne auf dem Dach eine Minute festhalten bis der Adrenalinhaushalt wieder einigermaßen stimmte. Mittlerweile war das Flugzeug tiefer gesunken und ich stand auch auf der Fläche knöcheltief im Wasser. Wir waren ca. zwei Kilometer von der Küste entfernt.

Was nun? Kommt eine Rettung? Wie ist das mit dem Crashsender, was löst ein solcher aus? Wir hatten mal wieder keine Ahnung.

Noch auf der Fläche stehend, sah ich von der Küste ein kleines Motorboot näherkommen. Sonst war alles ruhig, wie sollte es auch in Italien sein an einem Sonntag kurz nach 9:00 Uhr. Da schläft doch noch das ganze Land.

Das Boot kam heran, ein Fischer mit seinen Angeln im Boot. Ein Frühaufsteher hatte unsere Landung beobachtet, seine Fische am Leben gelassen und war losgefahren. Als er 10 Meter von uns entfernt war, stellte er seinen Motor auf Leerlauf und schaute uns zu. Andy rief aus dem Wasser: "Come here please, help." In dem Moment musste auch ich das Flugzeug verlassen und ins Wasser. Es neigte sich nach vorne und stand Sekunden danach senkrecht im Wasser. Ein Teil der Kabine mit Leitwerk ragte nach oben. Ganz langsam, man hörte ein leises Pfeifen der Luft, die am Rumpfende austrat, ging die schöne ME unter. Ich schaute noch unter Wasser, öffnete mutig in dem Salzwasser die Augen, um unser Flugzeug auf den Grund sinken zu sehen, konnte aber nichts erkennen. Was mir noch aufgefallen war, als die Maschine sich senkrecht aufrichtete, war die Landeklappe, die ganz nach oben durchgebogen war. Wäre es ohne Landeklappe besser zu landen gewesen? Wäre dann eventuell die Kabine nicht gleich unter Wasser getaucht? Das lässt sich diskutieren, aber es war wie es war. Ist ja vorläufig gut gegangen.

Da gab der Fischer etwas Gas und kam auf uns zu. Nur mit Mühe und mit seiner Hilfe konnten wir das Boot über die kleine Metallleiter besteigen. Wir versuchten mit ihm zu reden, um den Flugplatz mit seinem Telefon zu erreichen. Aber er konnte kein Englisch und wir kein Italienisch. Er zog sein Handy aus der Tasche und fing an zu palavern, mit wem wussten wir nicht. Dann winkte er ein O.K. und wir fuhren los. Ich fragte noch, wie tief das hier sei? Natürlich nur mit der Hand und deutend. Er zeigte auf ein Instrument neben seinem Steuer. „Fischfinder" stand drauf und das zeigte 74 m Tiefe an. Dann preschte er los.

Unsere Handys wurden plötzlich heiß in der Hosentasche. Sie waren beide im Eimer. Ans Foto machen hatten wir in der Situation natürlich nicht gedacht. Hätte bestimmt ein paar seltene Aufnahmen ergeben.

Er fuhr uns in den Hafen von Marina di Campo. Hatte schon alles alarmiert mit seinem Anruf. Hafenpolizei und Rettungswagen standen am Kai. Wir wurden sofort von einer Ärztin untersucht, Blutdruck gemessen, der verständlicherweise zu hoch war, Puls geprüft, auch der zu hoch. Aber den Umständen entsprechend fand sie es O.K.

Wir wurden von einem der Polizisten in blütenweiser Uniform zu einer Boutique geführt, wo wir uns mit trockener Kleidung versorgten.

Dann begann das Procedere mit der Polizei. Seitenlange Berichte wurden getippt, mit dem Übersetzungsprogramm vom Italienischen ins Deutsche und Englische. Wer ist der Eigentümer, wer macht die Wartung, war genug Sprit verfügbar, sie hatten einen ganzen Katalog von Fragen. Wo ist das Flugzeug genau untergegangen, wollten sie wissen.

An der Wand in ihrem Büro hing eine Karte von Elba mit den Tiefenlinien um die Insel herum eingetragen. Da waren zwei Einträge mit 74 Metern. Genau hier ist es, konnte ich melden.

Wir telefonierten mit unserem Wartungsbetrieb Air-Alliance im Siegerland und teilten das Malheur mit. Sie waren auch gleich sehr aufgeregt und wussten nicht genau, was da wohl passiert war. Sie schickten die letzten Prüfungs-und Wartungsunterlagen per Computer. Das Luftfahrtministerium in Rom wollte alles noch mal ganz genau wissen.

Es dauerte bis 14:00 Uhr, bis wir von den Polizisten zum Flugplatz gefahren wurden. Dort wurde das Personal befragt und unsere Angaben bestätigt. Wir hatten 300 Liter zugetankt, hatten also ca. 400 Liter Treibstoff, genug für vier Stunden Flug.

Danach wurden wir entlassen und konnten uns um unsere Rückreise kümmern. Zuerst checkten wir im Hotel gleich am Flugplatz ein. Am kommenden Tag wollten wir mit der Fähre übersetzen und entweder von Pisa heimfliegen oder mit einem Mietauto nach Hause fahren.

Wir setzten uns ins Restaurant am Hotel und Andy telefonierte mit zuhause.

Ein schönes Schwimmbad war am Hotel geöffnet und so konnte ich gleich das Salz abspülen. Unsere nassen Kleider lagen auf der Hecke vor der Terrasse zum Trocknen.

Es war so gegen 17:00 Uhr, als Andy angerannt kam und sagte, es käme gleich ein Flugzeug aus Augsburg und fliege gleich wieder zurück. Die könnten uns eventuell mitnehmen. Ich raus aus dem Bad und packte die inzwischen trockenen Sachen in die Plastiktüte von der Boutique.

Wir stornierten das Hotelzimmer und da kam schon eine Beech 300 angerauscht.

Andy wartete auf die Piloten, die sagten, wir sollten unser Anliegen mit den Fluggästen, zwei Damen, die in der Flugleitung saßen, besprechen. Die beiden Damen hatten nichts dagegen. Schiffbrüchige müsse man immer aufnehmen, sagten sie. Also wurden wir mitgenommen.

Beim Einsteigen trauten wir unseren Augen nicht. Am selben Parkplatz, ganz am Ende der Abstellfläche, an dem wir am Morgen noch standen, war eine gleiche Maschine wie die unsere geparkt. Es war die Maschine, die wir mal Probe geflogen hatten, aus Dornbirn/Österreich. Welch ein Zufall.

Wir hatten keine Zeit mehr, um nach Hause zu telefonieren. Die Beech 300,

nagelneu, brachte uns in gut eineinhalb Stunden zurück nach Augsburg. Wir hatten mal wieder mehr Glück als Verstand gehabt.

Unser Auto stand am Parkplatz und um 20:00 Uhr klingelten wir an unserer Haustüre. Die Überraschung war perfekt. Die ganze Familie hatte sich eingefunden und hatte die fürchterlichsten Gedanken, was da wohl passiert war. Und nun standen wir grinsend da, als wäre gar nichts passiert.

Am Tag darauf war es schon bei allen Fliegerfreunden durch. Einer war zufällig in Elba und hatte uns auf dem Bild der italienischen Zeitung erkannt, das ein vorwitziger Reporter geschossen hatte, der vor dem Polizeibüro auf einen günstigen Augenblick wartete. Da saßen wir mit unseren angespannten Gesichtern im Partnerlook.

Wir diskutierten lange mit der Werft und Allison. Man konnte sich das nur so erklären, dass eine Fehlfunktion am Regler den Ausfall auslöste. Wir hatten zwei Jahre zuvor schon mehrmals kleine Unregelmäßigkeiten beim Lauf der Turbine vernommen. Einmal bin ich abends von Klagenfurt nach Linz mit unserem Baukunden geflogen. Beim Sinkflug auf Linz zu, noch über den Bergen in starkem Schneefall und Eisbildung, war ähnliches zu spüren gewesen wie vor Elba. Mein Co-Pilot Franz Wagner und ich vermuteten damals, dass es durch ungleichmäßiges Abplatzen von Eis am Propeller entstanden war. Zum Anflug war dann alles wieder normal.

Kurz darauf ist Andreas in Augsburg gestartet und hatte auch dieses Aufdrehen des Reglers vernommen. Mit ein paar Mal Gas wegnehmen und wieder nachschieben lief die Turbine aber wieder normal.

Als sich ein paar Wochen später, von Italien kommend, in FL 170 wieder dieselben Symptome einstellten, war unsere Geduld am Ende. Wir ließen den Regler ausbauen und zu Allison nach England schicken. Man untersuchte und meldete, dass nichts Fehlerhaftes zu finden sei. Andreas glaubte das nicht und bestellte einen nagelneuen Regler für 6.000 US-$.

Als dieser eingebaut war, sind wir fast ein Jahr ohne die geringsten abnormalities geflogen. Wir dachten, es hätte also doch an dem alten Regler gelegen.

Jetzt, nach weiterem Analysieren, stellten wir fest, dass die Feuchtigkeit immer sehr hoch gewesen war, wenn es auftrat. Ob die Maschine bei Nebelwetter länger in ungeheizter Halle stand oder bei hoher Luftfeuchtigkeit in Italien oder auch im Winter, damals in Klagenfurt, als die Maschine den ganzen Tag bei nassem Wetter draußen stand.

So war es offenbar auch auf Elba. Am Morgen war die Maschine komplett nass vom nächtlichen Tau. Dicke Tropfen zog ich mit dem Leder ab. Es waren geschätzt bestimmt mehr als fünf Liter.

Letztlich wurde als Unfallursache vermutet, dass in der elektrischen Prüfleitung für den Propellerregler immer dann ein Kurzschluss auftrat, wenn zu viel Feuchtigkeit vorhanden war. Es war also nicht der alte Regler, der als Ursache infrage kam und auch nicht der neue. Die ME gab es nun ein zweites Mal nicht mehr.

2012 -TBM 850

Kurz nach unserer Wassernotlandung hatte die Firma Tradewind Turbines in Amarillo Insolvenz angemeldet. Die Modellpflege für die Turbinen-Bonanza war dadurch in Frage gestellt. Es war also ein Risiko, wieder das gleiche Flugzeug zu beschaffen.

Wir suchten vorläufig nach Chartermöglichkeiten für die vielen Reisen, die Andreas mittlerweile zu absolvieren hatte. Seine Kunden und Händler in ganz Europa wurden immer mehr und seine Präsenz war bei den Messen und Ausstellungen notwendig. Seine patentierte Paletten-Umreifungsmaschine fand weltweit immer mehr Interesse.

Wir wurden auf eine TBM 700 aufmerksam gemacht, die in Memmingen stand und gemietet werden konnte. Allerdings mit Pilot. Wir haben damit ab Oktober Reisen nach Trevisio/Italien, Posen/Polen, Bukarest/Rumänien und nach Paris Le-Bourget abgewickelt.

Am 21.12.2012 begannen wir mit der Einweisung auf die TBM mit unserem Checkpiloten Ludolf Decker. Ludolf brachte dazu die D-FIRE von Memmingen nach Augsburg mit.

Ankunft in Memmingen aus Paris in dichtem Schneefall

Nach 12 Stunden Training war am 28.12.2012 Prüfungsflug mit Herrn Schimansky vom LBA. Danach hatten Andreas und ich die Typeneintragung für die TBM im Schein.

Am 29. Dezember flogen wir zusammen mit Sicherheitspilot Ludolf nach Bologna. Ich hatte einen Sonderauftrag zu erledigen. Eine Rundmail war ein paar Wochen vorher von PUF, der Zeitschrift *Pilot und Flugzeug*, gekommen. Ein Käufer einer Bonanza suchte einen Piloten, der mit ihm eine alte Bonanza von Bologna nach Schönhagen bei Berlin fliegen könne.

Ich habe mich sofort gemeldet. Teilte dem neuen Eigentümer der Bonanza mit, dass ich gut mit dem Vogel umgehen könne nach mehr als 6.000 Stunden Übung auf solchen Typen. Es hat nur zwei Tage gedauert, dann rief mich Dr. Thomas Nern aus Berlin an. Wir einigten uns, dass ich ihn auf dem Flug begleiten würde. "Wenn

das Wetter passt, dann melde ich mich und wir stimmen uns ab, wie wir nach Bologna kommen und das Flugzeug überführen."
Er flog dann am 28. Dezember von Berlin nach Bologna und wir kamen mit der TBM hin. Er erledigte die Landegebühr für die TBM. Andreas und Ludolf flogen zurück nach Augsburg.
Ich fuhr mit Dr. Nern auf den kleinen Grasplatz von Molinella bei Bologna.
Dort stand die I-ABCA . Eine uralte Bonanza Debonair. Wir checkten sie durch und verstauten unsere Taschen.
Der Motor lief sofort rund. Wir rollten ans Bahnende, ich fuhr die Klappen auf ca. 10° Sie hatte noch die Klappen wie meine alte ME, die man stufenlos bis zu 45 ° ausfahren konnte. Wir starteten und flogen los.
Dr. Nern hatte ein GPS und eine Mooving Map dabei. So schlängelten wir uns an Verona vorbei und flogen zur Autobahn Richtung Bozen ein. Eine Strecke, die ich von vielen Flügen und meiner Notlandung vor 40 Jahren sehr gut kannte. Nur bei Innsbruck hatten wir ein kleines Problem, weil der Funk sehr schlecht funktionierte. Es kreischte und jaulte, da war fast nichts zu verstehen. Ich meldete meine Absicht zur Querung des Inntales, mehr auf Verdacht, bekam dann eine Antwort, die ich so verstand, dass wir gerade über den Platz und dann den Bergen entlang Richtung Scharnitz fliegen sollten. Das war ohnehin meine Absicht.
Die Instrumente waren ein Graus. Da war ein altes Rollen DME von Bendix installiert, Zwei uralte Funkgeräte mit Rastern, auf jeden Fall schon lange bei uns nicht mehr zugelassen.
Der Motor lief wunderbar und die Maschine machte ordentlich Speed mit 160 kt. Das war der alten Mühle vorher gar nicht anzusehen.
Wir landeten kurz in Donauwörth, ich versuchte mit dem Funkgerät noch etwas zu regeln, es war aber vergebens. Wir haben noch nachgetankt und sind nach Schönhagen weiter geflogen. Immer schön den Sperrgebieten und Flugplätzen ausgewichen und sind ohne einen Funkspruch in Schönhagen angekommen.

Dr. Nern rief dann auch mal rein und da sie wussten, dass er mit einer Bonanza kommen würde, gab es auch eine halbverständliche Landeanweisung.
Wir waren angekommen. Dr. Nern fuhr mich gleich nach Tegel und ich bin am Abend mit Lufthansa nach München zurück. Es war mal wieder ein schönes kleines Erlebnis mit einer Bonanza.

Den Flieger hat Dr. Nern mit komplett neuer Instrumentierung für IFR ausgestattet und an den Musiker Till Lindemann der Gruppe „Rammstein" verkauft. Der fliegt mit einem Piloten damit kreuz und quer durch Europa. Von einem Auftritt zum anderen. Man kann also auch eine alte Bonanza gut als Reisemaschine gut einsetzen. So viel zu kleinen Events am Rande.

Mit der TBM 700 - D-FIRE machten wir noch ein paar Flüge, unter anderem nach Budel in Holland. Dort stand eine TBM 850 zum Verkauf. Andy war nicht mehr zu bremsen. Ruckzuck hatte er die Finanzierung für den Vogel zusammengestrickt. Mit unserem Checker und TBM Spezialisten Ludolf Decker flog er dann zur Besichtigung. Er wurde handelseinig mit dem Eigentümer.
Der Flieger war noch holländisch zugelassen mit Kennzeichen PH-TJA. Am 22.4.2013 holten wir das Flugzeug in Budel ab.

Besitzerstolz

Jetzt ist auch für mich das Druckproblem gelöst. Der Kabinendruck steigt bei 30.000 ft. nur bis zu 10.000 ft. an. Damit gibt es keinerlei Probleme mehr.
Im September 2013 wurde die PH-TJA umgetauft und deutsch zugelassen und heißt jetzt : D-FKAE für Kimmerle Andreas ErgoPack.

Die Kabine mit 4 Plätzen   TBM 850 vor der Halle in Augsburg

Das Fliegen mit der TBM ist etwas ganz anderes als mit der Bonanza oder ähnlichen Flugzeugen. Sie ist ein kleiner Airliner. In Flughöhen von FL 280 oder bis FL 310 ist man zu 95% über dem Wetter. Fliegt mit
300 kt. in zwei bis drei Stunden an den Rand von ganz Europa.
Von Augsburg aus nach Mailand

Auf der Ramp in Courchevel

Laden für den Rückflug aus Courchevel

in nur 1:10 Stunden, nach Barcelona oder Göteborg in 2:00 Stunden, von Göteborg direkt nach Istanbul in nur 4:10 Stunden. Selbst Madrid ist nur 3:20 Stunden von Augsburg entfernt.
Bis Ende 2015 waren auf 105 Flügen allerdings nur ca. 80 Stunden zusammen gekommen. Die meisten Flüge dauerten etwa eine Stunde oder weniger.

Die TBM wird sehr viel mit dem Autopiloten geflogen. Die Flugsicherung achtet genauer auf die Einhaltung von Höhe und Strecke. Die Anforderung an Genauigkeit ist in dieser Hinsicht etwas höher. Das abenteuerliche Fliegen gibt es jetzt nicht mehr.
Ein paar Herausforderungen sind nur noch die Flüge nach Courchevel oder Anflüge bei marginalem Wetter und Reisen über den Atlantik und über Grönland.

SIMCO – TBM Simulatortraining

Um für den Flieger wirklich fit zu werden, hat mich Andreas nach Florida zur Flugschule SIMCO in Orlando für ein einwöchiges Training am Simulator mitgenommen. Dort konnten wir komplizierte Anflüge, z.B. bei Nacht nach Innsbruck oder Anflüge zu schwierig anzufliegenden Flughäfen üben. Wie so ein Triebwerk funktioniert, wo  die Grenztemperaturen liegen und wie schnell dabei etwas zerstört werden kann, wurde ausführlich und anhand von Beispielen erläutert. Unser Lehrer sprach ganz exzellentes und deutliches Englisch, sodass wir auch wirklich alles gut verstehen konnten.

Sehr wichtig war auch die Einführung in das Handling bei Notsituationen. Motorausfall nach dem Start. Wie fliegt man im Gleitflug einen Flughafen sicher zur Landung ohne Motorantrieb an. Es war eine sehr interessante Erfahrung, die man real mit dem Flugzeug nie so perfekt üben könnte. Wir bekamen Einweisung, was bei Druckabfall in der Kabine zu tun sei etc. Auch die Grenzen wurden aufgezeigt. Nachträglich stellten wir fest, dass unser Wissen noch ein wenig lückenhaft war und solch eine Schulung von jedem Piloten angestrebt werden sollte. Vielleicht hätten 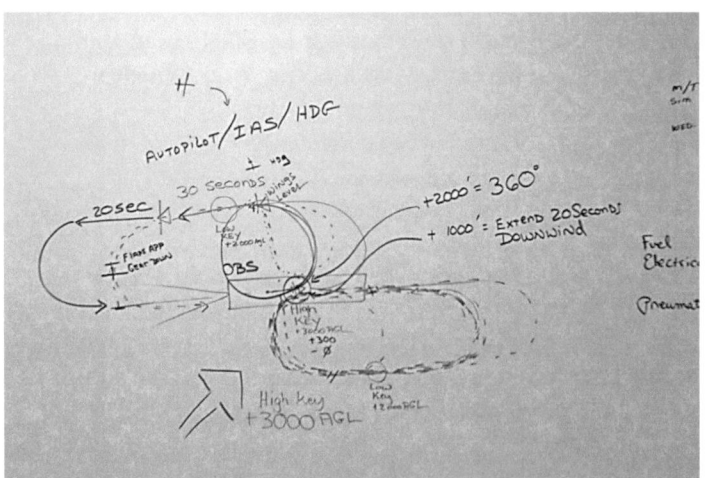 einige verunglückte Piloten nach so einer vorausgegangenen Schulung bessere Chancen zum Überleben gehabt.

Amerika: Oshkosh-Chicago

Ende Juli 2013 hat Andreas seine Vertretung in Milwaukee/Wisconsin besuchen wollen Von dort haben wir einen Abstecher zur großen Luftfahrtschau in Oshkosh/Wiskonsin gemacht. Mit der TBM ist das kein großes Unterfangen. Mit dem kleinen Airliner kann man die Strecken ohne Zusatztanks oder Ausrüstung mit voller Beladung durchführen. Nur die Überlebensanzüge und ein Rettungsboot wurden zusätzlich an Bord genommen.

Wir sind über Aberdeen in Schottland, Reykjavik in Island (Übernachtung dort mit Besuch des heißen Bades), Kangerlussuaq auf Grönland, Iqaluit in Canada und La Grande Riviere in Canada nach Oshkosh geflogen. Zusammen waren das 3.085 NM = 7.380 Km.

Danach nach Milwaukee, Chicago und über

Der Überlebensanzug wird vorbereitet.

Ludolf hat gleich zwei verputzt

Portland/Maine, Goose Bay in Canada nach Narsarsuaq in Grönland, weiter über Reykjavik und von dort direkt ins Siegerland/Nordrhein-Westfalen (4:10 h) und nach Augsburg zurück.

Zur Bequemlichkeit und zusätzlichen Sicherheit haben wir unseren Checkpiloten und Airline-Kapitän Ludolf Decker mitgenommen. In Portland führte er uns am Abend zum Hummeressen auf ein zum Restaurant umgebautes altes Schiff. Mit Tricks und Anleitung haben wir diese Spezialität gemeistert.

Doch als Andy und Karl-Heinz diese Geräte auf dem Teller sahen, haben sie das Handtuch geworfen und Hamburger mit Pommes gewählt.

Ankunft in Oshkosh/Wisconsin

Rundflug um Chicago

Durch den Service von Ludolf haben wir uns auf den Flug und die Umgebung konzentrieren sowie Andy ums Geschäft kümmern können. Es war wesentlich einfacher als unsere Überführung der Turbinen-Bonanza sieben Jahre zuvor. Die TBM war ja fast neu. Nur 600 Stunden war sie bei der Übernahme in der Luft gewesen.
Bis Ende 2015 kamen noch 600 Flugstunden dazu. Allein der Flug nach USA hatte geholfen, in weiteren 30 Flugstunden zusätzliche Erfahrung zu sammeln.

Über den Niagarafällen in 25.000ft.

Flugbehördengeschichten:

Mit den Behörden oder auch Luftaufsichtspersonal hat es öfters mal Komplikationen gegeben.

Mit den Vorschriften habe ich mich sehr intensiv befasst und habe bald gemerkt, dass diese nicht bei allen offiziellen Bediensteten aktuell waren.

Vor allem die "alten Hasen", meist die pensionierten Flieger, die noch bei der NS-Luftwaffe gedient hatten, waren mit den internationalen Richtlinien nicht recht vertraut. Auch das schnelle Auffassen und Verstehen hatte etwas nachgelassen und sie verwechselten Zeiten oder Kennzeichen.

Ich unternahm einmal mit Helma einen Ausflug von Donauwörth nach Kempten, für sie zur Übung. Sie sollte auch routiniert mit dem Funk umgehen können und sich dabei sicher fühlen. Beim Anruf Flugplatz Kempten mit unserem gewohnheitsmäßigen Kennzeichen D-EFWS zur Landeanweisung kam zurück: "D-EFKZ, Landebahn 27, Wind bla bla bla."

Helmas Frage: "War das die Anweisung für die D-EFWS?" "Ist Ihr Kennzeichen nun E-EFKZ oder D-EFWS?". "Es ist D-EFWS!" "Dann haben Sie mir vorher ein falsches Kennzeichen angegeben." "Nein, wir haben das richtige angegeben." Worauf er erwiderte, er hätte sich das Kennzeichen aufgeschrieben gehabt und er wisse, was er tue.

Darauf habe ich das Mikrofon genommen und ihm unmissverständlich gesagt, dass er mit solch einem Funkmist aufhören solle und sich an die Funkdisziplin halten möchte. Das hat er nun gar nicht vertragen und nochmal nachtarockt, worauf ich ihm sagte, dass ich mich nach der Landung in seinem Tower melden werde.

Nach der Landung gingen wir auf dem Weg zu ihm an einem Biertisch vorbei, an dem mein Rallyekollege Barnsteiner saß. Er hatte ein Handfunkgerät eingeschaltet und den ganzen Funkverkehr mitgehört. "Geh mal rauf zu diesem Blödmann und geig' ihm deine Meinung", meinte er.

Das tat ich dann auch. Wir stritten heftig über seine Verhaltensweise, vor allem, wenn er nicht wisse, ob da ein Anfänger oder Geübter am Steuer sitze. Das könne nämlich einen Anfänger so durcheinander bringen, dass die Sicherheit seines Fluges nicht mehr gewährleistet sei. Er wollte eine Anzeige schreiben und ich sagte ihm, das könne er ruhig machen, ich würde wegen seines Verhaltens auch eine Beschwerde beim Landratsamt einreichen. Da ging er erst recht hoch mit dem Satz, "Da bilden Sie sich doch etwas zu viel ein".

Es kam wie es kommen musste. Der Mann wurde abgelöst und mein Freund und Fluglehrer Barnsteiner hat sich bei mir später noch bedankt, weil mein

Schreiben den Ausschlag gegeben hätte zu dessen Ablösung. Er hätte alle Flieger in der Vergangenheit mehr oder weniger schikaniert.

Manche meinen eben, sie seien der Herrgott, wenn sie amtlich tätig werden und Luftaufsicht spielen dürfen.

In Straubing/Niederbayern haben wir Mitte 1999 eine Kraftwerksanlage demontiert, um sie in Takoradi in Ghana wieder aufzubauen. Dazu waren zehn Monteure aus Ghana beschäftigt zusammen mit einem englischen Ingenieur. Details für die Demontage mit Verpackung und Transport hatte ich mit unserem Energieberater, Herrn Dionys aus München, vorbereitet und durchgeführt. Dazu musste ich drei Monate wöchentlich ein bis zwei Mal nach Straubing. Dazu nahm ich natürlich die Bonanza und flog in 25 Minuten von Donauwörth nach Straubing.

Nachdem ich schon mehrmals dort gewesen war, sogar ein Konto für die Landegebühren bei der Verwaltung angelegt worden war, kam es zu einem folgenschweren Eklat.

Ich meldete mich wie üblich fünf Minuten vor Erreichen des Platzes an und bekam die Landerichtung 27 mitgeteilt. Ich bestätigte den Funkspruch und landete. Noch vor dem Abstellen beschwerte sich der Flugleiter, warum ich mich nicht an die Vorschriften in Straubing halte. Ich fragte, was das denn für Vorschriften seien. Er motzte scharf zurück: "Dann haben Sie auch noch die Flugvorbereitung nicht ordnungsgemäß erledigt. Sie müssen sich unaufgefordert im Gegenanflug, im Queranflug und im Endanflug melden!" Ich solle mit meinen Papieren zu ihm kommen und mich ausweisen.

Ich sagte gar nichts mehr, stieg aus, ging zur Flugleitung und meinte, was da für ein neuer Ton angeschlagen würde. Das hörte der "Türmer", Herr K.. und er kam die Treppe herunter. Ich sagte noch, dass er diesen Mist jemand anderem erzählen könne, aber nicht mir. Spezielle Vorschriften gäbe es nicht für einen unkontrollierten Platz. Da drohte er mit einer Anzeige. "Na dann machen Sie mal, wenn Sie meinen", war meine Antwort. Ich ließ ihn stehen und ging meiner Arbeit nach.

Als ich abends wieder kam, um nach Hause zu fliegen, ließ ich meinen Motor an und rollte zur Startbahn, gab Gas und startete. Da rief er im Funk ganz ärgerlich: "Was soll das schon wieder, jetzt reicht's, Sie erhalten eine Anzeige über's Luftamt."

Zu dieser Zeit ging in ganz Deutschland eine Diskussion los über die Einhaltung der Platzrunden. Die veröffentlichten Karten zeigten bei jedem Flugplatz eine eingezeichnete Linie, wie die Platzrunde zu verlaufen habe. Debatten gab es, ob diese überhaupt einzuhalten seien oder nicht. Das schlimmste Luftamt war das von Darmstadt. Dieses hat sogar bei einem Abweichen von der vorgeschriebenen Linie Strafen in beträchtlicher Höhe verhängt.

Ich wartete und tatsächlich kam am 9.12.1999 die Anzeige vom Luftamt Südbayern mit Angabe von irgendwelchen Paragrafen, gegen die ich angeblich verstoßen haben sollte.

Ich rief den Redakteur der Fliegerzeitschrift *Pilot und Flugzeug* an, Herrn Heiko Tegen. Ich solle ihm die Anzeige für seine Stellungnahme schicken. Danach ging es so richtig los mit dem Schriftverkehr zwischen dem Luftamt Südbayern und mir. Die Fliegerzeitschrift unterstützte mich dabei und mehrere Schreiben gingen hin und her. Die Anzeige des Flugleiters in Straubing musste schließlich zurückgezogen werden. Die Vorwürfe waren allesamt nicht haltbar.

Die folgenden Monate bin ich demonstrativ ohne viele Worte am Funk in Straubing gelandet und von Herrn K..hatte ich den Eindruck, dass er sowieso nicht mehr mit mir reden wollte. Auch die Straubinger Flieger haben sich bei mir bedankt, dass sie jetzt mehr Ruhe hätten vor den Eingriffen der Luftaufsichtsstelle.

Dieses Verfahren führte dann dazu, dass die Debatte über die genaue Einhaltung einzelner Platzbetreibervorschriften beendet war. Ein einzelner Flugplatz kann eine Empfehlung ausstellen, aber daraus keine Ordnungswidrigkeit konstruieren. Auch die Bußgeldbescheide von Darmstadt waren damit zu Ende.

In Hamm/Westfalen habe ich die Holzfirma Reschop übernommen, welche dort Trockenkammern und das Kesselhaus sowie ein Holzlager betrieb. Wir versorgten von dort aus unsere Kunden in Norddeutschland. Hamm war, wie schon berichtet, superpraktisch für mich, weil der Flugplatz gleich gegenüber, jenseits der Lippe, am Dortmund–Ems-Kanal-Hafen von Hamm lag.

In der Vor-Bonanza-Zeit habe ich mit Morane oder Monsun, auch öfter mal mit der Bölkow-Junior, die Firma Reschop besucht, um eine Ladung Stämme aus Sipo-Mahagoni auszusuchen und einschneiden zu lassen.

Eines Tages kam vom Fliegerclub aus Hamm ein Rundschreiben mit Kopie vom Luftamt Münster. Darin stand, dass ab sofort der Flugplatz nur noch für Vereinsmitglieder des Luftsportclubs Hamm benutzt werden dürfe. Fremde Flugzeuge dürfen dort nicht mehr landen. Sie bedauerten das aufs Äußerste.

Dieses Schreiben veranlasste mich zu einer sofortigen Reaktion. Ich sandte ein Fernschreiben, das war damals das schnellste Informationsmedium, an Firma Reschop, dass unsere Geschäftsbeziehungen ab sofort beendet wären. Wenn ich nicht mehr mit dem Flugzeug kommen könnte, dann sei mir der Einkauf bei ihnen zu umständlich. Ich hätte andere Möglichkeiten zum Holzeinkauf mit Flugplatznähe.

Es dauerte nur wenige Stunden, dann kam ein Anruf von Direktor Holtmann von Reschop. "Sie können wieder kommen. Den Grünen in Münster habe ich den Marsch geblasen. Die Vorschrift wird ab heute Mittag 12:00 Uhr wieder zurückgenommen."

Als ich das nächste Mal in Hamm ankam, war die Freude groß. Sie haben mich gleich als Ehrenmitglied aufgenommen. Ich hatte ihren Flugplatz vor dem Sterben bewahrt. Er kann heute noch von fremden Fliegern angeflogen werden.

Friedrichshafen

Als die Grenzen noch mit Schlagbäumen bewacht wurden, musste immer auf einem Zollflugplatz bei Aus- oder Einflug gelandet werden. Das war umständlich, aber man kannte seine Plätze, wo das schnell, meist in nur fünf Minuten, ablief.

Im Jahr 1983, an einem Sonntag, war ich in Altenrhein in der Schweiz und wollte nach Hause fliegen. Erst wollte ich den Zoll in Augsburg machen, entschloss mich aber kurz nach dem Start, diesen in Friedrichshafen abzuwickeln.

Damals war wenig Verkehr auf dem Flugplatz, meistens Motor und Segelflieger.

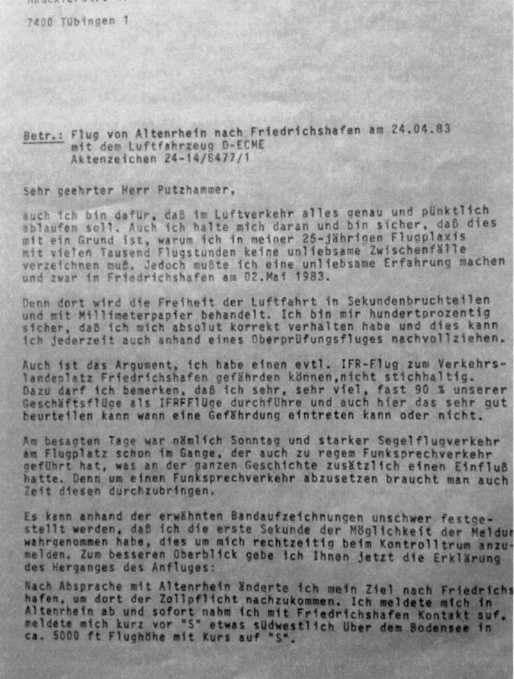

Der Platz war zwar mit IFR ausgerüstet, wurde aber nur von Geschäftsflugzeugen und einer kleinen Linie angeflogen.

Als ich mich für den Anflug meldete, bekam ich die üblichen Anweisungen und sollte mich nochmals im Gegenanflug zur 27 melden. Zwischenzeitlich hatte der Kontroller mit anderen Flugzeugen am Boden gesprochen und lange palavert. So war ich in der Zwischenzeit schon im Gegenanflug und kurz vor dem Queranflug, als ich endlich eine Funklücke hatte

und mich also meldete: "ME, kurz vor dem Queranflug."
Da fing der Kontroller zu lärmen an, wie ich denn schon hier sein könne, da habe doch meine erste Meldung gar nicht gepasst und das würde noch ein Nachspiel haben. Er hörte einfach nicht auf, bis ich den Mikroknopf drückte und sagte, ob er mir jetzt die Landefreigabe geben möchte oder nicht. Auch solch eine Druckfrage konnte er nicht ertragen.

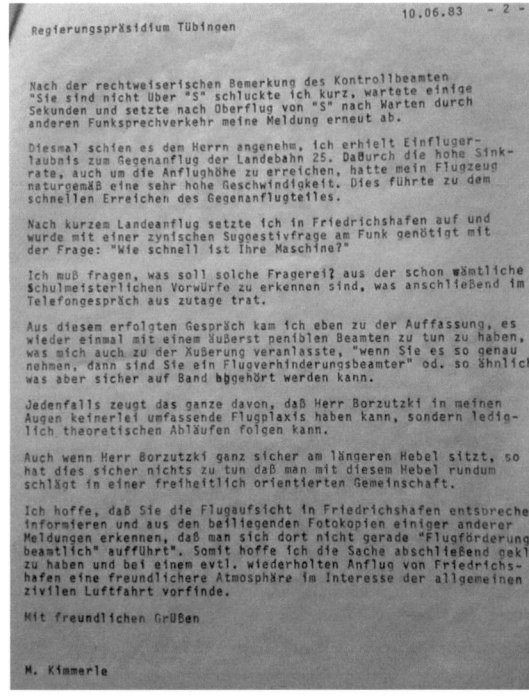

Ich ging nach der Landung zu dem Büro des Fliegerclubs, diese konnten damals die Zollabwicklung durchführen. Da rief der Mann vom Tower auch schon an und der Kollege gab mir den Telefonhörer. Er wiederholte seine Meinung und ich hielt natürlich dagegen:
"Wenn Sie nicht so schnell arbeiten können, wie es für einen Flugbetrieb nötig ist, dann sind Sie fehl am Platze." Da tobte er wie ein HB-Männchen und drohte mir mit Anzeige. "O.K., Sie sind scheinbar ein Flugverhinderungsbeamter", sagte ich noch dazu. Und: "Bitte halten Sie das Tonband bereit für die Auseinandersetzung."
Schon kurz darauf kam die Anhörung von der Regierung in Tübingen.
Ich verfasste über den Vorfall ein Schreiben mit meiner Stellungnahme.
Die Tonbänder wurden ausgewertet und dann die Anzeige zurückgezogen, die er inzwischen eingereicht hatte. Zudem wurde er vom Dienst auf dem Tower entfernt. Er war für den Dienst als zu cholerisch befunden worden und wurde von seiner Dienststelle abberufen.
Schriftlich wurde das natürlich nicht erwähnt. Das geht dann ganz heimlich. Weil die Vorgesetzten von solchen Beamten Bammel haben, dass etwas übersehen worden wäre, wird dann schnell gehandelt. Auch hier kam der Dank von den Fliegern in Friedrichshafen. Wenn die Beamten dich aber packen können, dann tun sie das mit Wonne.

Am 11. Dezember 1997 war ich unterwegs in Bremerhaven und landete spät abends, es war schon fast Nacht, in strömendem Regen auf dem Flugplatz Meschede-Schüren, um einen Mitarbeiter von uns mit nach Hause zu nehmen.
Am Funk war eine Person, die mir sogar das Licht eingeschaltet hat zum Landen. Ich dachte, alles sei in Ordnung und wir flogen gleich wieder weg. Ich hatte einen IFR Plan nach Donauwörth gemacht.
Ob man's glaubt oder nicht, am 13. Mai 1998, nach fünf Monaten, kam per Postzustellungsurkunde ein Bußgeldbescheid über 500,00 DM plus Gebühren. Man hatte festgestellt, dass ich ohne vorher anzurufen auf dem Platz gelandet war. Das heißt, der Platz war außer Betrieb. Landebahn hochgeklappt und Feierabend. Hat ja sowieso geregnet. Als ob es in jemandes Verantwortung gelegen hätte, wenn mir bei der Landung etwas passiert wäre.
Vielleicht hätte ich wegen Verjährung klagen können. Aber diese Beamten sind hartnäckig, ein Streit kostet ja nicht ihr Geld. So habe ich bezahlt und mein Groll gegen den Bürokratismus wuchs noch mehr an.
In ganz Europa, in Frankreich, Italien, Schweden oder England kann man jeden Flugplatz auf eigene Verantwortung benützen. Meist sogar ohne Landegebühren. Nur in Deutschland hat man das System beibehalten, dass immer ein Flugleiter am Platz zu sein hat. Damals war es eingeführt worden, um Fluchtversuche zu verhindern. Alle Versuche, das zu ändern, haben bis heute nichts gebracht. Vielfach auch wegen der Einsprüche der alten Garde, die sonst keine Macht mehr ausüben könnte und ihre Befehlsgewalt am Flugplatz verlieren würde.
Ähnliches passierte mir in Koblenz-Winningen. Ich war auf einem IFR-Flug bei schlechtem Wetter und wollte in Köln mit einem ILS-Anflug durch die Wolken sinken und dann die kurze Strecke am Rhein entlang nach Koblenz fliegen. Die Zeiteinteilung war so gemacht, dass ich um 9:00 Uhr in Koblenz sein konnte. Da hatte ich meinen Vertreter hinbestellt, um mit ihm auf Geschäftstour zu gehen. Beim Anflug Richtung Köln meinte der Radarlotse, er könne mich an den Militärplatz Mendig für einen GCA-Anflug übergeben, da wäre ich näher dran an Koblenz und das Wetter am Rhein entlang wäre auch nicht besonders gut.
Ich dankte ihm und ging auf die Mendig-Radar-Frequenz. Ich wurde durch die Wolken geführt und im Anflug auf den Platz in 300 Metern über Niveau, mit ein paar Wolkenfetzen um mich herum, hatte ich Bodenkontakt. Der Autobahn entlang in zwei Minuten war ich im Anflug auf Koblenz. Ich hatte den Funk umgestellt und rief an aber niemand meldete sich. Es war 8:55 Uhr. Um herumzufliegen und Zeit abzuwarten war das Wetter viel zu schlecht.
Am Abstellplatz angekommen, bin ich ausgestiegen. Da war es 8:59 Uhr, als der diensthabende Flugaufsichtsbeamte kam und mit verdrießlichem Gesicht mir ankündigte, dass er das nicht dulden könne. Alle meine Ausflüchte und Erklärungen haben nichts genützt. Er hat seine Violation geschrieben (auch ein

Flugverhinderungsbeamter) und die Anzeige kam auch auf schönem braunem Recyclingpapier. Und das hieß, dass da ein Grüner im Amt an der Macht war und überhaupt kein Verständnis dafür hatte, weshalb man fliegen müsse. Die Strafe war 700,00 DM plus Gebühren.

In der Luftfahrt gibt es keinen Bußgeldkatalog wie im Straßenverkehr. Mit solch' einer Mehrheit könnten sich die Beamten nicht anlegen. Aber mit den paar Fliegern kann man nach Belieben umspringen. So sehe ich das.
So bin ich eben ab und zu in die Falle gegangen. Dabei gibt es eine Menge Flugplatzbetreiber, die mehr Verständnis haben. Da heißt es beim Anruf am Vorabend, es sei niemand am Platz, landen sie, werfen sie bitte die Landezeit und einen Obolus in den Briefkasten und fliegen sie nach getaner Arbeit wieder ab. Niemand regt sich auf.
In Deutschland ist die Verfahrensweise vergleichbar so übertrieben, als ob man mit dem Auto aus der Garage führe und dazu ein Beamter erforderlich sei, der das kontrolliert und protokolliert.

TBM 850

Inzwischen, seit 2008, hat mein Sohn Andreas als Flugzeugbetreiber voll das Kommando übernommen. Nun bin ich fast 74 Jahre alt, habe 10 Flugbücher gefüllt mit mehr als 7.000 Flugstunden. Habe auch mehr als einmal Glück gehabt bei der Fliegerei.

Mehr als zwanzig Fliegerkameraden aus meinem näheren Umfeld hatten dieses Glück nicht und wir mussten sie zu Grabe tragen. Die Fliegerei ist nicht ganz ungefährlich. Vor allem, wenn der Pilot zu wenig Übung hat, kann das ganz schnell zum Verhängnis werden, wenn Wetter oder Technik nicht mitspielen.

Andreas wollte die meisten dieser Unsicherheiten vermeiden und das ist ihm mit seiner TBM 850 nun auch möglich. Er bestand auf einer guten Ausbildung und fliegt wöchentlich für seine Geschäftstermine. Er benützt nur feste Flugplätze und geht bei kritischen Wetterbedingungen wie Nebel oder starken Gewittern kein Risiko ein. Da startet er einfach nicht.

Übrigens fliegt man mit einer TBM wie mit einem Airliner, meist über jedem Wetter. Die Ausrüstung mit Stormscope, Radar und TKAS helfen für weiteren guten Überblick.

Wir fliegen meistens gemeinsam, Andy von Augsburg zum Ziel und ich den Rückflug. So bleiben wir beide immer in Übung.

So lange mich der Fliegerarzt noch tauglich schreibt und ich den jährlichen Checkflug noch bestehe, kann ich mich fliegerisch noch in Schwung und in Übung halten. Vielleicht dann später noch als Sicherheitspilot dabei sein, bis ich die Einstiegstreppe nicht mehr erklimmen kann. Dann wird es mir gehen wie dem Robinson Crusoe im Roman von Daniel Defoe:
„Dann sitze ich am Fenster und schaue hinaus aufs Meer und träume von meinen Abenteuern", oder in meinem Fall: Dann schaue ich hinauf in den Himmel und träume von meinen vielen bestandenen Flugabenteuern.

Eines dieser Abenteuer möchte ich zum Abschluss noch erzählen, weil es mir eine Lehre gewesen ist. Allen leidenschaftlichen Fliegern sei es ins Flugbuch geschrieben:

Der Beinaheabsturz

An einem Montag, Ende August 1979, fiel in unserem Sägewerk die Hydraulik der Rundholzzuschnittanlage aus. Der ganze Betrieb stand still und dringende Aufträge wären zu erfüllen gewesen.

Die Anlage stammte von unserem Maschinenlieferanten aus Kärnten. Wir riefen an, ob uns schnellstens eine Ersatzhydraulikanlage geliefert werden könnte. Das war mangels Ersatzteilen nicht möglich. Diese Anlage wurde auch nicht im Werk in Kärnten produziert und gewartet, sondern bei einem Zulieferbetrieb in der Nähe von Linz. Dort könne die Reparatur binnen Stunden vorgenommen werden, sofern man die Hydraulikanlage bringen würde.

Wir könnten auch fliegen, war mein Gedanke, aber den Hydraulikkasten mit 120 kg und 50/80/60 cm Umfang konnte ich unmöglich in der Bonanza unterbringen. Mein Fliegerfreund Franz Schröttle hatte eine 182er Cessna und die hatte ich schon, wie berichtet, mehrmals ausgeliehen.

Sie war verfügbar und so fuhren wir nach Donauwörth und luden das schwere Ding auf die Seite des Co-Piloten. Der Sitz war ausgebaut worden, das Gerät mit den Spanngurten verzurrt. Gegen 8:30 Uhr waren wir in der Luft. Als Begleitung nahm ich einen Ferienarbeiter mit, der ganz begeistert war, solch eine Belohnung für seinen Fleiß in drei Arbeitswochen zu erhalten. Er saß auf linken Rücksitz.

Wir waren schnell in Linz und der Service unseres Maschinenlieferanten klappte hervorragend. Ein Monteur der Hydraulikfirma war schon am Flugplatz und half uns, die schwere Anlage auf seinen PKW-Anhänger umzuladen.

Wir fuhren mit ins Werk und warteten bis der Schaden repariert war. Der Fehler war rasch gefunden, auch ein paar neue Teile eingebaut. Am frühen Nachmittag waren wir in Linz wieder startklar und hoben ab.

Mit leicht angezogenem Steuerhorn waren wir gerade 10 m hoch, als der Seitenwind uns nach links versetzte. Beim Gegensteuern konnte das Steuerhorn nach rechts nicht weit genug ausgeschlagen werden, weil die Hydraulikanlage im Weg stand.

Ich selbst hatte nicht genug Kraft von der Seite um die Kiste um fünf cm nach hinten zu ziehen. Ein Schrei nach hinten : "Ziehen, Ziehen!" Der kräftige Junge zog an der Anlage und wirklich, sie rutschte um ein paar Zentimeter nach hinten.

Wir waren inzwischen schon weit von der Startrichtung abgekommen und gefährlich nahe an den ersten Gebäuden. In letzter Sekunde ist es gelungen, das Unglück abzuwenden. Es wäre sicher nicht gut ausgegangen.

Wie konnte es zu dieser gefährlichen Situation kommen? Die Hydraulikanlage war repariert worden und der erneuerte Druckverstärker oben auf der Anlage war um zehn Zentimeter länger und um vier höher als der alte und deshalb dem Steuerhorn im Wege. Leider hatte ich die volle Beweglichkeit der Steuerung bei der Vorflugkontrolle nicht durchgeführt. Checklisten helfen solche Fehler vermeiden; sie sollten unter allen Umständen genau angewendet werden. Es geht sehr schnell etwas schief und in der Luft kann man meist nichts mehr korrigieren.

Ohne weitere Zwischenfälle kamen wir glücklich nach Hause und brachten die Anlage noch am gleichen Tag wieder zum Laufen. Der Flugzeugeinsatz hatte einige Tausend DM Kosten eingespart.
Man vergisst solche Beinahe-Unfälle nie mehr. Ich habe mich von da an bemüht, die Vorflugkontrollen mit mehr Sorgfalt durchzuführen.

Ich möchte keinen Flug in meinem Leben missen. Es waren viele hunderte. 95 Prozent davon ganz ohne besondere Störung. Aber einige waren eben ganz besonders und die habe ich hier aufgeschrieben. Manches davon empfehle ich natürlich nicht zur Nachahmung, einige andere aber zum Nachdenken.

Aber das Fliegen als solches, gleichsam als Lebenselixier, kann ich allen meinen Fliegerfreunden weiterhin nur empfehlen. **Es ist positiver Stress**!

Michael Kimmerle

Inhaltsverzeichnis:

- 1- Fliege ich so lebe ich, Lebe ich so fliege ich
- 4 Hubschrauberflug
- 8 Bau der Ka 6
- 27 Erste Geschäftsreise
- 31 Die 100er Morane-Rallye D-EFWS
- 32 Faschingsausflug
- 34 Italienreise
- 39 Irish-Sea-Rallye 71
- 43 Mr. Colonel Napier
- 45 Helma u. Andreas
- 46 Fahrions Punktlandung
- 47 Deutschlandflug 1971
- 56 Cape-Kennedy-Rallye 1972
- 56 Flugzeugwechsel zur Bonanza
- 60 GCA-Approach, Leipheim
- 62 Norwegen 1977
- 64 Ronde de Nuit-Frankreich
- 65 Cognac-Rallye
- 68 Unfall mit der ME
- 70 Frankreich
- 71 Befestigte Bahn in Donauwörth
- 72 Paris
- 73 Finnland
- 77 Transatlantic-Rallye-Paris-New-York
- 87 Festflugplatz in Höchstädt
- 90 Meteoriten
- 91 Ferry-Flight to Ghana
- 105 Die Do 28 im Afrika-Betrieb
- 110 Tagebuch Traumreise nach Afrika
- 136 2. Deutschlandflug
- 139 Teddybären-Rallye mit Elly Beinhorn
- 140 Die neue Bonanza-D-EMKH
- 143 Sturm-Wiebke
- 146 Liberia
- 150 Motortausch – D-EMKH
- 152 Vogelschlag
- 153 Instrumentenklau
- 156 Tradewind Prop-Jet-Bonanza
- 169 Courchevel
- 170 Gewitter und Hagelflug
- 175 Eisansatz
- 176 Turbinen-Flameout
- 180 Herzinfarkt
- 183 Das Ende der 2. D-ECME
- 187 2012-TBM 850
- 192 SIMCO-Simulatoren Training
- 193 Oshkosh-Chicago
- 195 Flugbehördengeschichten
- 201 TBM 850
- 202 Der Beinahe-Absturz.

Index, Erkärung für die Nichtflieger.
den Rest bitte goooogeln!

CPL-IFR	Commerial Pilot Lizence Berunfspiloten Lizens mit Instrumentenflug Berechtigung.-
FAA	amerikanische Luftfahrtbehörde,(ähnliche Funktion wie LBA-Luftfahrtbundesamt Braunschweig
FL 90	Flight Level oder Flugfläche. Flugfläche nach Standartatmosphäreüber 5.000ft. wird Höhenmesser nach Standard atmosphäre eingestellt. 1013,25hpa.
ft.-Höhe	In der Luftfahrt wird die Höhe in Fuß (1 ft.= 30,4cm) angegeben.
GCA	Ground Controled Aproach.(Vom Bodenradar angeleitetes Anflugverfahren)-
GPS	Global-Positioning-System.
Heading	Kompass – Flug-Richtung
ILS	Instrument-Landing-System. Präzisionsanflugsystem.
IFR	Instrument Flight –Rules (Instrumentenflugregeln)
IMC	Instrumen-Meteological-Conditions.(Wetterbedingungen für Instrumentenflug)
Lande T	Anfangsmarkierung der Landebahn mit Anflugrichtung, links der Landebahn oder in einem Landezeichenfeld.
Localizer- DME Anflug	Präzisions-Richtungsanflug mit exakter Entfernungs angabe zur Landebahn ohne Gleitweganzeige.
Miles	Luftfahrt misst in Meilen (1 NM =1.852km) abgeleitet vom Erdumfang .
NDB-Anflug	Non-Directional Beacon. Radio-Navigation mittels Richtungsanzeige auf Bordinstrument.
Offset Anflug	Anflug in einem bestimmten Winkel zur Lande-bahn. Es wird bei Erreichen/Sicht zur Bahn auf Landerichtung eingeschwenkt. (wird wegen Hindernissen im geraden Anflug eingesetzt)
PC12	Pilatus TurboProb-Maschine mit 10 Sitzen.
PPL	=Privat-Piloten –Lizenz
Rolle	Kunstflugfigur, drehen um die Längsachse
TBM 850	Hersteller EADS-DAHER-Flugzeugfabrik aus Tarbes/Frankreich. .z.Zt. schnellstes Einmotoriges Turbinenflugzeug am Markt.(310kt.)
TKS	Flüssigkeits-Enteisungsanlage (Enteisungsflüssigkeit wird durch feine Poren an den vorderen Flügel u. Leitwerksprofilen gedrückt.)
TCAS	*TCAS Traffic Advisory-System. (Antiollisions-Warngerät*
VFR	Visual-Flight-Rules,(Sichtflugregeln)
VOR	Z.B. WLD-VOR= Walda VOR bei Augsburg.Genaues UKW-Funkfeuer ,zur Positions-u .Entfernungsbestimmung.
WX 9	Stormscope- (Gerät zum Orten von Gewittern mittels Funkmessung von Blitzen)

Michael Kimmerle

geb. 19.05.1942

1956: Segelfliegen

1968: Motorfliegen

1971: Deutschlandflug

1972: Morane 100

1974: 1. Bonanza Debonair

1975: IFR Berechtigung

1989: 2. Bonanza C33

2005: 3. Bonanza TB36

2012: Notwasserung

2013: TBM 850

Gesamt ca. 7.500 Flugstunden

Nachwort und Dank

Die Leidenschaft zur Fliegerei wurde mir in die Wiege gelegt! So bestimmte sie mein Leben in meiner Freizeit, wie auch einem Teil meines Berufslebens. Die Fülle dieser Erlebnisse,, die ich in 60 Fliegerjahren erleben durfte sind mir im Einzelnen noch so präsent als wären sie gerade gestern geschehen.

Dieses Buch schrieb ich in dankbarer Erinnerung an die zahlreichen, wunderschönen Stunde "über den Wolken" an zahlreiche Begegnungen mit meinen treuen Fliegerfreunden. Dankbar aber auch für das Glück, das mich stets begleitete sämtliche Abenteuer, die für mich einen besonderen Reiz darstellten, zu bewältigen, oder manchmal gar zu überleben.

Ganz besonders möchte ich meiner lieben Frau Helma Dank sagen, die mir zuliebe selbst das Fliegen erlernte, so manche ihrer eigenen Interessen oft zurückstellte, um mit mir mein Fliegerleben zu teilen.

Mein großer Dank und Anerkennung gilt den sehr geschätzten, kompetenten Freunden unserer Familie, Dr. Klaus Menger mit seiner Frau Brigitte die sich mit viel Einfühlungsvermögen und sprachlicher Ausdruckskraft sowie ausdauernder Geduld als Lektoren für dieses Buch einbrachten.

Widmen möchte ich meine Aufzeichnungen vor allem meinen Kindern, Christine und Andreas, den Enkeln Carmen, Michael, Kathrin, Barbara u. Magdalena, meinen Urenkeln Philipp u. Helena, sowie meinen Fliegerfreunden, die vielleicht an diesem kleinen Buch ein wenig Erinnerungen, Freude oder Unterhaltung finden.